学数学丛书

单墫

第1卷

顾　问（按姓氏拼音排序）

常庚哲　陈　计　陈传理　单　墫
冯跃峰　李尚志　林　常　刘裕文
史济怀　苏　淳　苏建一　张景中

主　任　费振鹏
副主任　李　红
主　编　李　潜

编　委（按姓氏拼音排序）

安振平　蔡玉书　程汉波　傅乐新
甘志国　顾　滨　顾冬华　韩京俊
雷　勇　李昌勇　刘凯峰　刘利益
卢秀军　吕海柱　彭翕成　王慧兴
武炳杰　肖向兵　闫伟锋　严文兰
杨　颛　杨全会　杨志明　张　雷
赵　斌

中国科学技术大学出版社

图书在版编目(CIP)数据

学数学. 第 1 卷/李潜主编. —合肥:中国科学技术大学出版社,2015.4(2019.7 重印)
(学数学丛书)
ISBN 978-7-312-03727-6

Ⅰ. 学… Ⅱ. 李… Ⅲ. 数学课—学前教育—教学参考资料 Ⅳ. G613.4

中国版本图书馆 CIP 数据核字(2015)第 076011 号

出版	中国科学技术大学出版社
	安徽省合肥市金寨路 96 号,230026
	http://press.ustc.edu.cn
	https://zgkxjsdxcbs.tmall.com
印刷	合肥市宏基印刷有限公司
发行	中国科学技术大学出版社
经销	全国新华书店
开本	787 mm×1092 mm　1/16
印张	11.75
字数	264 千
版次	2015 年 4 月第 1 版
印次	2019 年 7 月第 2 次印刷
印数	3501—6500 册
定价	25.00 元

序

自今年开始，《学数学》以《学数学丛书》的形式，改由中国科学技术大学出版社出版发行。改变出版发行形式后，依然是每个季度出版一册，却可以借助出版社的发行平台和途径，拓宽市场，提升发行量，使得更多的读者获益，也可降低图书成本，实是多赢之举。这一步走得好，它将会使《学数学》办得更好、走得更远、前景更明亮！

《学数学》曾是一份深受读者喜爱的刊物，它来自于数学人，为数学人服务，受数学人支持。《学数学》没有专职编辑人员，几位在职中学教师和一位在读博士研究生，自己组稿，自己编辑，自己联系印刷，还要自办发行，十分辛苦，却又无钱可赚。然而它却办得有声有色，颇具品位。这是一种什么样的精神，一种什么样的境界！这里面除了对数学的热爱，对事业的追求和对工作的高度责任感之外，还能有什么别的解释？

《学数学丛书》以普及中等数学知识为己任，服务于广大的中学数学教师，以及关心和热爱中等数学的其他人群。它面向中学数学教学，却不局限于中学数学教学，它不讨论教材教法，却鼓励对延伸出的中等数学问题作深入的讨论。它的版面生动活泼，报道国内外中学数学界的各种活动，及时发表有关资料。它的内容生动有趣，使人感觉时读时新。李克强总理号召全民阅读，他说："书籍和阅读是文明传承的重要载体"。《学数学丛书》为全民阅读提供了一份优秀的读物。

数学之于国民经济的重要性不言而喻。对于我们这样一个经济总量已达全球第二的大国而言，提升经济的知识含量，改变经济增长方式，实现经济发展转轨，已经是摆在眼前的任务。拿出更多更好的原创性产品，是中国经济发展的必由之路。任何一项原创性产品的研发和生产都离不开数学！更何况需要持续不断地推出新产品，持续不断地更新换代，没有一代接一代的科学人的持续不断的努力,何以为继?为了国家,为了民族,我们需要锻造出一批批科学人才,一批批能够坐得住冷板凳、心无旁骛、一心只爱钻研的人,其中包括那些一心痴迷数学的人才。

《学数学丛书》愿为这一目标尽心尽力。

苏 淳

目 录

序 ·· (i)

第一篇　名家讲堂

Ramanujam 的一个恒等式 ·· 单　墫 (2)

解第 30 届中国数学奥林匹克试题 ···································· 单　墫 (5)

把握临界时刻 ··· 苏　淳 (13)

第二篇　命题与解题

第六种证法 ··· 小　月 (22)

土天王龙皇的不等式 ·· 韧　吾 (24)

一道波兰几何竞赛题的多种证法 ······································ 萧振纲 (27)

简议极限求法与应用 ·· 王慧兴 (31)

浅谈数论问题中指数的处理方法 ······································ 张嘉良 (45)

已知根号解　寻求原方程 ····································· 彭翕成　程汉波 (51)

一些不等式问题的新解 ··· 蔡玉书 (55)

蒙日圆及其证明 ·· 甘志国 (64)

一道三角函数系数求值题的妙解及证明 ····························· 严文兰 (66)

第三篇　试题汇编

第 30 届中国数学奥林匹克 ·· (72)

第 77 届莫斯科数学奥林匹克(2014) ······································· (79)

第 65 届罗马尼亚国家队选拔考试(2014) ································ (98)

2014 年波罗的海数学竞赛 ··· (119)

2014 年北京大学"百年数学"科学体验营试题 ························· (127)

2014 年清华大学金秋数学体验营试题 ···································· (131)

第四篇　模拟训练

《学数学》高中数学竞赛训练题(1) ·················· 龚　固　吴　鹏　(136)

《学数学》高中数学竞赛训练题(2) ························ 张端阳　(144)

《学数学》高考数学模拟训练题 ···························· 甘志国　(152)

《学数学》高校自主招生训练题 ······························ 李　红　(161)

第五篇　探究问题与解答

《学数学》数学贴吧探究问题 2015 年第一季 ·································· (168)

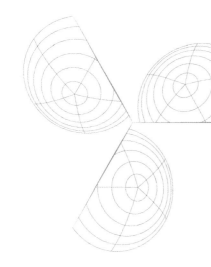

第一篇　名家讲堂

Ramanujam的一个恒等式

解第30届中国数学奥林匹克试题

把握临界时刻

Ramanujam 的一个恒等式

2013 年亚冠决赛第二回合恒大俱乐部的海报中出现了两个数学公式. 其中之一是

$$\sqrt{1+2\sqrt{1+3\sqrt{1+4\sqrt{1+\cdots}}}}. \qquad ①$$

它应当等于 3，即

$$3 = \sqrt{1+2\sqrt{1+3\sqrt{1+4\sqrt{1+\cdots}}}}. \qquad ②$$

这是印度天才数学家 Ramanujam(1887—1920) 发现的众多恒等式中最著名的一个. 本文介绍两种证法.

设 $a_n = \sqrt{1+2\sqrt{1+3\sqrt{1+4\sqrt{1+\cdots+(n-1)\sqrt{1+n}}}}}$ $(n=1,2,\cdots)$. 问题即证明

$$\lim_{n\to+\infty} a_n = 3. \qquad ③$$

第一种证法

$3 - a_n$

$$= \frac{3^2 - 1 - 2\sqrt{1+3\sqrt{1+\cdots+(n-1)\sqrt{1+n}}}}{3+\sqrt{1+2\sqrt{1+3\sqrt{1+\cdots+(n-1)\sqrt{1+n}}}}}$$

$$= \frac{4 - \sqrt{1+3\sqrt{1+\cdots+(n-1)\sqrt{1+n}}}}{\frac{1}{2}(3+\sqrt{1+2\sqrt{1+3\sqrt{1+\cdots+(n-1)\sqrt{1+n}}}})}$$

$$= \frac{4^2 - 1 - 3\sqrt{1+4\sqrt{1+\cdots+(n-1)\sqrt{1+n}}}}{\frac{1}{2}(3+\sqrt{1+2\sqrt{1+3\sqrt{1+\cdots+(n-1)\sqrt{1+n}}}})(4+\sqrt{1+3\sqrt{1+\cdots+(n-1)\sqrt{1+n}}})}$$

$$= \frac{5 - \sqrt{1+4\sqrt{1+\cdots+(n-1)\sqrt{1+n}}}}{\frac{1}{2}(3+\sqrt{1+2\sqrt{1+3\sqrt{1+\cdots+(n-1)\sqrt{1+n}}}})\frac{1}{3}(4+\sqrt{1+3\sqrt{1+\cdots+(n-1)\sqrt{1+n}}})}$$

$$= \cdots\cdots$$

$$= \frac{(n+1) - \sqrt{1+n}}{\frac{1}{2}(3+\sqrt{1+2\sqrt{1+3\sqrt{1+\cdots+(n-1)\sqrt{1+n}}}})\cdots\frac{1}{n-1}(n+\sqrt{1+(n-1)\sqrt{1+n}})}$$

$$= \frac{n+1}{\frac{1}{2}(3+\sqrt{1+2\sqrt{1+3\sqrt{1+\cdots+(n-1)\sqrt{1+n}}}})\cdots\frac{1}{n}(n+1+\sqrt{1+n})} > 0. \qquad ④$$

并且因为
$$\frac{1}{2}(3+\sqrt{1+2}) \geqslant 1+\frac{1}{2}+\frac{1}{\sqrt{2}} = \left(1+\frac{1}{\sqrt{2}}\right)^2,$$
$$\frac{1}{3}(4+\sqrt{1+3}) \geqslant 1+\frac{1}{\sqrt{3}} \geqslant \cdots \geqslant \frac{1}{n}(n+1+\sqrt{1+n}) \geqslant 1+\frac{1}{\sqrt{n}},$$

所以
$$3-a_n \leqslant \frac{n+1}{\left(1+\frac{1}{\sqrt{n}}\right)^n} \leqslant \frac{n+1}{C_n^3}(\sqrt{n})^3 \leqslant \frac{24}{\sqrt{n}} \to 0 (n \to +\infty). \quad ⑤$$

由式④、式⑤，知式③成立.

注意上面的证明只用到极限的定义，直接估计差 $3-a_n$. 并没有用到任何关于极限的定理(如单调递增且有上界的数列必有极限之类的定理).

第二种证法 因为
$$1+n(n+2) = (n+1)^2,$$
所以
$$3 = \sqrt{1+2\times 4} = \sqrt{1+2\sqrt{1+3\times 5}} = \cdots$$
$$= \sqrt{1+2\sqrt{1+3\sqrt{1+4\sqrt{1+\cdots+(n-1)\sqrt{1+n(n+2)}}}}}. \quad ⑥$$

由式⑥，显然
$$3 > a_n. \quad ⑦$$

另一方面，对任意 $t>1$，有
$$\sqrt{1+nt} \leqslant \sqrt{t}\sqrt{1+n}, \quad ⑧$$

所以在式⑥的最右边取 $t=n+2$，并利用式⑧，对层层根号逐步提取出 $t^{\frac{1}{2}}, t^{\frac{1}{4}}, \cdots$，直至
$$3 \leqslant t^{\frac{1}{2^{n-1}}}\sqrt{1+2\sqrt{1+3\sqrt{1+4\sqrt{1+\cdots+(n-1)\sqrt{1+n}}}}}, \quad ⑨$$

因此
$$3 > a_n \geqslant \frac{3}{(n+2)^{\frac{1}{2^{n-1}}}} \to 3(n \to +\infty). \quad ⑩$$

从而③成立.

第二种证法用了所谓的"夹逼定理". 有趣的是它给出了一个等式⑥.

这类求数列极限的问题，一般分为两步，一是证明这个数列的极限存在，二是求出这个极限(当然，有时两步并作一步走). 有些文章没有证明极限的存在性，就令 $y = \sqrt{1+2\sqrt{1+3\sqrt{1+4\sqrt{1+\cdots}}}}$，然后再形式地建立起关于 y 的关系并从而求出 y. 这种做法是不严密的. 不应提倡. 我们再举一个例子：

设 $x>0$，$a_1 = \sqrt{2+x}$，$a_2 = \sqrt{2+\sqrt{2+x}}$，$\cdots$，$a_n = \sqrt{2+\sqrt{2+\cdots+\sqrt{2+x}}}$ (n 个根号). 求 $\lim_{n\to\infty} a_n$.

不正确的解法是"设 $y = \sqrt{2+\sqrt{2+\cdots}}$，从而 $y = \sqrt{2+y}$，解得 $y = 2$."这是刚学数学分析(微积分)的大学一年级学生易犯的错误.

正确的解法如下：

在 $x \geqslant 2$ 时，$a_n = \sqrt{2+\sqrt{2+\cdots+\sqrt{2+x}}} \geqslant \sqrt{2+\sqrt{2+\cdots+\sqrt{2+2}}} = 2$ 并且
$$x^2 \geqslant 2x \geqslant x+2,$$
所以 $x \geqslant \sqrt{2+x}$，$a_n \leqslant a_{n-1}$. 数列 $\{a_n\}$ 单调递减，有下界 2，所以 $\lim\limits_{n\to\infty} a_n$ 存在. 这时再令 $\lim\limits_{n\to\infty} a_n = y$，则 $y = \sqrt{2+y}$. 解得 $y = 2$.

在 $0 < x \leqslant 2$ 时，类似地，数列 $\{a_n\}$ 单调递增，有上界 2，所以 $\lim\limits_{n\to\infty} a_n$ 存在并且等于 2.

或许有人会说："Ramanujam 也没有证明数列极限的存在". 这不能作为理由. 因为 Ramanujam 是一位天才的数学家，能够凭着他的直觉得出很多重要的公式. 但即使是 Ramanujam 的这些公式，如果没有严格的证明，就不能确保它的正确性，同样不能被数学界认可.

单　壿

解第30届中国数学奥林匹克试题

今年的试题粗看似比去年难一些，细看也不尽然．

1．给定实数 $r \in (0,1)$．证明：若 n 个复数 $z_1, z_2, \cdots, z_n$ 满足 $|z_k - 1| \leq r$（$k = 1, 2, \cdots, n$），则

$$|z_1 + z_2 + \cdots + z_n| \cdot \left|\frac{1}{z_1} + \frac{1}{z_2} + \cdots + \frac{1}{z_n}\right| \geq n^2(1 - r^2). \qquad ①$$

解析 如果 z_k 是正实数 x_k（$1 \leq k \leq n$），那么由 Cauchy 不等式，

$$(x_1 + x_2 + \cdots + x_n)\left(\frac{1}{x_1} + \frac{1}{x_2} + \cdots + \frac{1}{x_n}\right)$$

$$\geq \left(\sqrt{x_1 \cdot \frac{1}{x_1}} + \sqrt{x_2 \cdot \frac{1}{x_2}} + \cdots + \sqrt{x_n \cdot \frac{1}{x_n}}\right)^2 = n^2. \qquad ②$$

现在 z_k 是复数，不能直接利用 Cauchy 不等式，所得结果式①不及式②强，而且还需要条件

$$|z_k - 1| \leq r \ (k = 1, 2, \cdots, n), \quad r \in (0,1). \qquad ③$$

先看看条件③的意义．

如图1，式①表明 z_k 都在以 1 为圆心、以 r 为半径的圆内．而由于 $r \in (0,1)$，这个圆在右半平面内（y 轴右方）．从而 z_k 也都在 y 轴右方，即 z_k 的实部 $x_k > 0$（$1 \leq k \leq n$）．

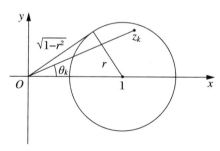

图 1

注意：我们说到了复数 z_k 的**实部** x_k．熟知复数 z 的模 $|z| \geq z$ 的实部 x，并且实部有比模有利得多的性质：若干个复数的和的实部，**等于**这些复数的实部的和．其中"实部"显然不能改为"模"．

因此，本题的关键就是将模改为实部．

$$|z_1 + z_2 + \cdots + z_n| \geq \mathrm{Re}(z_1 + z_2 + \cdots + z_n) = x_1 + x_2 + \cdots + x_n.$$

$\dfrac{1}{z_k}$ 的实部是什么呢？我们有

$$\operatorname{Re}\frac{1}{z_k} = \operatorname{Re}\frac{\overline{z_k}}{|z_k|^2} = \frac{x_k}{|z_k|^2} = \frac{x_k}{x_k^2}\cos^2\theta_k = \frac{\cos^2\theta_k}{x_k},$$

其中 θ_k 是 z_k 的辐角.

注意图 1 中辐角的绝对值 $|\theta_k| \leqslant \arccos\sqrt{1-r^2}$, 即 $\cos\theta_k \geqslant \sqrt{1-r^2}$, 所以

$$\operatorname{Re}\frac{1}{z_k} \geqslant \frac{1-r^2}{x_k}(k=1,2,\cdots,n).$$

因此

$$\left|\frac{1}{z_1}+\frac{1}{z_2}+\cdots+\frac{1}{z_n}\right| \geqslant \operatorname{Re}\left(\frac{1}{z_1}+\frac{1}{z_2}+\cdots+\frac{1}{z_n}\right)$$
$$= \operatorname{Re}\frac{1}{z_1}+\operatorname{Re}\frac{1}{z_2}+\cdots+\operatorname{Re}\frac{1}{z_n}$$
$$\geqslant (1-r^2)\left(\frac{1}{x_1}+\frac{1}{x_2}+\cdots+\frac{1}{x_n}\right).$$

于是,

$$|z_1+z_2+\cdots+z_n|\cdot\left|\frac{1}{z_1}+\frac{1}{z_2}+\cdots+\frac{1}{z_n}\right|$$
$$\geqslant (x_1+x_2+\cdots+x_n)\cdot(1-r^2)\left(\frac{1}{x_1}+\frac{1}{x_2}+\cdots+\frac{1}{x_n}\right)$$
$$\geqslant n^2(1-r^2).$$

本题的关键是想到复数的实部. 想到了它, 问题即迎刃而解. 但如果没有这样的"好想法", 一味蛮拼, 徒然浪费时间与精力.

2. 如图 2, 设 A、B、D、E、F、C 依次是同一个圆上的六个点, 满足 $AB = AC$. 直线 AD 与 BE 交于点 P, 直线 AF 与 CE 交于点 R, 直线 BF 与 CD 交于点 Q, 直线 AD 与 BF 交于点 S, 直线 AF 与 CD 交于点 T. 点 K 在线段 ST 上, 使得 $\angle SKQ = \angle ACE$.

求证: $\dfrac{SK}{KT} = \dfrac{PQ}{QR}$.

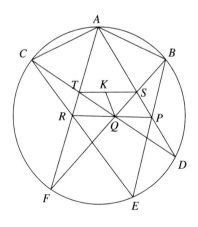

图 2

解析 因为 $AB = AC$, 所以 $\stackrel{\frown}{AB} = \stackrel{\frown}{AC}$, $\angle AFB = \angle ADC$, 从而 T、F、D、S 四点共圆, $\angle KSQ = \angle TDF = \angle CAR$.

又已知∠SKQ = ∠ACE，所以△SKQ∽△ACR，则
$$\frac{SK}{QK} = \frac{AC}{RC}.\qquad ①$$

同理，由∠TKQ = 180° − ∠SKQ = 180° − ∠ACE = ∠ABE，得△TKQ∽△ABP，则
$$\frac{KT}{QK} = \frac{BA}{PB}.\qquad ②$$

由式①、式②，得
$$\frac{SK}{KT} = \frac{PB}{RC}.\qquad ③$$

于是只需证明
$$\frac{PQ}{QR} = \frac{PB}{RC}.\qquad ④$$

为此，可以先改变一下 Q 的定义（后面可以看出现在定义的 Q 就是原来的 Q）：设 BF 与 PR 的交点为 Q（即不要求 Q 在 CD 上，而改为 Q 在 PR 上），则由△FQR 与△BPQ 的正弦定理（注意∠FQR 与∠BPQ 现在是对顶角，相等），得
$$\frac{PQ}{QR} = \frac{PB\sin\angle QBP}{RF\sin\angle RFQ}.\qquad ⑤$$

在圆中，仍由正弦定理，得
$$\frac{\sin\angle QBP}{\sin\angle RFQ} = \frac{FE}{AB} = \frac{FE}{AC}.\qquad ⑥$$

而△REF∽△RAC，有
$$\frac{FE}{RF} = \frac{CA}{RC}.\qquad ⑦$$

所以，由式⑤、式⑥、式⑦，得
$$\frac{PQ}{RQ} = \frac{PB}{RF} \cdot \frac{FE}{AC} = \frac{PB}{RC}.\qquad ⑧$$

同样，设 CD 与 PR 相交于 Q'，也有
$$\frac{PQ'}{RQ'} = \frac{PB}{RC}.\qquad ⑨$$

式⑧和式⑨表明 Q' 与 Q 重合. 因此 BF、CD、PR 三线共点，这点就是题中原来定义的点 Q. 并且也就证明了式④成立.

题中给出的三点 P、Q、R 共线. 这结论不需要条件 $AB = AC$ 也可证出. 一般地，对圆内接六边形 $AFBECD$，三对对边的交点 P、Q、R 共线. 这就是著名的帕斯卡（Pascal）定理. 证法很多，例如见《数学竞赛研究教程》（单墫著，江苏教育出版社第三版）下册第 32 讲例4，证法与上面有类似之处. 现在有条件 $AB = AC$，证明当然简单许多（而且式⑧正是我们需要的）.

3. 给定整数 $n \geq 5$. 求最小的整数 m，使得存在两个由整数构成的集合 A、B，同时满足下列条件：

(1) $|A| = n$，$|B| = m$，且 $A \subseteq B$；

(2) 对 B 中任意两个不同的元素 x、y 有：$x + y \in B$ 当且仅当 x、$y \in A$.

解析 先取一个五元整数集$\{1,2,3,4,5\}$作为A试试.

这时由$x\in A$，$y\in A$相加得出新元素6、7、8、9，它们（组成集$A+A$）及A中的元素都应当属于B. 但$3\in B$，$6\in B$，$3+6\in B$，而$6\notin A$. 与性质(2)不合，所以A并不能任取.

如果将A改成一个公差略大的等差数列（当然不是非等差数列不可，只是为了简单，在尝试而已），例如$\{1,3,5,7,9\}$. 仍然出现矛盾的情况（例如$4+10=14$，而4、10均不在A中）.

如果将首项取大一些，就不会如此了. 例如$A=\{11,12,13,14,15\}$，这时
$$A+A=\{23,24,25,26,27,28,29\}.$$
令
$$B=A\cup(A+A),$$
则$m=|B|=12$. 这时B的任两个不同数的和，如果仍在B中，那么和小于30，只能是A中两个数的和，所以现在的A、B合乎要求.

一般地，令
$$A=\{a,a+1,a+2,\cdots,a+(n-1)\},a>2n,$$
则
$$A+A=\{2a+1,2a+2,\cdots,2a+(2n-3)\},$$
$B=A\cup(A+A)$符合要求（$a+(2a+1)=3a+1>2a+(2n-3)$，所以条件(2)满足）.

这时$m=|B|=3n-3$.

另一方面，设整数集合
$$A=\{a_1,a_2,\cdots,a_n\}(a_1<a_2<\cdots<a_n),$$
这时和$a_i+a_j(1\leq i<j\leq n)$共C_n^2个（当然其中可能有相等的），即
$$a_1+a_2,a_1+a_3,\cdots,a_1+a_n,$$
$$a_2+a_3,\cdots,a_2+a_n,$$
$$\cdots,$$
$$a_{n-1}+a_n.$$

这些数都应当在B中，即由条件(1)、(2)，显然
$$B\supseteq A\cup(A+A).$$

此外，当然可任意放一些大的数，例如$q,q^2,q^3,\cdots$（正整数q远大于$|a_1|$与$|a_n|$）到B中，而不影响性质(2). 但本题要求最小的m，所以应将B限定为
$$B=A\cup(A+A). \qquad ①$$

如果上面的C_n^2个和均不相同，且与A中的数不同，那么m可以取到（式①成立时的）最大值$m+C_n^2$（例如$a_1=1$，$a_2=q$，$\cdots$，$a_n=q^{n-1}$，q为大于1的整数，则由q进制的表示唯一，即知$m=n+C_n^2$）.

最小值呢？当然希望和中有很多（尽可能多）相同的. 换句话说，看看**和中至少有多少不同的**. 显然B中的数

$$a_1 + a_2 < a_1 + a_3 < \cdots < a_1 + a_n < a_2 + a_n < a_3 + a_n < \cdots < a_{n-1} + a_n \qquad ②$$

（即前面所列出的 C_n^2 个和中，第一行与最后一列的 $2n-3$ 个数），所以 $m \geq 2n - 3 > n$（B 真包含 A）.

如果这 $2n-3$ 个数与 A 中的数互不相同，那么 $m \geq n + (2n-3) = 3n - 3$，等号在我们前面构造的例子中正好成立.

我们证明当条件（2）成立时，式②中的数均不在 A 中.

首先 A 中的数均不为 0. 否则取 $b \in B \setminus A$，$0 + b = b \in B$，但 $b \notin A$，矛盾.

假设 $a_1 + a_j \in A$（$2 \leq j \leq n-1$），那么 $a_1 + a_j \geq a_1$，所以 $a_j > 0$.

当 $a_1 + a_j \neq a_n$ 时，$(a_1 + a_j) + a_n \in B$，所以 $a_1 + (a_j + a_n) \in B$. 因为 $a_1 \in B$，$a_j + a_n \in B$，所以由条件（2），$a_j + a_n \in A$，但 $a_j + a_n > a_n$，矛盾.

因此，只能是 $a_1 + a_j = a_n$. 这时取 a_i 不同于 a_1、a_j、a_n，
$$(a_1 + a_j) + a_i = a_n + a_i \in B,$$
即 $a_1 + (a_i + a_j) \in B$，从而 $a_i + a_j \in A$. 但
$$a_i + a_j > a_1 + a_j = a_n,$$
仍然矛盾. 所以 $a_1 + a_j \notin A$（$2 \leq j \leq n-1$）.

类似地，$a_n + a_j \in A$（$2 \leq j \leq n-1$）也导致矛盾（这时 $a_j < 0$，$a_n + a_j \notin a_1$ 时，$a_1 + (a_n + a_j) \in B$，导致 $a_n + a_j \in A$，与 $a_1 + a_j < a_1$ 矛盾；$a_n + a_j = a_1$ 时，同上取 a_i，$a_i + (a_n + a_j) \in B$，导致 $a_i + a_j \in A$，与 $a_i + a_j < a_n + a_j = a_1$ 矛盾）.

最后 $a_1 + a_n \in A$ 时，设 $a_1 + a_n = a_k$，则 $k \notin \{1, n\}$. 取 a_i 不同于 a_1、a_k、a_n，则
$$a_i + (a_1 + a_n) = (a_i + a_1) + a_n = (a_i + a_n) + a_1 \in B,$$
从而 $a_i + a_1$、$a_i + a_n \in A$. 但 a_i 为正时，$a_i + a_n \notin A$，a_i 为负时，$a_i + a_1 \notin A$，矛盾.

从而所求最小值为 $m = 3n - 3$.

本题要点是考虑形如 $a_1 + a_j + a_n$ 的数，利用条件（2）证明 $a_1 + a_j$、$a_n + a_j$（$2 \leq j \leq n-1$）及 $a_1 + a_n$ 均不在 A 中. 这从开始所举的、成功的实例 $A = \{11, 12, 13, 14, 15\}$ 即可看出端倪. 但证明需要细致、周密，不可有疏漏. $n \geq 5$ 可改为 $n \geq 4$.

4. 求具有下述性质的所有整数 k：存在无穷多个正整数 n，使得 $n + k$ 不整除 C_{2n}^n.

解析 答案是 $k \neq 1$.

若 $k = 1$，则因为对所有正整数 n，
$$C_{2n}^{n+1} = \frac{n}{n+1} C_{2n}^n$$

是整数，所以 $n + 1 \mid n C_{2n}^n$，而 $n + 1$ 与 n 互质，所以 $n + 1 \mid C_{2n}^n$.

事实上，$\dfrac{1}{n+1} C_{2n}^n$ 是著名的 Catalan 数，熟知它是整数，而且有很多组合意义.

若 $k \leq 0$，取 n，使得 $n + k = 2^h$，h 为正整数（即取 $n = 2^h - k$）.

用 $s(n)$ 表示 n 在二进制中的数字和，则 $n!$ 中 2 的幂指数为 $n - s(n)$（例如见单壿著，江苏教育出版社第三版《数学竞赛研究教程》上册第 12 讲例 6）. 因此，C_{2n}^n 中 2 的次数为
$$(2n - s(2n)) - 2(n - s(n)) = s(n).$$

因为 $n = 2^h + (-k)$，在 h 足够大（$2^h > -k + 1$）时，$s(n) = 1 + s(-k) < h$，所以

$n+k$ 不整除 C_{2n}^n.

若 $k>1$,同上,取 n 使 $n+k=2^h$(h 为充分大的正整数).$n=2^k-k<2^h-1$,所以 $s(n)<h$.

因此,总有 $n+k$ 不整除 C_{2n}^n.

在 $k_1\neq 1$ 时,上面的 h 有无穷多个取法,所以有无穷多个正整数 n,使得 $n+k$ 不整除 C_{2n}^n.

$n!$ 中,质因数 2 的幂指数公式是解决本题的主要工具.

5. 某次会议共有 30 人参加,其中每个人在其余人中至多有 5 个熟人;任意 5 个人中存在两人不是熟人.求最大的正整数 k,使得满足上述条件的 30 个人中总存在 k 个人,两两不是熟人.

解析 任取一个人 A_1,在 A_1 不认识的人(至少 $30-5-1=24$ 人)中取 A_2,在 A_1、A_2 不认识的人(至少 $24-5-1=18$ 人)中取 A_3,在 A_1、A_2、A_3 不认识的人(至少 $18-6=12$ 人)中取 A_4,在 A_1、A_2、A_3、A_4 不认识的人(至少 $12-6=6$ 人)中取 A_5.那么,A_1、A_2、A_3、A_4、A_5 互不认识.

如果 A_1、A_2、A_3、A_4、A_5 中至少有 2 个人有共同的熟人,那么至少被他们中一个认识的人不少于 $5\times 5=25$ 人.从而还有一个 A_6 与他们均不认识.

如果 A_1、A_2、A_3、A_4、A_5 中任意两个人都没有共同的熟人,那么在 A_1 认识的 5 个人中有两个人互不相识.用他们代替 A_1,与 A_2、A_3、A_4、A_5 组成互不相识的 6 个人.

因此,$k\geq 6$.

另一方面,将人用点表示,点相连表示人相识.我们构造一个 30 个点的图,图中每点至多引出 5 条线,并且任 5 点中有两个点不相连.而在图中任 7 个点之间必有相连的线.

构造方法如下:考虑五边形 $A_1A_2A_3A_4A_5$ 与 $B_1B_3B_5B_2B_4$(如图 3).

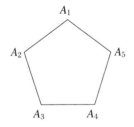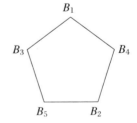

图 3

将 A_1 与 B_3、B_4、B_5 相连,A_2 与 B_4、B_5、B_1 相连,A_3 与 B_5、B_1、B_2 相连,A_4 与 B_1、B_2、B_3 相连,A_5 与 B_2、B_3、B_4 相连.

这样的 10 个点 A_i、B_i($1\leq i\leq 5$),每点次数为 5;每 5 个点中有 3 个在同一个五边形上(五边形 $A_1A_2A_3A_4A_5$、$B_1B_3B_5B_2B_4$),其中有 2 个互不相连.

对其他的 20 个点也做同样处理(五边形 $C_1C_2C_3C_4C_5$、$D_1D_3D_5D_2D_4$ 按上述方式相连;五边形 $E_1E_2E_3E_4E_5$、$F_1F_3F_5F_2F_4$ 也按上述方式相连).这样的 3 个连通图(每个图 10 个点)组成一个合乎要求的图.

图中，任意 7 个点中，必有 3 个点在同一个连通图中．不妨设在第一个连通图中，而且有两个在五边形 $A_1A_2A_3A_4A_5$ 中．

若这两个不相连，可设它们为 A_1、A_3，但这时其他 7 个点 A_2、A_4、A_5、B_1、B_2、B_3、B_4、B_5 均与 A_1 或 A_3 相连．

因此 $k \leqslant 6$．

综上所述，$k = 6$．

本题是一个图论问题，要点是构造一个合乎要求的图，不太难．

6. 设非负整数的无穷数列 $a_1, a_2, \cdots$ 满足：对任意正整数 m、n，均有

$$\sum_{i=1}^{2m} a_{in} \leqslant m. \qquad \text{①}$$

证明：存在正整数 k、d，满足 $\sum_{i=1}^{2k} a_{id} = k - 2014$．

解析 2014 当然可以改为任一个正整数 A，即我们证明：存在正整数 k、d，满足

$$\sum_{i=1}^{2k} a_{id} = k - A. \qquad \text{②}$$

式①表明 $a_n, a_{2n}, \cdots, a_{2mn}$ 中至少有一半为 0，而式②则要求 $a_d, a_{2d}, \cdots, a_{2kd}$ 中，0 的个数超过半数．在式①中，取 $m = 1$，得

$$a_n + a_{2n} \leqslant 1. \qquad \text{③}$$

因为 a_n、a_{2n} 都是非负整数，所以必有

$$a_n = 0 \text{ 或 } 1,$$

即 $\{a_n\}$ 是 0、1 序列（由 0 与 1 组成的数列），而且有无穷多项为 0（$a_n \neq 0$ 时，$a_{2n} = 0$）．

我们证明有无穷多个 n，使得

$$a_n + a_{2n} = 0. \qquad \text{④}$$

假设不然，则对于充分大的 n（即有正整数 n_0，在 $n > n_0$ 时），恒有

$$a_n + a_{2n} = 1. \qquad \text{⑤}$$

设 $h > n_0$，并且 $a_h = 0$，则由式①，有

$$\sum_{i=1}^{2m} a_{ih} + \sum_{i=1}^{2m} a_{2ih} \leqslant m + m = 2m. \qquad \text{⑥}$$

另一方面，由式⑤，有

$$\sum_{i=1}^{2m} a_{ih} + \sum_{i=1}^{2m} a_{2ih} = \sum_{i=1}^{2m}(a_{ih} + a_{2ih}) = \sum_{i=1}^{2m} 1 = 2m. \qquad \text{⑦}$$

结合式⑥、式⑦得对一切 m，有

$$\sum_{i=1}^{2m} a_{ih} = m. \qquad \text{⑧}$$

于是由式④及 $a_h = 0$ 得 $a_{2h} = 1$，$a_{4h} = 0$，$a_{8h} = 1$，又由式⑧，$a_h + a_{2h} + a_{3h} + a_{4h} = 2$，所以 $a_{3h} = 1$，从而 $a_{6h} = 0$，$a_{12h} = 1$．

同样，由式⑧，

$$\sum_{i=1}^{6} a_{ih} = 3, \quad \sum_{i=1}^{8} a_{ih} = 4, \quad \sum_{i=1}^{10} a_{ih} = 5,$$

所以 $a_{5h}=1$, $a_{7h}=0$, $a_{10h}=0$, $a_{9h}=1$. 但这时,
$$\sum_{i=1}^{4} a_{i\times 3h} = 1+0+1+1 = 3 > 2,$$
与式①矛盾. 因此有无穷多个 n, 使得式④成立.

取正整数 t, 使得式③至少对 $2A$ 个正整数 $n \leqslant t$ 成立. 这时
$$\sum_{i=1}^{2t} (a_i + a_{2i}) \leqslant 2t - 2A. \qquad ⑨$$
从而
$$\sum_{i=1}^{2t} a_i \leqslant t - A \qquad ⑩$$
或
$$\sum_{i=1}^{2t} a_{2i} \leqslant t - A. \qquad ⑪$$
不妨设为前者（否则用 $\{a_{2n}\}$ 代替 $\{a_n\}$ 进行讨论）.

令 $S_m = \sum_{i=1}^{2m} a_i$, $f_m = m - S_m$, 则 f_m 为非负整数, 并且
$$S_{m+1} = S_m + a_{2m+1} + a_{2m+2} = \begin{cases} S_m + 2, & \text{若}\ a_{2m+1} = a_{2m+2} = 1; \\ S_m + 1, & \text{若}\ a_{2m+1}、a_{2m+2}\ \text{恰有一个为}1; \\ S_m, & \text{若}\ a_{2m+1} = a_{2m+2} = 0; \end{cases}$$
$$f_{m+1} = (m+1) - S_{m+1} = \begin{cases} f_m - 1, & \text{若}\ a_{2m+1} = a_{2m+2} = 1; \\ f_m, & \text{若}\ a_{2m+1}、a_{2m+2}\ \text{恰有一个为}1; \\ f_m + 1, & \text{若}\ a_{2m+1} = a_{2m+2} = 0. \end{cases}$$
即 $\{f_m\}$ 是非负整数序列, 而且下标增加 1 时, f_m 值的增减不超过 1.

因为 $f_1 = 1 - (a_1 + a_2) = 1$ 或 0, $f_t = t - S_t \geqslant t - (t-A) = A$, 所以必有 $1 \leqslant k \leqslant t$, 使得 $f_k = A$ ("离散介值定理", k 就是在不超过 t 的下标 m 中, 使 $f_m \leqslant A$ 的最后一个), 即
$$S_k = k - f_k = k - A.$$

这道题难度较大, 据说只有 6 名同学给出了完整的解答.

我开始也想得过于复杂, 以为会与著名的范德瓦尔登定理有关, 其实并无关联.

本题的条件（1）对所有的 m、n 都成立, 是个很强的条件, 应当充分利用. 其中 $m = 1$ 的情况最为简单, 却是本题的第一个关键. 由此可得 $\{a_n\}$ 是 0、1 数列, 并且有无穷多个 n, 使得 $a_n + a_{2n} = 0$, 进而导出 $\{a_n\}$ 或 $\{a_{2n}\}$ 的部分和中有比较小的（即式⑩或式⑪）. 再利用介值定理导出有部分和使等号成立.

单　墫

把握临界时刻

临界时刻就是我们所关注的某种现象首次出现的时刻. 这种时刻往往能反映问题的本质,有助于对问题的分析,因而有利于找到开门的钥匙.

有人对临界时刻作了一个有趣的解释:把稻草一根一根地放到一匹骆驼身上,开始时它显然不在乎. 但是如果把这个过程一直进行下去,那么它身上的负担就会越来越重,以至于承受不了而被压死. 那么,临界时刻就是放上那压死骆驼的第一根稻草的时刻.

这种时刻的存在性在有的问题中是显然的,在有的问题中却是需要证明的.

先看一个熟知的例子.

例 1 在平面上有 $2n$ 个给定点 ($n \geqslant 2$),其中任何 3 点不共线. 证明:可以作一条直线,使得在它的两侧各有 n 个给定点.

解析 我们可以先做一个圆,使得 $2n$ 个点都在圆的内部. 再在圆外作一条直线,使得它不平行于这些点所决定的任何一条直线. 这是可以做到的,因为有限个点只能决定有限条直线. 不妨设直线位于圆的左侧,于是所有的点都在直线的右侧. 我们将直线朝右平行移动,一直到移到圆的右侧为止,这时所有的点就都位于圆的左侧了. 显然,在移动的过程中,点是一个一个地从直线的右侧过到左侧的,所以左侧的点数是一个一个地增加的. 既然开始时是 0,结束时是 $2n$,所以必有一个时刻是 n. 这个时刻就是两边点数达到相等的时刻,就是我们所说的临界时刻. 如果在临界时刻停止直线的移动,那么停住的直线正是我们所要求作的.

这种利用临界时刻求解的例子是很多的. 在有的问题中,临界时刻的存在性不成问题,但是对临界时刻的数量关系需要作较为细致较为深入的分析. 看一个例子.

例 2 在 $2 \times n$ 方格表的每个方格中都写有一个正数,使得每一列中的两个数的和都等于 1. 证明:可以自每一列中删去一个数,使得每一行中剩下的数的和都不超过 $\dfrac{n+1}{4}$.

解析 先对题目做一点数学加工.

如图 1,将第一行数自左至右依次记为 $a_1, a_2, \cdots, a_n$,将第二行数自左至右依次记为 $b_1, b_2, \cdots, b_n$,根据题意,对每个 $i \in \{1, 2, \cdots, n\}$,都有 $a_i > 0$,$b_i > 0$ 和 $a_i + b_i = 1$.

a_1	a_2	$\cdots$	a_n
b_1	b_2	$\cdots$	b_n

图 1

为便于操作和叙述,不妨假设 $a_1 \leqslant a_2 \leqslant \cdots \leqslant a_n$,于是就有 $b_1 \geqslant b_2 \geqslant \cdots \geqslant b_n$.

之所以可以作这种假设，是因为交换表中各列的顺序不影响对问题的解答，故当第一行各数不按递增顺序排列时，我们也可以通过调整各行之间的顺序使第一行数变为递增.

一如既往，先从简单情况做起.

如果 $a_1 + a_2 + \cdots + a_n \leqslant \dfrac{n+1}{4}$，那么就保留第一行中所有各数，删去第二行中所有各数，此种做法显然满足题中要求.

如果 $a_1 + a_2 + \cdots + a_n > \dfrac{n+1}{4}$，需要确定第一行中可留下几个数，为此，我们来寻找满足如下条件的脚标 k：

$$a_1 + \cdots + a_{k-1} \leqslant \dfrac{n+1}{4} < a_1 + \cdots + a_{k-1} + a_k. \qquad ①$$

在这里，如果我们把 $\dfrac{n+1}{4}$ 称为界限，把 $a_1 + \cdots + a_j$ 称为第一行中的部分和，那么部分和是随着加项个数的增加严格上升的，它可以从开始时的不超限变为超限. 所以这样的 k 必然存在，它就是第一行中的部分和首次超越界限的时刻，也就是我们问题中的临界时刻.

此时，我们在第一行中保留 $a_1, \cdots, a_{k-1}$，删去 $a_k, \cdots, a_n$；相应地，在第二行中删去 $b_1, \cdots, b_{k-1}$，保留 $b_k, \cdots, b_n$. 如果 $k = 1$，那么就意味着仅仅 a_1 一项就已经超限，故删去整个第一行，留下整个第二行.

由我们对 k 的选择知，第一行中所留下的数的和不超限，满足题中要求，但是第二行中所留下的数的和是否也不超限，并非一目了然，所以下面要来证明之. 即要证明

$$b_k + \cdots + b_n \leqslant \dfrac{n+1}{4}. \qquad ②$$

首先注意：

$$a_k \geqslant \dfrac{a_1 + \cdots + a_{k-1} + a_k}{k} > \dfrac{n+1}{4k}.$$

由此并根据第二行数的递降性，得

$$\begin{aligned} b_k + \cdots + b_n &\leqslant (n+1-k) b_k = (n+1-k)(1 - a_k) \\ &< (n+1-k)\left(1 - \dfrac{n+1}{4k}\right) \\ &= \left((n+1) - k - \dfrac{(n+1)^2}{4k}\right) + \dfrac{n+1}{4}. \end{aligned}$$

故为说明式②成立，只需证明：

$$(n+1) - k - \dfrac{(n+1)^2}{4k} \leqslant 0. \qquad ③$$

为此，我们记 $x = k$，$y = \dfrac{(n+1)^2}{4k}$，那么 $x > 0$，$y > 0$，且有 $2\sqrt{xy} = n+1$，故由平均不等式 $\dfrac{x+y}{2} \geqslant \sqrt{xy}$ 立即得知式③成立.

综合上述，即知两行中剩下的数的和都满足题中条件.

在对这个问题的解答过程中，不仅仅用到临界时刻的存在性，而且对临界时刻的各种数值，尤其是 a_k，作了较为细致的分析和探讨，从这种分析中找出问题的答案. 这种情况在很多问题的解答中都会遇到，下面我们就来深化一个曾经讨论过的问题，进一步体验临界时刻的作用.

在《从特殊性看问题》一书第 9 节例 10 中，我们证明过这样一个结论：将整数 1 至 100 填入 10×10 方格表，每格一数. 则无论怎样填写，都可找到两个有公共边的方格，其中所填之数的差大于 5.

在这里，我们可以问一句："是否一定可以找到差大于 6，甚至大于 7 的邻数呢？" 我们说答案是肯定的. 因为这里的 5 远远没有达到最大可能值，事实上，我们可以找到两个差大于 7 的邻数！更一般地，我们可以证明如下结论：

例 3 在 $n \times n$ 方格表中填写正整数 $1, 2, \cdots, n^2$，每格一数. 证明，可以找到两个相邻方格，其中所填之数至少相差 n. 有公共边的方格称为相邻的.

解析 对于较小的 n，容易直接验证. 下面仅考虑 $n \geqslant 4$ 的情形.

用反证法，假设所言不真，即任何两个相邻方格中的数都至多相差 $n-1$.

我们来观察任意 $n-1$ 个不超过 n^2 的正整数 $i, i+1, \cdots, i+n-2$，将它们所构成的 $n-1$ 元数集记作 S_i. 由于对每个 $i \in \{1, 2, \cdots, n^2-n+2\}$，数集 S_i 中都只有 $n-1$ 个数，所以，必有一行不含该数集中的元素，也必有一列不含该数集中的元素，将该行与该列的并记为 C_i，称为十字架 C_i.

十字架 C_i 中不含有数集 S_i 中的数，那么在它里面都是些什么样的数呢？为讨论这个问题，我们记 $S = \{1, 2, \cdots, n^2\}$，

$$L_i = \{1, \cdots, i-1\}, \quad R_i = \{i+n-1, \cdots, n^2\}. \qquad ①$$

由于 $S_i = \{i, i+1, \cdots, i+n-2\}$，所以 L_i、S_i、R_i 互不相交，且 $S_i \cup L_i \cup R_i = S$. 既然十字架 C_i 中不含 S_i 中的数，所以其中的数都属于 L_i 或 R_i.

我们要来证明，在我们的假设之下，对每个 $i \in \{1, 2, \cdots, n^2-n+2\}$，十字架 C_i 中的所有数都只能或者全属于 L_i 或者全属于 R_i，不能既有属于 L_i 的数，又有属于 R_i 的数.

用反证法. 假设存在某个 i，在十字架 C_i 中既有属于 L_i 的数，又有属于 R_i 的数，那么我们将其中属于 L_i 的数都染为蓝色，属于 R_i 的数都染为红色，于是该十字架中的数非红即蓝，因此必然会有红数与蓝数相邻，由于蓝数都不大于 $i-1$，红数都不小于 $i+n-1$，从而这两个邻数的差不小于 $(i+n-1)-(i-1) = n$，与我们的假设相矛盾.

我们把全含 L_i 中数的十字架 C_i 称为左属架，而把全含 R_i 中数的十字架 C_i 称为右属架.

注意到 $L_1 = \varnothing$，所以十字架 C_1 为右属架；一般地，由于 $|L_i| = i-1$，$|C_i| = 2n-1$，所以只要 $i < 2n$，十字架 C_i 就都是右属架；然而，由于 $R_{n^2-n+2} = \varnothing$，所以所以十字架 C_{n^2-n+2} 为左属架，并且一般地，只要 $i > n^2-3n+3$，十字架 C_i 都是左属架. 这样一

来，当 i 在集合 $\{1,2,\cdots,n^2-n+2\}$ 中逐个增大时，十字架由开始时的右属架变为最终的左属架，因此，必有一个时刻 i_0，使得十字架 C_{i_0} 是右属架，而十字架 C_{i_0+1} 是左属架，这个 i_0 就是临界时刻，或者说是由右属架首次变为左属架的时刻. 我们无从说明右属架与左属架之间只转换一次，但是一定要转换，所以一定会有第一次转换.

我们就来观察这个临界时刻下的十字架中的状况. C_{i_0} 是右属架，其中的所有数都大于 i_0+n-2，而 C_{i_0+1} 是左属架，其中的所有数都小于 i_0+1. 但是，$C_{i_0}\cap C_{i_0+1}$ 却有两个公共方格，其中的数无法填写. 由此得出矛盾. 这个矛盾表明，必有两个相邻方格中的数的差不小于 n.

利用类似的方法，可以证明如下结论：

例 4 $n\times n$ 方格表的每个方格中填有一个整数. 若相邻方格中所填之数相差都不超过 1，则至少有一个数至少出现 n 次.

解析 假设所言不真，则每个数在表中都至多出现 $n-1$ 次. 设方格表中所出现的最小数和最大数分别为 a 和 b，于是对每个 $a\leqslant i\leqslant b$，存在一行和一列 C_i，其中不含 i（因为 i 至多出现 $n-1$ 次），且所有数都大于 i，或都小于 i. 再采用与上题类似的方法得出矛盾.

利用例 4 中的结论，可以顺便解答如下的一个有趣的问题：

例 5 在平面直角坐标系中的一个 $n\times n$ 格点方阵中的每个格点上都停有一只甲虫. 某一时刻所有甲虫全都飞起，又再一次全都落在该格点方阵中的格点上，一个格点上可以落有多只甲虫. 今知，若两只甲虫开始时的距离是 1，则后来的距离也不大于 1. 证明，存在一条斜率为 1 的直线，其上至少落有 n 只甲虫.

解析 在每只甲虫原来所在格点上写上它再次落下后所在格点的纵坐标与横坐标的差，可得一个 $n\times n$ 数表，其中，相邻方格中所填之数相差都不超过 1. 由例 4 中的结论，有某个数 b 在数表中至少出现 n 次，这表明在直线 $y=x+b$ 上至少落有 n 只甲虫.

如果把"关注临界时刻"这一招用来证明数列的有界性，则往往能够收到奇效.

例 6 设 $\{x_n\}$ 为数列，有 $x_0=1$，$x_1=6$，

$$x_{n+1}=\begin{cases} x_n+\sin x_n, & \text{如果 } x_n>x_{n-1};\\ x_n+\cos x_n, & \text{如果 } x_n\leqslant x_{n-1}.\end{cases}$$

证明：对一切 n，都有 $x_n<\dfrac{7}{2}\pi$.

解析 用反证法. 假设不然，则数列 $\{x_n\}$ 中有不小于 $\dfrac{7}{2}\pi$ 的项. 设 x_k 是第一个不小于 $\dfrac{7}{2}\pi$ 的项，则 $k\geqslant 3$，且有

$$x_{k-1}<\dfrac{7}{2}\pi\leqslant x_k.$$

注意到数列中的任何两个相邻项的差都不大于 1，因此

$$\frac{7}{2}\pi > x_{k-1} \geq \frac{7}{2}\pi - 1 > 3\pi,$$

从而 $x_{k-1} \in \left(3\pi, \frac{7}{2}\pi\right)$. 周知该区间中的数的正弦和余弦值都是负的，从而 x_k 不可能大于 x_{k-1}，于是 $x_k < \frac{7}{2}\pi$，此为矛盾.

所以对一切 n，都有 $x_n < \frac{7}{2}\pi$.

下面的数列问题也很有趣. 在讨论之前，需要先介绍一个关于整数的知识. 用 $d(m)$ 表示正整数 m 的正约数的个数，则有：

命题 1 对任何正整数 m，都有
$$d(m) \leq \frac{m}{2} + 1.$$

事实上，由 $\left[\frac{m}{2}\right] + 1$ 到 $m - 1$ 都不是 m 的正约数，换言之，m 的正约数除了 m 之外，其余的都只能在 1 到 $\left[\frac{m}{2}\right]$ 之间. 故得结论.

例 7 数列 $\{a_n\}$ 定义如下：
$$a_1 = 1, \quad a_{n+1} = d(a_n) + c, \quad n = 1, 2, \cdots,$$
其中 c 是一个给定的正整数，$d(m)$ 是正整数 m 的正约数的个数. 证明，存在正整数 k，使得 $a_k, a_{k+1}, a_{k+2}, \cdots$ 是周期数列.

解析 为弄清数列的性质，可先观察 $c = 1, 2$ 和 3 的具体情形：

	a_1	a_2	a_3	a_4	a_5	a_6	$\cdots$
$c = 1$	1	2	3	3	3	3	$\cdots$
$c = 2$	1	3	4	5	4	5	$\cdots$
$c = 3$	1	4	6	7	5	5	$\cdots$

不难看出，它们都是有界数列，$c = 1$ 时上界是 3，$c = 2$ 时上界是 5，$c = 3$ 时上界是 7. 这令我们猜测，对一般的 c，数列的上界是 $2c + 1$.

如果我们能够证明数列有上界，那么由于它的每一项都是正整数，从而它就只能取有限个不同值，换言之，整个数列中就只有有限种不同的项，于是经过若干项后就必然出现已经出现过的项. 假设存在 $i < j$，使得 $a_i = a_j$，那么就必然有
$$a_{i+1} = d(a_i) + c = d(a_j) + c = a_{j+1},$$
$$a_{i+2} = d(a_{i+1}) + c = d(a_{j+1}) + c = a_{j+2},$$
$$\cdots\cdots$$

这就表明，$a_i, a_{i+1}, a_{i+2}, \cdots$ 是周期数列，于是题中的结论就不证自明了.

所以下面就只需证明，对于数列 $\{a_n\}$，我们有

$$a_n \leqslant 2c+1, \quad n \geqslant 2.$$

用反证法. 假若不然, 那么数列中存在大于 $2c+1$ 的项, 由于数列 $\{a_n\}$ 中的项都是正整数, 所以这些项不小于 $2c+2$. 设 a_t 是数列中的第一个不小于 $2c+2$ 的项, 则显然有 $t \geqslant 2$, 这是因为 $a_1 = 1 < 2c+2$.

我们来观察 a_{t-1}. 一方面, 有
$$a_{t-1} \leqslant 2c+1. \qquad ①$$

另一方面, 又有 $d(a_{t-1}) + c = a_t \geqslant 2c+2$, 所以
$$d(a_{t-1}) \geqslant c+2. \qquad ②$$

但由命题 1 知
$$d(a_{t-1}) \leqslant \frac{a_{t-1}}{2} + 1, \qquad ③$$

联立式②、式③, 得知
$$\frac{a_{t-1}}{2} + 1 \geqslant c+2 \Rightarrow a_{t-1} \geqslant 2c+2,$$

此与式②相矛盾.

所以对一切 n, 都有 $a_n \leqslant 2c+1$.

下面的例题更能体现临界时刻的作用.

例 8 在 10×10 方格表中填入整数 $1,2,3,\cdots,100$, 使得每两个相邻格中的数之和都不超过 S. 试求 S 的最小可能值. (具有公共边的方格称为相邻的.)

解析 经过探索, 可以找到如图 2 所示的填法, 其中有 $S = 106$.

100	1	99	2	98	3	97	4	96	5
6	95	7	94	8	93	9	92	10	91
90	11	89	12	88	13	87	14	86	15
16	85	17	84	18	83	19	82	20	81
80	21	79	22	78	23	77	24	76	25
26	75	27	74	28	73	29	72	30	71
70	31	69	32	68	33	67	34	66	35
36	65	37	64	38	63	39	62	40	61
60	41	59	42	58	43	57	44	56	45
46	55	47	54	48	53	49	52	50	51

图 2

该表的填写规律十分明显, 大的数与小的数相间排列, 大的数由大到小依次出现, 小的数则由小到大依次出现. 困难的是, 如何证明, 在任何填数方式下, 都有 $S \geqslant 106$? 换言之, 如何证明, 106 是 S 的不可改进的下界?

为扫除下面叙述中的障碍, 我们先来证明一个引理.

引理 如果在 2×10 方格表中有 $k \leqslant 9$ 个两两不相邻的星号,则与星号所占据的方格相邻的空格的数目多于 k.

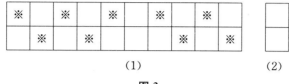

(1)   (2)

图 3

引理的证明 可将 2×10 的矩形分成 10 个竖直多米诺(即 1×2 矩形,如图 3(2) 所示). 在每一个多米诺中,都至多有一个方格被星号占据(因为星号两两不邻)(参阅图 3(1)). 由于 $k \leqslant 9$,故至少还有一个空白多米诺,未被任何星号占据.

在每个有星号的多米诺中,都有一个与星号所在方格相邻的空格. 而在未被星号占据的多米诺中,至少会有一者与某个有星号的多米诺相邻,在这个空着的多米诺中,至少会有一个与星号相邻的空格.

所以,与星号相邻的空格至少比星号多一个,即多于 k 个.

现在回到原题,我们来用反证法证明 $S \geqslant 106$.

假设对于某种填数方式,有 $S \leqslant 105$. 为了找出矛盾,我们擦去表中所有的数,再从 100 开始,自大到小地依次将它们逐个地重新写在擦去前的位置上. 这就是说,我们首先将 $a_1 = 100$ 复位,再将 $a_2 = 99$ 复位,依次下去,第 m 个复位的数是 $a_m = 101 - m$.

现将方格表分为 5 个互不相交的 10×2 竖直带状区域 $S_1, \cdots, S_5$ 和 5 个互不相交的 2×10 水平带状区域 $T_1, \cdots, T_5$.

我们来观察这样的临界时刻,即当 a_{m_0} 复位后,或者在 5 个竖直带状区域中首次都有数被复位;或者在 5 个水平带状区域中首次都有数被复位.

容易证明 $m_0 \leqslant 33$. 假设不然,则 $m_0 > 33$. 这就意味着,在复位了 33 个数以后,仍然有某个竖条 S_i 空着,也有某个横条 T_j 空着,从而已被复位的 33 个数都分布在十字架 $S_i \cup T_j$ 之外的 64 个方格中,这 64 个方格形成 32 个多米诺,从而至少有一个多米诺中落有两个数,这两个数是相邻的. 注意到 $a_{33} = 101 - 33 = 68$,便知这两个相邻数的和 $\geqslant 68 + 69 = 137 > 105$,与我们的假设相矛盾. 所以 $m_0 \leqslant 33$,$a_{m_0} \geqslant 68$.

不失一般性,假设临界时刻到来时,5 个横条 $T_1, \cdots, T_5$ 中分别被复位了 $k_1, \cdots, k_5$ 个数,其中 $k_j > 0, j = 1, \cdots, 5$,且 $\sum_{j=1}^{5} k_j = m_0$. 不妨设 $k_1 = \max\{k_1, \cdots, k_5\}$.

我们来证明 $k_1 \leqslant 9$. 由于被复位的数都不小于 68,所以在我们的假设之下,它们所在的方格都两两不邻,因此横条 T_1 中的每个竖直多米诺中都至多有一个数被复位. 但是,这 10 个竖直多米诺是分属 5 个竖条 $S_1, \cdots, S_5$ 的,如果每个竖直多米诺中都有一个数被复位,那么在临界时刻到来前,横条 T_1 中就应当已经有 9 个数已经被复位了,这也就意味着每个竖条中都已经有数被复位了,这是与临界时刻的定义相矛盾的. 所以在临界时刻到来时,横条 T_1 中至多有 9 个数被复位.

这样一来，在临界时刻，每个横条中已经复位的数的个数都满足不等式 $0 < k_j \leq 9$，因此根据引理，在各个横条中与已经复位的数相邻的空格不少于 k_j+1 个，于是，一共有不少于

$$\sum_{j=1}^{5}(k_j+1) = m_0 + 5$$

个与已经复位的数相邻的空格.

这些空格中的数逐渐都会被恢复，其中最大的数不小于 m_0+5. 它们中的每一个数都将与一个不小于 $a_{m_0} = 101 - m_0$ 的数相邻，特别地，那个最大的数与它的一个邻数的和不小于 $(m_0+5)+(101-m_0)=106$，此与我们先前的假设 $S \leq 105$ 相矛盾. 所以 $S \geq 106$.

本题开头的例子表明等式 $S = 106$ 可以成立.

苏　淳
中国科学技术大学

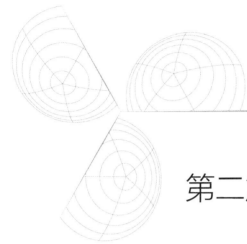

第二篇　命题与解题

第六种证法

土天王龙皇的不等式

一道波兰几何竞赛题的多种证法

简议极限求法与应用

浅谈数论问题中指数的处理方法

已知根号解 寻求原方程

一些不等式问题的新解

蒙日圆及其证明

一道三角函数系数求值题的妙解及证明

第六种证法

文[1]介绍了不等式

$$\log_{\frac{1}{4}} \frac{8}{7} > \log_{\frac{1}{5}} \frac{5}{4} \qquad ①$$

的五种不用计算器的证法. 这里再介绍一种.

首先式①的底数是分数,应改为底数为整数的等价不等式

$$\log_4 \frac{8}{7} < \log_5 \frac{5}{4}. \qquad ②$$

其次,将底数化为相同. 仅用恒等变形,得出的不等式形式复杂. 应当适当放缩,使不等式变为简单. 注意

$$5^4 = 625 < 1024 = 4^5, \qquad ③$$

所以

$$4\log_4 5 < 5,$$

从而

$$\log_5 \frac{5}{4} = \frac{\log_4 \frac{5}{4}}{\log_4 5} > \frac{4}{5} \log_4 \frac{5}{4}.$$

于是,只需证明

$$\log_4 \frac{8}{7} < \frac{4}{5} \log_4 \frac{5}{4},$$

即

$$\left(\frac{8}{7}\right)^5 < \left(\frac{5}{4}\right)^4. \qquad ④$$

式④已经是一个简单的代数不等式了.

因为

$$5^2 \times 7^3 = \frac{34300}{4},$$

$$4^2 \times 8^3 = 2^{13} = 1024 \times 8 = \frac{1024 \times 32}{4} = \frac{32768}{4},$$

所以

$$\left(\frac{5}{4}\right)^2 > \left(\frac{8}{7}\right)^3.$$

从而

$$\left(\frac{5}{4}\right)^4 > \left(\frac{8}{7}\right)^6 > \left(\frac{8}{7}\right)^5.$$

上面的证法纯属初等,也没有特别的技巧. 可见解题,还是尽量用通常的方法,不要想得过于复杂,陷入"非非"的境地,难以自拔.

参 考 文 献

[1] 彭翕成,严文兰. 一个对数不等式的五种证法[J]. 学数学,2014,第 10—12 期合刊,18~20.

小 月

土天王龙皇的不等式

一位网名土天王龙皇的朋友提出一个不等式：

设 a、b、c 为正实数，并且
$$a + b + c = 3,\qquad ①$$

求证：
$$\sqrt{a^2 + bc + 2} + \sqrt{b^2 + ca + 2} + \sqrt{c^2 + ab + 2} \geq 6.\qquad ②$$

证明似不太容易. 我曾给一些参加竞赛的同学做. 由于时间不够充分，没有人做出来. 下面是我们所拟的解答，供读者参考.

解析 设 $a \geq b \geq c$. 先考虑一个特殊情况：$a = b$. 这时式①变成
$$a + 2b = 3.\qquad ③$$

要证 $b \leq 1$ 时，
$$\sqrt{a^2 + b^2 + 2} + 2\sqrt{b^2 + ab + 2} \geq 6.\qquad ④$$

式④即
$$\sqrt{5b^2 - 12b + 11} + \sqrt{-4b^2 + 12b + 8} \geq 6.\qquad ⑤$$

式⑤ $\Leftrightarrow b^2 + 9 + 2\sqrt{(5b^2 - 12b + 11)(-4b^2 + 12b + 8)} \geq 36$

$\Leftrightarrow 2\sqrt{(5b^2 - 12b + 11)(-4b^2 + 12b + 8)} \geq 17 - b^2$

$\Leftrightarrow 4(5b^2 - 12b + 11)(-4b^2 + 12b + 8) \geq 289 + b^4 - 34b^2$

$\Leftrightarrow -81b^4 + 432b^3 - 558b^2 + 144b + 63 \geq 0$

$\Leftrightarrow -9b^4 + 48b^3 - 62b^2 + 16b + 7 \geq 0$

$\Leftrightarrow (1-b)^2(-9b^2 + 30b + 7) \geq 0,$

最后的不等式显然成立.

现在考虑一般情况. 固定 a，将式②的左边视为 b 的函数 $f(b)$（$c = 3 - a - b$），进行调整. 我们有

$$2f' = \frac{c - b}{\sqrt{a^2 + bc + 2}} + \frac{2b - a}{\sqrt{b^2 + ca + 2}} + \frac{-2c + a}{\sqrt{c^2 + ab + 2}}.\qquad ⑥$$

显然 $a^2 + bc \geq b^2 + ca$，$a^2 + bc \geq c^2 + ab$.

以下三种情况可以证明 $f' \geq 0$.

（ⅰ）$2 \geq a \geq 2b$. 这时
$$2f' = \frac{a - 2c}{\sqrt{c^2 + ab + 2}} - \frac{a - 2b}{\sqrt{b^2 + ca + 2}} - \frac{b - c}{\sqrt{a^2 + bc + 2}}$$

$$\geq \frac{a - 2c}{\sqrt{c^2 + ab + 2}} - \frac{a - 2b}{\sqrt{b^2 + ca + 2}} - \frac{b - c}{\sqrt{c^2 + ab + 2}}$$

$$= \frac{a-c}{\sqrt{c^2+ab+2}} - \frac{a-2b}{\sqrt{b^2+ca+2}} - \frac{b}{\sqrt{c^2+ab+2}}$$

$$\geqslant \frac{a-c}{\sqrt{c^2+ab+2}} - \frac{a-b}{\sqrt{b^2+ca+2}} \quad (b^2+ca \leqslant c^2+ab),$$

所以
$$f' \geqslant 0 \Leftrightarrow (a-c)^2(b^2+ca+2) \geqslant (a-b)^2(b^2+ab+2)$$
$$\Leftrightarrow 2(2a-b-c)(b-c) + (ab+ac-2bc)a(b-c)$$
$$\quad + a(ca^2+c^3-2ac^2-ba^2-b^3+2ab^2) \geqslant 0$$
$$\Leftrightarrow 2(2a-b-c) + a(ab+ac-2bc-a^2-b^2-c^2-bc+2ab+2ac) \geqslant 0$$
$$\Leftrightarrow a(4-a^2) - 2b - 2c + a(3ab+3ac-3bc-b^2-c^2) \geqslant 0.$$

因为 $2 \geqslant a \geqslant 2b$，所以 $4-a^2 \geqslant 0$，$a \geqslant \dfrac{3}{2}$，

$$a(3ac-3bc-c^2) - 2c \geqslant a \times ac - 2c \geqslant \left(\frac{9}{4}-2\right)c \geqslant 0,$$

$$a(3ab-b^2) - 2b \geqslant a \times \frac{5}{2}ab - 2b \geqslant \frac{3 \times 3 \times 5}{2 \times 2 \times 2}b - 2b \geqslant 0.$$

(ⅱ) $2b \geqslant a \geqslant 2c$. 这时记 $M = \max\{\sqrt{b^2+ca+2}, \sqrt{c^2+ab+2}\}$，则

$$2f' \geqslant \frac{2b-a}{\sqrt{b^2+ca+2}} + \frac{a-2c}{\sqrt{c^2+ab+2}} + \frac{c-b}{M}$$

$$\geqslant \frac{2b-a+a-2c+c-b}{M} = \frac{b-c}{M} \geqslant 0.$$

(ⅲ) $2c \geqslant a$. 这时 $b^2+ca \geqslant c^2+ab$，

$$2f' \geqslant \frac{2b-a}{\sqrt{b^2+ca+2}} - \frac{2c-a}{\sqrt{c^2+ab+2}} - \frac{b-c}{\sqrt{c^2+ab+2}}$$

$$\geqslant \frac{2b-a+c}{\sqrt{b^2+ca+2}} - \frac{2c-a+b}{\sqrt{c^2+ab+2}},$$

$f' \geqslant 0$
$$\Leftrightarrow (2b-a+c)^2(c^2+ab+2) \geqslant (2c-a+b)^2(b^2+ac+2)$$
$$\Leftarrow (2b-a+c)(c^2+ab+2) \geqslant (2c-a+b)(b^2+ac+2)$$
$$\Leftrightarrow 2(b-c) + a(2b^2-2c^2-ab+ac) + 2bc(c-b) + a(b^2-c^2) + c^3 - b^3 \geqslant 0$$
$$\Leftrightarrow 2 + a(2b+2c-a) + a(b+c) - 3bc - b^2 - c^2 \geqslant 0.$$

因为 $b+c \geqslant a$，
$$2 + 2a(b+c) - 3bc - b^2 - c^2 = 2 - bc + (2a-b-c)(b+c) \geqslant 0,$$
所以上面的不等式成立.

于是，在上述三种情况中，均有 f 是 b 的增函数. 可以调整为 $b = c$. 而这是在一开始，我们就已经讨论过的. 因此式②成立. 只剩下 $a \geqslant 2$ 的情况.

我们证明在 $\dfrac{6+\sqrt{76}}{5} \geqslant a \geqslant 2$ 时，

$$\sqrt{b^2+ca+2} + \sqrt{c^2+ab+2} \geqslant \sqrt{(b+c)^2+2a(b+c)+8}. \qquad ⑦$$

事实上，

式 ⑦ $\Leftrightarrow b^2 + ca + 2 + c^2 + ab + 2 + 2\sqrt{(b^2+ca+2)(c^2+ab+2)}$
$\geq b^2 + c^2 + 2a(b+c) + 8$
$\Leftrightarrow 2\sqrt{(b^2+ca+2)(c^2+ab+2)} \geq 4 + 2bc + a(b+c)$
$\Leftrightarrow 4(b^2c^2 + ab^3 + 2b^2 + ac^3 + a^2bc + 2ac + 2c^2 + 2ab + 4)$
$\geq 16 + 4b^2c^2 + a^2b^2 + a^2c^2 + 2a^2bc + 16bc + 8ab + 8ac + 4ab^2c + 4abc^2$
$\Leftrightarrow 4a(b-c)^2(b+c) + 8(b-c)^2 \geq a^2(b-c)^2$
$\Leftrightarrow 4a(b+c) + 8 \geq a^2$
$\Leftrightarrow 4a(3-a) + 8 \geq a^2$
$\Leftrightarrow 5a^2 - 12a - 8 \leq 0$
$\Leftrightarrow 5\left(a - \dfrac{6+\sqrt{76}}{5}\right)\left(a - \dfrac{6-\sqrt{76}}{5}\right) \leq 0.$

最后的不等式显然成立．

于是，当 $\dfrac{6+\sqrt{76}}{5} \geq a \geq 2$ 时，

$$\sqrt{a^2 + bc + 2} + \sqrt{b^2 + ca + 2} + \sqrt{c^2 + ab + 2}$$
$$\geq \sqrt{a^2 + 2} + \sqrt{(3-a)^2 + 2(3-a) + 8}$$
$$= \sqrt{a^2 + 2} + \sqrt{17 - a^2} = \sqrt{x+2} + \sqrt{17-x} \ (\text{令 } x = a^2 \leq 9).$$

式 ② $\Leftarrow \sqrt{x+2} + \sqrt{17-x} \geq 6 \Leftrightarrow 4x^2 - 60x - 9 \times 17 \leq 0.$

显然 $4x^2 - 60x - 9 \times 17 \leq 36x - 60x - 9 \times 17 \leq 0$，所以式 ② 成立．

当 $3 \geq a \geq \dfrac{6+\sqrt{76}}{5}$ 时，易知

$$\sqrt{b^2 + ca + 2} + \sqrt{c^2 + ab + 2} \geq \sqrt{(b+c)^2 + a(b+c) + 8},\qquad ⑧$$

而

$$\sqrt{a^2 + 2} + \sqrt{(3-a)^2 + (3-a) + 8} \geq 6$$
$$\Leftrightarrow \sqrt{a^2 + 2} + \sqrt{17 - 3a} \geq 6$$
$$\Leftrightarrow a^4 + 6a^3 - 93a^2 + 126a + 9 \times 17 \leq 0.$$

上式左边的导数

$$= 4a^3 + 18a^2 - 186a + 126 \leq (36 + 36 - 186)a + 126 \leq -114 \times 2 + 126 \leq 0,$$

所以 $a^4 + 6a^3 - 93a^2 + 126a + 9 \times 17$ 递减，用 $a = \dfrac{6+\sqrt{76}}{5}$ 代入，

$$a^4 + 6a^3 - 93a^2 + 126a + 9 \times 17 \leq (9 + 18 - 93)a^2 + 126a + 9 \times 17$$
$$= -66a^2 + 126a + 9 \times 17 \leq 0.$$

因此，此时不等式 ② 也成立．

韧　吾

一道波兰几何竞赛题的多种证法

2006年第57届波兰数学奥林匹克有一道平面几何题为：

设 M 为 $\triangle ABC$ 的边 BC 的中点，点 P 为 $\triangle ABM$ 的外接圆上 $\overset{\frown}{AB}$（不含点 M）的中点，点 Q 为 $\triangle AMC$ 的外接圆上 $\overset{\frown}{AC}$（不含点 M）的中点，求证：$AM \perp PQ$.

证明 1 如图 1，设 $\triangle ABM$ 的外心与 $\triangle AMC$ 的外心分别为 O_1 与 O_2，显然，直线 PO_1 与 QO_2 交于 $\triangle ABC$ 的外心 O，而 M 为 BC 的中点，所以 $OM \perp BC$. 分别过 O_1、O_2 作 BC 的垂线，垂足分别为 K、L，则 K、L 分别为 AM、MC 的中点，所以，$KM = ML$，不难知道，

$$KM = OO_1 \sin B, \quad ML = OO_2 \sin C,$$

于是，由 $KM = ML$ 及正弦定理，并注意 $\angle AMB + \angle CMA = 180°$，我们得到：

$$\frac{OO_1}{OO_2} = \frac{\sin C}{\sin B} = \frac{AB}{AC} = \frac{O_1 P}{O_2 Q}.$$

因此，$PQ \parallel O_1 O_2$，而 $O_1 O_2 \perp AM$，故 $AM \perp PQ$.

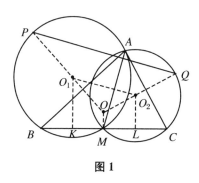

图 1

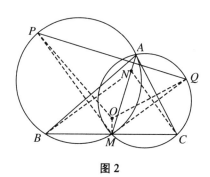

图 2

证明 2 如图 2，考虑 $\triangle ABC$ 与 $\triangle MQP$，显然，分别过 M、Q、P 作 BC、CA、AB 的垂线，这三条垂线交于 $\triangle ABC$ 的外心 O，由正交三角形定理，分别过 A、B、C 作 QP、PM、MQ 的垂线，则所作三条垂线也交于一点或互相平行. 注意 MP、MQ 分别平分 $\angle AMB$ 和 $\angle CMA$，于是，在射线 MA 上取一点 N，使 $MN = MB$，则 $MP \perp BM$，$MQ \perp CN$，所以，$AN \perp PQ$，即 $AM \perp PQ$.

证明 3 如图 3，设 PM 与 AB 交于 K，QM 与 AC 交于 L，容易知道，

$$\triangle APK \sim \triangle KPM, \quad \triangle PBM \sim \triangle AKM,$$

所以，$PA^2 = PM \cdot PK$，$PM \cdot KM = MA \cdot MB$，于是，

$$PM^2 - PA^2 = PM^2 - PK \cdot PM = PM \cdot KM = MA \cdot MB.$$

同理，$QM^2 - QA^2 = MA \cdot MC$，而 $MB = MC$，所以，$PM^2 - PA^2 = QM^2 - QA^2$. 故 $AM \perp PQ$.

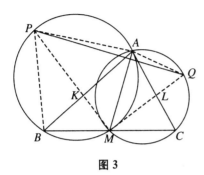

图 3

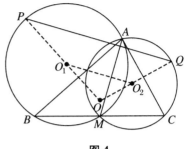

图 4

证明 4 如图 4，设 $\triangle ABM$ 与 $\triangle AMC$ 的外心分别为 O_1、O_2，则 $AM \perp O_1O_2$，$PO_1 \perp AB$，$PO_2 \perp AC$，于是，设 PO_1 与 PO_2 交于 O，则 $\angle OO_1O_2 = \angle BAM$，$\angle O_1O_2O = \angle MAC$，由正弦定理，

$$\frac{OO_1}{OO_2} = \frac{\sin \angle O_1O_2O}{\sin \angle OO_1O_2} = \frac{\sin \angle MAC}{\sin \angle BAM} = \frac{AB}{AC} = \frac{O_1P}{O_2Q}.$$

所以，$PQ \parallel O_1O_2$，而 $O_1O_2 \perp AM$，故 $AM \perp PQ$.

证明 5 设 $\triangle ABM$ 与 $\triangle AMC$ 的外心分别为 O_1、O_2，以 A 为位似旋转中心作位似旋转变换，使 $O_1 \to B$，则 $O_2 \to C$，O_1O_2 的中点 $N \to BC$ 的中点 M，所以，$\angle AMN = \angle ACO_2$，而 $\angle CO_2Q = \angle CMA$，$O_2Q \perp AC$，因此 $MN \perp BC$，于是，直线 PO_1、QO_2、MN 三线交于 $\triangle ABC$ 的外心 O. 注意 $OM \perp BC$，$OQ \perp AC$，$O_1O_2 \perp AM$，所以，$\angle O_2ON = \angle ACM$，$\angle NO_2O = \angle MAC$，从而 $\triangle O_1NO \sim \triangle AMC$，于是，$\frac{NO_2}{OO_2} = \frac{AM}{AC}$. 同理，$\frac{OO_1}{O_1N} = \frac{AB}{AM}$，两式相乘，并注意 $O_1N = NO_2$ 即得 $\frac{OO_1}{OO_2} = \frac{AB}{AC} = \frac{O_1P}{O_2Q}$，所以，$PQ \parallel O_1O_2$，而 $O_1O_2 \perp AM$，故 $AM \perp PQ$.

证明 6 如图 6，设 AB、AC 的中点分别为 E、F，则 $PE \perp AB$，$QF \perp AC$，因 M 为 BC 的中点，所以，

$$AE = FM, \quad AF = EM, \quad \angle AFM = 180° - \angle MEA,$$

而

$$\angle PAE = \frac{1}{2} \angle AMB = \frac{1}{2} \angle AQC = \angle AQF,$$

因此 $\triangle PAE \sim \triangle AQF$，所以

$$\frac{PA}{AQ} = \frac{PE}{AF} = \frac{PE}{EM}.$$

又
$$\angle PAQ = 90° + \angle EAF = 90° + \angle AFM = \angle PEM,$$
于是△PAQ∽△PEM,从而∠QPA = ∠MPE,进而∠MPQ = ∠EPA,但∠AMP = ∠PMB = ∠PAE,PE⊥AE,故 AM⊥PQ.

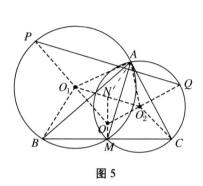

图 5

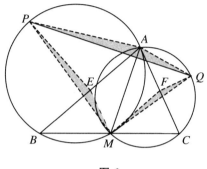

图 6

证明 7 如图 7,因 P 为 AB 弧的中点,所以,PB = PA,以 P 为旋转中心作旋转变换,使 A→B,设 Q→Q',则 BQ' = AQ = CQ,BQ' 与 AQ 的交角等于∠BPA,而 ∠AQC = ∠AMB = 180°−∠BPA,即 AQ 与 CQ 的交角也等于∠BPA,所以,BQ'∥QC, 即 BQ'∥QC,又 M 为 BC 的中点,因此,Q、M、Q'三点共线,且 M 为 QQ'的中点.另一方面,因△PAB∽△PQQ',所以,∠PAB = ∠PQQ',于是,∠MPQ = $\frac{1}{2}$∠PAB,而 ∠AMP = ∠ABP = ∠PAB,∠PAB + $\frac{1}{2}$∠PAB = 90°,所以,∠AMP + ∠MPQ = 90°,故 AM⊥PQ.

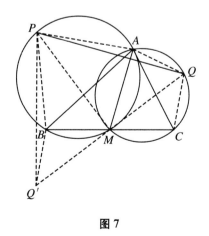

图 7

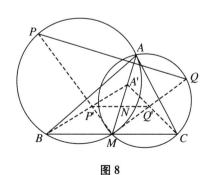

图 8

证明 8 如图 8,以 M 为反演中心、MA 为反演半径作反演变换,则 B、C 皆为自反点,直线 AM 为自反直线.设 A 的反点为 A',则 A'在直线 AM 上,且△ABM 的外接圆

的反形为直线 $A'B$，$\triangle AMC$ 的外接圆的反形为直线 $A'C$，点 P 的反点 P' 为直线 PM 与 $A'B$ 的交点，点 Q 的反点 Q' 为直线 QM 与 $A'C$ 的交点，直线 PQ 的反形为 $\triangle MP'Q'$ 的外接圆. 因 MP、MQ 分别平分 $\angle AMB$ 和 $\angle CMA$，所以，$MP' \perp MQ'$，且

$$\frac{A'P'}{P'B} = \frac{MA'}{MB} = \frac{MA'}{MC} = \frac{A'Q'}{Q'C}.$$

从而 $P'Q' \parallel BC$. 设 $A'M$ 与 $P'Q'$ 交于 N，因 M 是 BC 的中点，所以，N 是 $P'Q'$ 的中点. 再注意 $MP' \perp MQ'$ 即知 N 为 $\triangle MP'Q'$ 的外心，这说明直线 $A'M$ 与 $\triangle MP'Q'$ 的外接圆正交，因此，AM 与 PQ 正交，故 $AM \perp PQ$.

萧振纲
湖南理工学院期刊社

简议极限求法与应用

基于新课标的高中数学教材不讲极限而讲导数与定积分.大家知道,导数和定积分都是直接应用极限定义的,彻底避开极限是难以想象的,更何况现行高考关于导数与应用的考查几乎题型成了定式,那就是"求恒成立问题的参数条件",如果用分离参数法求解这类问题,往往经过单调性分析,最后化归为用极限定参数范围;尤其是高校自主招生,十分重视极限求法与观点的考查.

一、极限的基本求法

笔者不赞成许多教师把罗必塔法直接告诉学生用于求极限的做法;笔者提倡基于普通高中生的知识与能力实情,渗透极限方法与观点.

本文提出极限的如下求法:

1. 作代数式变形

例1 求 $\lim\limits_{n \to +\infty}(\sqrt{n} - 2\sqrt{n+1} + \sqrt{n+2})$.

解析 对极限式作代数变换,使得极限值呈现出来.

$$\begin{aligned}&\lim_{n \to +\infty}(\sqrt{n} - 2\sqrt{n+1} + \sqrt{n+2}) \\ &= \lim_{n \to +\infty}(\sqrt{n} - \sqrt{n+1} + \sqrt{n+2} - \sqrt{n+1}) \\ &= \lim_{n \to +\infty}\left(\frac{1}{\sqrt{n+2} + \sqrt{n+1}} - \frac{1}{\sqrt{n} + \sqrt{n+1}}\right) \\ &= 0.\end{aligned}$$

评注 一般地,任取 k 个非零常数 $c_i(i=1,2,\cdots,k)$ 使之满足 $c_1 + c_2 + \cdots + c_k = 0$,则都有

$$\lim_{n \to +\infty}(c_1\sqrt{n+1} + c_2\sqrt{n+2} + \cdots + c_k\sqrt{n+k}) = 0.$$

2. 两边逼夹

两边逼夹方法有数列形式与函数形式.

数列形式 为求 $\lim\limits_{n \to +\infty} a_n$,设法构造两个无穷数列 $\{b_n\}$ 与 $\{c_n\}$,使之满足 $b_n \leqslant a_n \leqslant c_n$, $\forall n \geqslant n_0$(n_0 是某个正整数),且

$$\lim_{n \to \infty} b_n = A = \lim_{n \to \infty} c_n,$$

则

$$\lim_{n \to \infty} a_n = A.$$

函数形式 为求 $\lim\limits_{x \to x_0} f(x)$,设法构造两个函数 $g(x)$ 与 $h(x)$,使得存在一个正数 δ,

对满足 $0 < |x - x_0| < \delta$ 的一切 x，都有
$$g(x) \leqslant f(x) \leqslant h(x),$$
并且
$$\lim_{x \to x_0} g(x) = A = \lim_{x \to x_0} h(x),$$
则
$$\lim_{x \to x_0} f(x) = A.$$

例 2 论证重要极限 $\lim\limits_{x \to 0} \dfrac{\sin x}{x} = 1$.

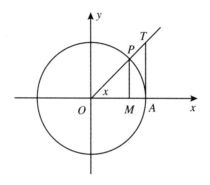

图 1

解析 如图 1，基于单位圆中三角函数线，有面积关系：
$$S_{\triangle OMP} < S_{\text{扇形} OAP} < S_{\text{Rt}\triangle OAT},$$
即
$$\frac{1}{2} \times 1 \times \sin x < \frac{1}{2} \times 1^2 \times x < \frac{1}{2} \times 1 \times \tan x,$$
故对任意 $x \in \left(0, \dfrac{\pi}{2}\right)$，都有 $\sin x < x < \tan x$，即 $\sin x < x < \tan x$，亦即 $\cos x < \dfrac{\sin x}{x} < 1$.

又 $f(x) = \dfrac{\sin x}{x}(x \neq 0)$ 是偶函数，故对一切 $x \in \left(-\dfrac{\pi}{2}, 0\right) \cup \left(0, \dfrac{\pi}{2}\right)$，都有 $\cos x < \dfrac{\sin x}{x} < 1$.

又因为 $\lim\limits_{x \to 0} \cos x = 1$，故 $\lim\limits_{x \to 0} \dfrac{\sin x}{x} = 1$.

评注 $\lim\limits_{x \to 0} \dfrac{\sin x}{x} = 1$ 是一个重要极限，关于基本初等函数导数公式中的 $(\sin x)' = \cos x$ 和 $(\cos x)' = -\sin x$ 的推导都得基于这个重要极限.

例 3 求
$$\lim_{n \to +\infty} \left(\frac{1}{n^3 + 1} + \frac{4}{n^3 + 2} + \cdots + \frac{n^2}{n^3 + n}\right).$$

解析 对极限式放缩，构造两边夹，求出极限.

令 $a_n = \dfrac{1}{n^3 + 1} + \dfrac{4}{n^3 + 2} + \cdots + \dfrac{n^2}{n^3 + n}$，则

$$a_n < \frac{1 + 2^2 + \cdots + n^2}{n^3 + 1} = \frac{n(n+1)(2n+1)}{6(n^3+1)} = \frac{n(2n+1)}{6(n^2-n+1)},$$

以及

$$a_n > \frac{1^2 + 2^2 + \cdots + n^2}{n^3 + n} = \frac{(n+1)(2n+1)}{6(n^2+1)},$$

所以

$$\frac{(n+1)(2n+1)}{6(n^2+1)} < a_n < \frac{n(2n+1)}{6(n^2-n+1)} \quad (n \in \mathbf{N}^*).$$

又因为

$$\lim_{n \to +\infty} \frac{(n+1)(2n+1)}{6(n^2+1)} = \frac{1}{6} \lim_{n \to +\infty} \frac{2 + \frac{3}{n} + \frac{1}{n^2}}{1 + \frac{1}{n^2}} = \frac{1}{3},$$

$$\lim_{n \to +\infty} \frac{n(2n+1)}{6(n^2-n+1)} = \frac{1}{6} \lim_{n \to +\infty} \frac{2 + \frac{1}{n}}{1 - \frac{1}{n} + \frac{1}{n^2}} = \frac{1}{3},$$

故

$$\lim_{n \to +\infty} \left(\frac{1}{n^3+1} + \frac{4}{n^3+2} + \cdots + \frac{n^2}{n^3+n} \right) = \lim_{n \to +\infty} a_n = \frac{1}{3}.$$

3. 应用单调有界性判断极限存在，再解方程求极限

单调有界数列 $\{a_n\}$ 必有极限，也就是说有上界的递增数列必有极限，有下界的递减数列必有极限.

例 4 论证重要极限 $\lim\limits_{n \to +\infty} \left(1 + \frac{1}{n}\right)^n = \mathrm{e}$.

证明 先证数列 $\left\{ \left(1 + \frac{1}{n}\right)^n \right\}$ 单调递增.

由均值不等式，

$$\sqrt[n+1]{\left(1 + \frac{1}{n}\right)^n} = \sqrt[n+1]{\left(1 + \frac{1}{n}\right)\left(1 + \frac{1}{n}\right) \cdots \left(1 + \frac{1}{n}\right) \cdot 1}$$

$$< \frac{\left(1 + \frac{1}{n}\right)n + 1}{n+1} = 1 + \frac{1}{n+1},$$

故

$$\left(1 + \frac{1}{n}\right)^n < \left(1 + \frac{1}{n+1}\right)^{n+1}$$

对一切 $n \in \mathbf{N}^*$ 成立.

再证数列 $\left\{ \left(1 + \frac{1}{n}\right)^n \right\}$ 有界.

由二项式定理，可得

$$\left(1 + \frac{1}{n}\right)^n = \mathrm{C}_n^0 + \mathrm{C}_n^1 \cdot \frac{1}{n} + \mathrm{C}_n^2 \cdot \frac{1}{n^2} + \cdots + \mathrm{C}_n^r \cdot \left(\frac{1}{n}\right)^r + \cdots + \mathrm{C}_n^n \cdot \frac{1}{n^n}$$

$$= 2 + \frac{1}{2!} \cdot \frac{n(n-1)}{n} + \cdots + \frac{1}{r!} \cdot \frac{n(n-1)\cdots(n-r+1)}{n^r} + \cdots + \frac{1}{n!} \cdot \frac{n!}{n^n}$$

$$< 2 + \frac{1}{2!} + \cdots + \frac{1}{r!} + \cdots + \frac{1}{n!}$$

$$\leq 2 + \frac{1}{1 \times 2} + \frac{1}{2 \times 3} + \cdots + \frac{1}{(r-1) \times r} + \cdots + \frac{1}{(n-1)n}$$

$$= 2 + \left(1 - \frac{1}{2}\right) + \left(\frac{1}{2} - \frac{1}{3}\right) + \cdots + \left(\frac{1}{r-1} - \frac{1}{r}\right) + \cdots + \left(\frac{1}{n-1} - \frac{1}{n}\right)$$

$$= 3 - \frac{1}{n} < 3.$$

综上所述,

$$2 \leq \left(1 + \frac{1}{n}\right)^n < \left(1 + \frac{1}{n+1}\right)^{n+1} < 3 \ (n \in \mathbf{N}^*),$$

所以数列 $\left\{\left(1 + \frac{1}{n}\right)^n\right\}$ 有极限;在微积分中,记作 $\lim\limits_{n \to +\infty} \left(1 + \frac{1}{n}\right)^n = \mathrm{e}$(是一个无理数).

例 5 求 $\lim\limits_{n \to +\infty} \sqrt{6 + \sqrt{6 + \cdots + \sqrt{6}}}$.

解析 考虑单调有界数列必有极限,先证极限存在,再求极限.

令

$$a_n = \sqrt{6 + \sqrt{6 + \cdots + \sqrt{6}}},$$

则

$$a_{n+1} = \sqrt{a_n + 6} \ (n \in \mathbf{N}^*),$$

$$a_1 = \sqrt{6} < 3,$$

$$a_2 = a_1 + \sqrt{6 + \sqrt{6}} - \sqrt{6} = a_1 + \frac{\sqrt{6}}{\sqrt{6 + \sqrt{6}} + \sqrt{6}} > a_1,$$

且

$$a_2 = \sqrt{6 + a_1} < \sqrt{9} = 3,$$

所以

$$a_1 < a_2 < 3.$$

假设

$$a_k < a_{k+1} < 3,$$

则

$$\sqrt{a_k + 6} = a_{k+1} < a_{k+2} = \sqrt{a_{k+1} + 6} < \sqrt{9} = 3,$$

由数学归纳法,可得 $a_n < a_{n+1} < 3 \ (n \in \mathbf{N}^*)$. 所以,数列 $\{a_n\}$ 存在极限,记 $\lim\limits_{n \to +\infty} a_n = A$.

对 $a_{n+1} = \sqrt{a_n + 6}$ 两边取极限,得 $A = \sqrt{A + 6}$,解之,得 $A = 3$,所以 $\lim\limits_{n \to +\infty} a_n = 3$.

4. 应用导数的局部定义与导函数相结合求极限

如果函数 $f(x)$ 的导函数 $f'(x)$ 在点 x_0 处连续，则

$$\lim_{x \to x_0} \frac{f(x) - f(x_0)}{x - x_0} = f'(x_0) = f'(x)|_{x=x_0}.$$

例 6 求 $\lim\limits_{x \to 1} \dfrac{x\ln x}{x^2 - 1}$.

解析 由导数的定义，可得

$$\lim_{x \to 1} \frac{x\ln x}{x^2 - 1} = \lim_{x \to 1}\left(\frac{x}{x+1} \cdot \frac{\ln x}{x-1}\right) = \frac{1}{2}\lim_{x \to 1}\frac{\ln x - \ln 1}{x - 1} = \frac{1}{2}(\ln x)'|_{x=1} = \frac{1}{2}.$$

评注 这是一个"$\dfrac{0}{0}$"型极限，分离其中引起 $\dfrac{0}{0}$ 的因素，分而治之. 其中，关键是 $\lim\limits_{x \to 1}\dfrac{\ln x}{x - 1}$ 的计算，该极限是函数 $f(x) = \ln x$ 在 $x = 1$ 处的导数，转由其导函数 $f'(x) = \dfrac{1}{x}$ 算出.

5. 应用定积分定义与微积分学基本定理相结合求和式的极限

设 $F'(x) = f(x)$，得

$$\int_a^b f(x)\mathrm{d}x = \lim_{n \to +\infty} \frac{b-a}{n}\sum_{i=1}^n f\left(a + i\frac{b-a}{n}\right),$$

可得求极限的积分方法：

$$\lim_{n \to +\infty} \frac{1}{n}\sum_{i=1}^n f\left(a + i\frac{b-a}{n}\right) = \frac{1}{b-a}\int_a^b f(x)\mathrm{d}x = \frac{F(b) - F(a)}{b - a}.$$

例 7 求下列和式的极限：

(1) $\lim\limits_{n \to +\infty}\left(\dfrac{1}{n+1} + \dfrac{1}{n+2} + \cdots + \dfrac{1}{2n}\right)$；

(2) $\lim\limits_{n \to +\infty}\left(\dfrac{1}{n+1} + \dfrac{1}{n+2} + \cdots + \dfrac{1}{3n+1}\right)$；

(3) $\lim\limits_{n \to \infty}\dfrac{1^p + 2^p + \cdots + n^p}{n^{p+1}}$，其中常数 $p > -1$.

解析 (1)由定积分的定义，得

$$\lim_{n \to +\infty}\left(\frac{1}{n+1} + \frac{1}{n+2} + \cdots + \frac{1}{2n}\right)$$

$$= \lim_{n \to +\infty}\frac{1}{n}\left(\frac{1}{1+\frac{1}{n}} + \frac{1}{1+\frac{2}{n}} + \cdots + \frac{1}{1+\frac{n}{n}}\right)$$

$$= \int_0^1 \frac{1}{1+x}\mathrm{d}x = \ln(x+1)|_0^1 = \ln 2.$$

(2)由定积分的定义，可得

$$\lim_{n \to +\infty}\left(\frac{1}{n+1} + \frac{1}{n+2} + \cdots + \frac{1}{3n+1}\right)$$

$$= \lim_{n \to +\infty}\left(\frac{1}{1+\frac{1}{n}} \cdot \frac{1}{n} + \frac{1}{1+\frac{2}{n}} \cdot \frac{1}{n} + \cdots + \frac{1}{1+\frac{n}{n}} \cdot \frac{1}{n} + \frac{1}{1+\left(1+\frac{1}{n}\right)} \cdot \frac{1}{n}\right.$$

$$+ \frac{1}{1+\left(1+\frac{2}{n}\right)} \cdot \frac{1}{n} + \cdots + \frac{1}{1+\left(1+\frac{n}{n}\right)} \cdot \frac{1}{n} + \frac{1}{3n+1}\Bigg]$$

$$= \lim_{n \to +\infty} \left[\frac{1}{1+\frac{1}{n}} \cdot \frac{1}{n} + \frac{1}{1+\frac{2}{n}} \cdot \frac{1}{n} + \cdots + \frac{1}{1+\frac{n}{n}} \cdot \frac{1}{n}\right]$$

$$+ \lim_{n \to +\infty} \left[\frac{1}{1+\left(1+\frac{1}{n}\right)} \cdot \frac{1}{n} + \frac{1}{1+\left(1+\frac{2}{n}\right)} \cdot \frac{1}{n} + \cdots + \frac{1}{1+\left(1+\frac{n}{n}\right)} \cdot \frac{1}{n}\right]$$

$$+ \lim_{n \to +\infty} \frac{1}{3n+1}$$

$$= \int_0^1 \frac{1}{1+x} dx + \int_1^2 \frac{1}{1+x} dx + 0$$

$$= \ln(x+1)\Big|_0^1 + \ln(x+1)\Big|_1^2 = \ln 3.$$

(3) 由定积分的定义,得

$$\lim_{n \to +\infty} \frac{1^p + 2^p + \cdots + n^p}{n^{p+1}} = \lim_{n \to +\infty} \sum_{i=1}^n \left(\frac{i}{n}\right)^p \frac{1}{n} = \int_0^1 x^p dx = \frac{x^{p+1}}{p+1}\Big|_0^1 = \frac{1}{p+1}.$$

6. 以直代曲

由函数极限 $\lim_{x \to x_0} f(x) = f(x_0)$,可知函数图像 $y = f(x)$ 与直线 $y = A$ 在 $x = x_0$ 处无限接近,即当 $|x|$ 充分小时,有 $f(x) \approx A$,此即谓之"以直代曲".

以直代曲表现在函数 $y = f(x)$ 在点 x_0 处的导数

$$\lim_{\Delta x \to 0} \frac{f(x_0 + \Delta x) - f(x_0)}{\Delta x} = f'(x_0)$$

上,有:

微分近似计算公式 当 $|\Delta x|$ 很小时,

$$f(x_0 + \Delta x) \approx f(x_0) + f'(x_0)\Delta x.$$

以直代曲在微积分中的表现还有所谓如下中值定理:

微分中值定理 函数 $y = f(x)$ 在闭区间 $[a, b]$ 上连续,在开区间 (a, b) 上可导,则存在 $x_0 \in (a, b)$,使得

$$f(b) - f(a) = f'(x_0)(b - a).$$

积分中值定理 存在 $x_0 \in (a, b)$,使得

$$\int_a^b f(x) dx = f'(x_0)(b - a).$$

例8 计算 $\lim_{x \to 0} \frac{e^x - 1 - x}{x^2}$.

解析 记 $\lim_{x \to 0} \frac{e^x - 1 - x}{x^2} = A$,则当 $|x|$ 充分小时,有 $\frac{e^x - 1 - x}{x^2} \approx A$,即当 $x \to 0$ 时,有

$$\frac{e^x - 1 - x}{x^2} = A + o(x),$$

其中 $o(x)$ 满足 $\lim\limits_{x\to 0} o(x) = 0$,称为 x 的无穷小量;亦即
$$e^x - 1 - x = Ax^2 + o(x^3),$$
两边求导,得
$$e^x - 1 = 2Ax + o(x^2),$$
再求导,得
$$e^x = 2A + o(x),$$
令 $x\to 0$,得 $2A = 1$,即 $A = \dfrac{1}{2}$.

评注 与例 6 一样,许多教师都是直接让学生应用罗必塔法则求解,这样不利于培养学生应用基础知识解决问题的能力,更无益于学生创新能力发展,笔者不赞成这样的做法;上述解法中"求导过程"可以详细表述为:
$$\dfrac{e^x - 1 - x - Ax^2}{x} = \dfrac{o(x)}{x} \cdot o(x^2),$$
令 $x\to 0$ 得等式左边即
$$(e^x - 1 - x - Ax^2)'|_{x=0} = \lim\limits_{x\to 0}(e^x - 1 - 2Ax),$$
右边的 $\dfrac{o(x)}{x} \to B$(常数),即当 $x\to 0$ 时,$e^x - 1 - 2Ax = o(x^2)$,以下同.

例 9 证明微积分学基本定理
$$\int_a^b f(x)\mathrm{d}x = F(b) - F(a),$$
其中 $F'(x) = f(x)$.

证明 任取闭区间 $[a,b]$ 的一个分割
$$a = x_0 < x_1 < x_2 < \cdots < x_n = b,$$
记
$$\lambda = \max\limits_{1\leqslant i\leqslant n}\{\Delta x_i\},$$
其中 $\Delta x_i = x_i - x_{i-1}(i = 1,2,\cdots,n)$,则
$$F(x)|_a^b = F(b) - F(a) = \sum_{i=1}^n \big(F(x_i) - F(x_{i-1})\big)$$
$$= \lim\limits_{\lambda\to 0}\sum_{i=1}^n F'(x_i) \cdot \Delta x_i = \lim\limits_{\lambda\to 0}\sum_{i=1}^n f(x_i) \cdot \Delta x_i = \int_a^b f(x)\mathrm{d}x,$$
证毕.

二、应用极限求解函数方程

微积分是求解函数方程的重要而根本的方法,其中极限方法是最根本的,微分法发展壮大就是微积分学的后续课程"微分方程".本文,我们注重的是极限方法,高校自主招生考试也注重考查用极限方法求解函数方程.

例 10 求函数 $f:\mathbf{R}\to\mathbf{R}$,使得
$$f(x + y) = f(x) + f(y) + xy(x + y)$$

以及 $f'(0)=1$.

解析一（构造数列极限） 取 $x=y=0$，得 $f(0)=0$.

取 $y=x$，得到 $f(2x)=2f(x)+2x^3$，从而对一切 $x\neq 0$，有如下递推关系
$$\frac{f(2x)}{2x}=\frac{f(x)}{x}+x^2.$$

任取 $x\neq 0$，有
$$\frac{f\left(\frac{x}{2^{i-1}}\right)}{\frac{x}{2^{i-1}}}-\frac{f\left(\frac{x}{2^i}\right)}{\frac{x}{2^i}}=\left(\frac{x}{2^i}\right)^2=\frac{x^2}{4^i}\ (i=1,2,\cdots,n),$$

把这 n 个等式累加，得到
$$\frac{f(x)}{x}-\frac{f\left(\frac{x}{2^n}\right)}{\frac{x}{2^n}}=\sum_{i=1}^{n}\frac{x^2}{4^i}=\frac{x^2}{3}\left(1-\frac{1}{4^n}\right). \qquad ①$$

由 $f'(0)=1$，$f(0)=0$，得
$$\lim_{n\to+\infty}\frac{f\left(\frac{x}{2^n}\right)}{\frac{x}{2^n}}=\lim_{x\to 0}\frac{f(x)}{x}=\lim_{x\to 0}\frac{f(x)-f(0)}{x-0}=f'(0)=1,$$

故由式①取极限，得
$$\frac{f(x)}{x}-1=\frac{x^2}{3},$$

即 $f(x)=x+\frac{1}{3}x^3$.

解析二（构造函数极限，走向导数） 取 $x=y=0$，得 $f(0)=0$.

任取 $x\neq 0$，记 Δx 为增量，则
$$\lim_{\Delta x\to 0}\frac{f(x+\Delta x)-f(x)}{\Delta x}=\lim_{\Delta x\to 0}\frac{f(\Delta x)+x(x+\Delta x)\Delta x}{\Delta x}$$
$$=\lim_{\Delta x\to 0}\left(\frac{f(\Delta x)}{\Delta x}+x(x+\Delta x)\right)$$
$$=\lim_{\Delta x\to 0}\frac{f(0+\Delta x)-f(0)}{\Delta x}+x^2$$
$$=f'(0)+x^2=1+x^2,$$

所以函数 $y=f(x)$ 处处可导，其导函数为
$$f'(x)=1+x^2,$$

从而
$$f(x)=x+\frac{x^3}{3}+c,$$

其中 c 为常数；再由 $f(0)=0$，可得 $c=0$.

故 $f(x)=x+\frac{x^3}{3}$.

三、恒成立问题中的参数方法

例 9 设函数 $f(x) = \dfrac{\sin x}{2 + \cos x}$.

(1)求 $f(x)$ 的单调区间；

(2)如果对任何 $x \geqslant 0$，都有 $f(x) \leqslant ax$，求实数 a 的取值范围.

本题是 2008 年全国高考理科数学卷压轴题，参考答案对(2)的解答是构造"差函数"

$$F(x) = f(x) - ax, x \in [0, +\infty).$$

本文利用构造"商函数"

$$F(x) = \frac{f(x)}{x}, x \in (0, +\infty),$$

给出(2)一个新解法.

解析

$$f(x) \leqslant ax, \forall x \in [0, +\infty) \stackrel{f(0)=0}{\Longleftrightarrow} f(x) \leqslant ax, \forall x \in (0, +\infty)$$

$$\Longleftrightarrow a \geqslant \frac{f(x)}{x}, \forall x \in (0, +\infty).$$

构造函数

$$F(x) = \frac{f(x)}{x}, x \in (0, +\infty),$$

则

$$f(x) \leqslant ax, \forall x \in [0, +\infty) \Longleftrightarrow a \geqslant F(x), \forall x \in (0, +\infty).$$

为求 $F(x)$ 最大值(或最小上界)，可限制

$$x \in (0, \pi) \cup \bigcup_{k \in \mathbf{N}^*} (2k\pi, (2k+1)\pi).$$

因为

$$f(x + 2\pi) = f(x), \forall x \in \mathbf{R},$$

故对任意

$$x_1 \in (2k\pi, (2k+1)\pi) \ (k \in \mathbf{N}^*),$$

总存在 $x_2 \in (0, \pi)$，使得 $f(x_1) = f(x_2)$，即

$$x_1 F(x_1) = x_2 F(x_2),$$

从而

$$F(x_1) = \frac{x_2}{x_1} F(x_2) < F(x_2),$$

故可以进一步限制 $x \in (0, \pi)$.

下面探究函数

$$F(x) = \frac{f(x)}{x}, x \in (0, \pi)$$

的单调性.

$$F'(x) = \frac{\dfrac{1}{2}\left(\cos x \cdot x(2 + \cos x) - \sin x \cdot (2 + \cos x - x\sin x)\right)}{x^2 (2 + \cos x)^2}$$

$$= \frac{x + 2x\cos x - 2\sin x - \frac{1}{2}\sin 2x}{x^2 (2 + \cos x)^2},$$

为判断 $F'(x)$ 的符号，再构造函数

$$g(x) = x + 2x\cos x - 2\sin x - \frac{1}{2}\sin 2x,$$

$x \in [0, \pi)$.

因为

$$g'(x) = 1 - 2x\sin x - \cos 2x = 2\sin x(\sin x - x) < 0, \quad x \in (0, \pi),$$

故 $g(x)$ 在 $(0, \pi)$ 上递减，由连续性，$g(x)$ 在 $[0, \pi)$ 上递减，所以

$$g(x) \leqslant g(0) = 0, \quad x \in (0, \pi),$$

故

$$F'(x) = \frac{g(x)}{x^2 (2 + \cos x)^2} < 0, x \in (0, \pi),$$

从而 $F(x) = \frac{f(x)}{x}$，$x \in (0, \pi)$ 是减函数。所以，对一切 $x \in (0, \pi)$，都有

$$F(x) < \lim_{x \to 0+} F(x) = \lim_{x \to 0+} \left(\frac{\sin x}{x} \cdot \frac{1}{2 + \cos x} \right) = \frac{1}{3}.$$

综上所述，$F(x)$ 在 $(0, +\infty)$ 上有最小上界 $\frac{1}{3}$，故所求实数 a 的取值范围是 $\left[\frac{1}{3}, +\infty \right)$.

例10 已知函数 $f(x) = \frac{a\ln x}{x+1} + \frac{b}{x}$，曲线 $y = f(x)$ 在点 $(1, f(1))$ 处的切线方程为 $x + 2y - 3 = 0$.

(1) 求 a、b 的值；

(2) 如当 $x > 0$，并且 $x \neq 1$ 时，$f(x) > \frac{\ln x}{x-1} + \frac{k}{x}$，求实数 k 的取值范围.

解析 (1) 按题意，求得 $a = b = 1$，

$$f(x) = \frac{\ln x}{x+1} + \frac{1}{x}.$$

(2) 求实数 k，使得

$$\frac{\ln x}{x+1} + \frac{1}{x} > \frac{\ln x}{x-1} + \frac{k}{x},$$

$\forall x \in (0, 1) \cup (1, +\infty)$.

分离参数：

$$\frac{1-k}{2} > \frac{x \ln x}{x^2 - 1}, \quad x \in (0, 1) \cup (1, +\infty).$$

令

$$\varphi(x) = \frac{x \ln x}{x^2 - 1}, \quad x \in (0, 1) \cup (1, +\infty),$$

则
$$\varphi'(x) = \frac{(1+\ln x)(x^2-1) - 2x^2\ln x}{(x^2-1)^2} = \frac{x^2-1-(1+x^2)\ln x}{(x^2-1)^2}$$
$$= \frac{x^2+1}{(x^2-1)^2}\left(\frac{x^2-1}{x^2+1} - \ln x\right),$$

取 $\tau(x) = \frac{x^2-1}{x^2+1} - \ln x$, $x \in (0, +\infty)$, 则
$$\tau(1) = 0, \quad \varphi'(x) = \frac{x^2+1}{(x^2-1)^2}\tau(x),$$
$$\tau'(x) = \frac{2x(x^2+1) - 2x(x^2-1)}{(x^2+1)^2} - \frac{1}{x} = \frac{-(x^2-1)^2}{x(x^2+1)} \leq 0,$$

故 $\tau(x) > 0$, $\forall x \in (0,1)$, 且 $\tau(x) < 0$, $\forall x \in (1, +\infty)$, 故
$$\varphi(x) > 0, \forall x \in (0,1),$$
且
$$\varphi(x) < 0, \forall x \in (1, +\infty),$$

$\varphi(x)$ 在 $(0,1)$ 上递增, 在 $(1, +\infty)$ 上递减, 所以
$$\frac{1-k}{2} \geq \lim_{x \to 1} \frac{x\ln x}{x^2-1}.$$

又由
$$\lim_{x \to 1} \frac{x\ln x}{x^2-1} = \lim_{x \to 1}\left(\frac{x}{x+1} \cdot \frac{\ln x - \ln 1}{x-1}\right) = \frac{1}{2}\lim_{x \to 1}\frac{\ln x - \ln 1}{x-1}$$
$$= \frac{1}{2}(\ln x)'\big|_{x=1} = \frac{1}{2x}\bigg|_{x=1} = \frac{1}{2},$$

得
$$\frac{1-k}{2} \geq \frac{1}{2},$$
即 $k \leq 0$.

四、交汇应用

例 11 函数 $f(x)$ 的导函数 $f'(x)$ 连续, 并且 $f(0) = 0$ 以及 $f'(0) = a$, 记曲线 $y = f(x)$ 上与点 $P(t,0)$ 最近的点为 $Q(s, f(s))$, 求 $\lim\limits_{t \to 0} \frac{s}{t}$ 的值.

解析 由题意, 函数 $y = f(x)$ 的图像在点 $Q(s, f(s))$ 处的切线与以 $P(t,0)$ 为圆心、过点 $Q(s, f(s))$ 的圆
$$(x-t)^2 + y^2 = (s-t)^2 + f^2(s)$$
相切, 对 x 求导, 得
$$2(x-t) + 2yy' = 0, \quad y' = \frac{t-x}{y}.$$
故
$$y'\big|_s = \frac{t-s}{f(s)} = f'(s),$$

即
$$f(s)f'(s) = t - s, \quad \frac{s}{t} = 1 - \frac{f(s)f'(s)}{t}.$$

由导函数 $f'(x)$ 连续,并且 $f(0)=0$ 以及 $f'(0)=a$,知

$$\lim_{t\to 0}s = 0, \quad \lim_{s\to 0}\frac{f(s)}{s} = \lim_{s\to 0}\frac{f(s)-f(0)}{s-0} = f'(0) = a,$$
$$\lim_{s\to 0}f'(s) = f'(0) = a,$$

故
$$\lim_{t\to 0}\frac{s}{t} = 1 - \lim_{t\to 0}\frac{f(s)f'(s)}{t} = 1 - \lim_{t\to 0}\left(\frac{f(s)}{s}\cdot f'(s)\cdot\frac{s}{t}\right)$$
$$= 1 - a^2\lim_{t\to 0}\frac{s}{t},$$
$$\Rightarrow \lim_{t\to 0}\frac{s}{t} = \frac{1}{1+a^2}.$$

例 12 抛掷 n 次硬币,记不连续出现三次正面朝上的概率为 P_n.

(1) 求 P_1, P_2, P_3, P_4;

(2) 求 $\{P_n\}$ 的递推公式,判断其增减性;

(3) 求出 $\lim_{n\to +\infty} P_n$,并解释其统计学意义.

解析 (1) 按题意,得 $P_1 = P_2 = 1$, $P_3 = 1 - \frac{1}{8} = \frac{7}{8}$, $P_4 = 1 - \frac{3}{16} = \frac{13}{16}$(投掷 4 次连续三次出现正面朝上的情形有三种:正正正正、正正正负、负正正正).

(2) 当 $n \geq 4$ 时,按第 n 次反面朝上与正面朝上分成两类:

当第 n 次反面朝上,形如"………-",这种结果中不出现连续三次正面朝上的概率等于 P_{n-1},但第 n 次出现反面朝上的概率是 $\frac{1}{2}$,按积事件的概率公式,可得当第 n 次反面朝上时不出现连续三次正面朝上的概率是 $\frac{1}{2}P_{n-1}$.

当第 n 次出现正面朝上,这种事件是两种互斥事件"…-+"与"…-++"的和事件,其概率是 $\frac{1}{4}P_{n-2} + \frac{1}{8}P_{n-3}$.

综上,有
$$P_n = \frac{1}{2}P_{n-1} + \frac{1}{4}P_{n-2} + \frac{1}{8}P_{n-3} \ (n \geq 4). \qquad ①$$

(3) 先证数列 $\{P_n\}$ 存在极限,为此,我们证明该数列单调有界:由于 $0 < P_n < 1$,$\forall n \in \mathbf{N}^*$,只需证明该数列单调.

由
$$P_{n-1} = \frac{1}{2}P_{n-2} + \frac{1}{4}P_{n-3} + \frac{1}{8}P_{n-4} \ (n \geq 5),$$
得

$$\frac{1}{2}P_{n-1} = \frac{1}{4}P_{n-2} + \frac{1}{8}P_{n-3} + \frac{1}{16}P_{n-4} \ (n \geq 5). \qquad ②$$

由①-②,可得,当 $n \geq 5$ 时,恒有

$$P_n = P_{n-1} - \frac{1}{16}P_{n-4} < P_{n-1}.$$

由前面的计算可知,

$$P_n < P_{n-1}, \forall n \in \mathbf{N}^*,$$

所以 $\lim_{n\to+\infty} P_n$ 存在,记 $\lim_{n\to+\infty} P_n = A$.

对式①两边取极限,得

$$A = \frac{1}{2}A + \frac{1}{4}A + \frac{1}{8}A,$$

所以 $A = 0$.

$\lim_{n\to+\infty} P_n = 0$ 的统计学意义:当试验(抛掷)次数越来越大时,不发生连续三次正面朝上的概率越来越小;当抛掷次数无限增大时,不发生连续三次正面朝上是不可能的.

评注 本题是数列、递推与极限的典型应用题,上述解法基于数列单调有界必有极限,通过解方程求出极限,方法通用快捷. 下面,再给出另外两种做法.

另解一(两边夹方法) 由上述解法得到的单调有界性,可得

$$P_n = \frac{1}{2}P_{n-1} + \frac{1}{4}P_{n-2} + \frac{1}{8}P_{n-3} > \left(\frac{1}{2} + \frac{1}{4} + \frac{1}{8}\right)P_{n-1} = \frac{7}{8}P_{n-1},$$

即

$$\frac{P_n}{P_{n-1}} > \frac{7}{8}, n \in \mathbf{N}^*,$$

故

$$P_n = \frac{P_n}{P_{n-1}} \cdot \frac{P_{n-1}}{P_{n-2}} \cdot \cdots \cdot \frac{P_2}{P_1} \cdot P_1 > \left(\frac{7}{8}\right)^{n-1}, n \in \mathbf{N}^*.$$

又

$$P_n = \frac{1}{2}P_{n-1} + \frac{1}{4}P_{n-2} + \frac{1}{8}P_{n-3} < \left(\frac{1}{2} + \frac{1}{4} + \frac{1}{8}\right)P_{n-3} = \frac{7}{8}P_{n-3},$$

即

$$\frac{P_n}{P_{n-3}} < \frac{7}{8}, n \geq 4,$$

故

$$P_n = \frac{P_3 P_2 P_1}{P_{n-1}P_{n-2}} \cdot \frac{P_n}{P_{n-3}} \cdot \frac{P_{n-1}}{P_{n-4}} \cdot \cdots \cdot \frac{P_4}{P_1} < \frac{1}{P_{n-1}P_{n-2}}\left(\frac{7}{8}\right)^{n-2}, \forall n \geq 4,$$

$$P_n^3 < P_n P_{n-1} P_{n-2} < \left(\frac{7}{8}\right)^{n-2}, \forall n \geq 4,$$

故

$$\left(\frac{7}{8}\right)^{n-1} < P_n < \left(\sqrt[3]{\frac{7}{8}}\right)^{n-1}, \forall n \geq 4.$$

令 $n \to +\infty$，可得 $\lim\limits_{n \to +\infty} P_n = 0$.

另解二（求出通项公式） 先研究数列 $\{P_n\}$ 的特征根：从递推公式可得其特征方程，$x^3 - \dfrac{1}{2}x^2 - \dfrac{1}{4}x - \dfrac{1}{8} = 0$，在复数范围内有三个根，分别记为 x_1、x_2、x_3.

记
$$f(x) = x^3 - \dfrac{1}{2}x^2 - \dfrac{1}{4}x - \dfrac{1}{8},$$

则 $f'(x) = 3x^2 - x - \dfrac{1}{4}$，令 $f'(x) = 0$，得 $x = \dfrac{1}{2}, -\dfrac{1}{6}$. 列表

x	$(-\infty, -\dfrac{1}{6})$	$-\dfrac{1}{6}$	$(-\dfrac{1}{6}, \dfrac{1}{2})$	$\dfrac{1}{2}$	$(\dfrac{1}{2}, +\infty)$
$f'(x)$	+	0	−	0	+
$f(x)$	↗	$-\dfrac{11}{108}$	↘	$-\dfrac{1}{4}$	↗

由
$$f\left(-\dfrac{1}{6}\right) = -\dfrac{11}{108} < 0, \quad f(0) = -\dfrac{1}{8} < 0,$$
$$f\left(\dfrac{1}{2}\right) = -\dfrac{1}{4} < 0, \quad f(1) = \dfrac{1}{8} > 0,$$

故方程 $f(x) = 0$ 存在唯一实数根 $x_1 \in \left(\dfrac{1}{2}, 1\right)$，另两个根是共轭虚根，即 $x_3 = \overline{x_2}$；由韦达定理，得
$$|x_2|^2 = x_2 \overline{x_2} = x_2 x_3 = \dfrac{1}{8x_1} < \dfrac{1}{4},$$

即
$$0 < |x_3| = |x_2| < \dfrac{1}{2},$$

从而
$$\lim_{n \to +\infty} x_1^n = \lim_{n \to +\infty} x_2^n = \lim_{n \to +\infty} x_3^n = 0.$$

又存在常数 A、B、C，使得
$$P_n = A x_1^n + B x_2^n + C x_3^n \ (n \in \mathbf{N}^*),$$

故 $\lim\limits_{n \to +\infty} P_n = 0$.

王慧兴
清华附中

浅谈数论问题中指数的处理方法

纵观近年来国内外各级的竞赛试题,数论问题中指数频频出现,能够对其进行恰当的处理往往是解决一些问题的关键所在,下面我们结合一些竞赛中的真题来交流一些常见的指数处理方法.顺便说一下,Fermat 小定理是数论问题中遇到指数时最常见也最自然的想法,也是一些难题的基础,它几乎运用于每一个有关指数的数论问题,值得我们关注,并熟练运用.

首先,阶是数论中极为重要的知识,其含义众所周知,这里不再赘述,而有的试题仅仅借助阶的思想,便可巧妙地将难点迎刃而解,而若直接用阶来解决反倒会很麻烦,这也需要我们灵活、熟练地运用,下面我们看一个这方面的例子.

例 1 求所有的素数对 (p,q),使得 $pq \mid 5^p + 5^q$.

解析 若 $2 \mid pq$,不妨设 $p = 2$,$2q \mid 5^2 + 5^q$,故 $q \mid 5^q + 25$.

由 Fermat 小定理,$q \mid 5^q - 5$,得 $q \mid 30$,即 $q = 2$、3、5.易验证素数对 $(2,2)$ 不合要求,$(2,3)$、$(2,5)$ 合乎要求.

若 pq 为奇数且 $5 \mid pq$,不妨设 $p = 5$,则 $5q \mid 5^5 + 5^q$,故 $q \mid 5^{q-1} + 625$.

当 $q = 5$ 时素数对 $(5,5)$ 合乎要求,当 $q \neq 5$ 时,由 Fermat 小定理有 $q \mid 5^{q-1} - 1$,故 $q \mid 626$.由于 q 为奇素数,而 626 的奇素因子只有 313,所以 $q = 313$.经检验素数对 $(5,313)$ 合乎要求.

若 p、q 都不等于 2 或 5,则有
$$pq \mid 5^{p-1} + 5^{q-1},$$
故
$$5^{p-1} + 5^{q-1} \equiv 0 \pmod{p}. \qquad ①$$
由 Fermat 小定理,得
$$5^{p-1} \equiv 1 \pmod{p}, \qquad ②$$
故由式①、式②得
$$5^{q-1} \equiv -1 \pmod{p}. \qquad ③$$
设
$$p - 1 = 2^k(2r - 1),$$
$$q - 1 = 2^l(2s - 1),$$
其中 k、l、r、s 为正整数.

若 $k \leq l$,则由式②、式③易知

$$1 = 1^{2^{l-k}(2s-1)} \equiv (5^{p-1})^{2^{l-k}(2s-1)} = 5^{2^l(2r-1)(2s-1)} = (5^{q-1})^{2r-1}$$
$$\equiv (-1)^{2r-1} \equiv -1 \pmod{p},$$

这与 $p \neq 2$ 矛盾. 所以 $k > l$.

同理有 $k < l$, 矛盾. 即此时不存在合乎要求的 (p,q).

综上所述, 所有满足题目要求的素数对 (p,q) 为 $(2,3)$, $(3,2)$, $(2,5)$, $(5,2)$, $(5,5)$, $(5,313)$ 及 $(313,5)$.

这是 2009 年中国数学奥林匹克的试题, 其中 Fermat 小定理便如核心线索贯穿整个问题, 又运用阶的思想作了巧妙的反证, 值得细细品味.

下面我们看一个类似于上题的例子, 在看这个问题前, 作为引子, 我们先关注一个简单的问题, 这是笔者为"西北师大附中'鸿宇杯'数学奥林匹克"提供的一道改编题.

例 2 已知 $f_{n+1}(x) = f_1(f_n(x))$, 其中
$$f_1(x) = 2x+1, \quad n = 1, 2, \cdots.$$

证明: 对于任意的正整数 n 必存在一个由 n 唯一确定的 $m_0 \in \{0,1,\cdots,2013\}$, 使得 $f_n(m_0)$ 能够被 2015 整除.

解析 由条件得
$$f_{n+1}(x) = 2f_n(x) + 1,$$
注意到
$$f_{n+1}(x) + 1 = 2(f_n(x) + 1),$$
从而
$$f_n(x) = 2^n(x+1) - 1.$$

下面我们证明: 存在一个由 n 唯一确定的 $m_0 \in \{0,1,\cdots,2013\}$, 使得
$$2015 \mid 2^n(m_0+1) - 1.$$

因为 $(2015, 2^n) = 1$, 由 Bezout 定理知, 存在整数 u、v 使得
$$2^n u + 2015 v = 1.$$

取 $m_0 = u - 1$, 即存在 m_0 使得
$$2015 \mid 2^n(m_0+1) - 1.$$

下面证明 m_0 的唯一性, 假设存在 m_0、$m_1 \in \{0,1,2,\cdots,2013\}$, 使得 $2015 \mid f_n(m_0)$, 则
$$2015 \mid f_n(m_0) - f_n(m_1) = 2^n(m_0 - m_1).$$

又 $(2015, 2^n) = 1$, 所以 $2015 \mid m_0 - m_1$. 又因为 m_0、$m_1 \in \{0,1,2,\cdots,2013\}$, 所以 $m_0 = m_1$, 得证.

综上, 存在一个由 n 唯一确定的 $m_0 \in \{0,1,\cdots,2013\}$, 使得 $f_n(m_0)$ 能够被 2015 整除.

其中由互素关系, 借助 Bezout 定理, 导出了"1"的存在, 这种手法在一些存在性问题中极为常见, 下面的问题中我们便可以用这种手法导出"1"的存在, 从而解决问题.

例 3 如果有序正整数对 (a,b) 满足 b 为质数，$a \leqslant 2b$，且
$$(b-1)^a \equiv (-1) \pmod{a^{b-1}},$$
则称有序正整数对 (a,b) 为"机智数对"。当 $a \geqslant 2$ 时，是否存在无穷多组"机智数对"？证明你的结论.

解析 答案是否定的. 取 a 的最小素因子 p.

(1) 若 $p=2$，则
$$2^{b-1} \mid (b-1)^2 + 1.$$
于是素数 b 为偶数，故 $b=2$.

(2) 若 $p \geqslant 3$，则易知
$$(b-1)^a \equiv (-1) \pmod{p},$$
故 $(b-1, p) = 1$，由 Fermat 小定理知
$$(b-1)^{p-1} \equiv 1 \pmod{p}.$$
因为 $(p-1, a) = 1$，由 Bezout 定理，知存在整数 u、v 使得
$$ua - v(p-1) = 1.$$
于是
$$b - 1 \equiv (b-1)^{1+v(p-1)} \equiv (b-1)^{ua} \equiv (-1)^u \pmod{p}.$$
由
$$(b-1)^a \equiv (-1) \pmod{p},$$
知 $b - 1 \not\equiv 1 \pmod{p}$，故
$$b - 1 \equiv -1 \pmod{p},$$
即 $p \mid b$. 又 b、p 均为素数，所以 $b = p$.

因为 $a \leqslant 2b$，且 a 为奇数，所以 $a = p$，所以
$$p^{p-1} \mid (p-1)^p + 1.$$
又
$$(p-1)^p + 1 = \sum_{k=0}^{p} C_p^k p^{p-k} (-1)^k + 1 \equiv p^2 \pmod{p^3},$$
所以
$$p^2 \parallel (p-1)^p + 1.$$
于是 $p - 1 \leqslant 2$，故 $p = 3$.

综上，仅存在两组"机智数对"$(2,2)$，$(3,3)$，故不存在无穷多组"机智数对".

这个问题初看复杂，但只要运用例 2 的手法导出"1"，然后类似于例 1 所介绍的手法，借助 Fermat 小定理以及阶的性质进行证明就显得十分清晰了.

关于"1"的导出，也可运用完全剩余系的知识完成，由 $(p-1, a) = 1$，知 $a, 2a, \cdots$，$(p-1)a$ 构成模 $p-1$ 的完全剩余系，故存在整数 $u(1 \leqslant u \leqslant p-1)$，使得
$$ua \equiv 1 \pmod{p-1}.$$

同样地，例2也可直接运用完全剩余系证明，留给读者完成.

而这个问题，也可以直接运用阶的知识解决，思路与上述方法类似，我们将其留作练习.

有时，我们需要通过构造来处理一些指数的问题，技巧性极强，需要我们进行一定的尝试摸索，下面我们看一个这方面的例子，这是2006年中国国家集训队测试题，这里运用了归纳构造对指数进行了十分巧妙的处理.

例4 证明：对任意给定的正整数m、n，总存在正整数k，使得$2^k - m$至少有n个不同的素因子.

解析 固定m，不妨设m为奇数（否则提出因子2即化归为此时的情况），下面我们用数学归纳法证明对任意的正整数n，总存在正整数k_n，使得$2^{k_n} - m$至少有n个不同的素因子.

当$n=1$时，取$k_1 = 3m$，则$2^{3m} - m$至少有1个素因子，命题成立.

假设$2^{k_n} - m$至少有n个不同的素因子，令$\alpha_n = 2^{k_n} - m$，则$(\alpha_n, 2) = 1$，故由欧拉定理有
$$2^{\varphi(\alpha_n^2)} \equiv 1 \pmod{\alpha_n^2},$$
于是
$$2^{k_n + \varphi(\alpha_n^2)} - m \equiv 2^{k_n} - m \equiv \alpha_n \pmod{\alpha_n^2},$$
所以
$$\alpha_n \mid 2^{k_n + \varphi(\alpha_n^2)} - m.$$

取$\dfrac{2^{k_n + \varphi(\alpha_n^2)} - m}{\alpha_n}$的素因子$p$，由
$$\dfrac{2^{k_n + \varphi(\alpha_n^2)} - m}{\alpha_n} \equiv 1 \pmod{\alpha_n},$$
易知α_n不含因子p，于是$2^{k_n + \varphi(\alpha_n^2)} - m$至少有$n+1$个不同的素因子，故取
$$k_{n+1} = k_n + \varphi(\alpha^2)$$
即可.

故命题对任意的正整数n成立，得证.

我们都知道，不等式估计在数论问题中往往是最开始尝试的法宝，可以帮我们简化问题，指引方向，而在处理指数时，也可运用这一重要的方法，让我们最后看一个关于不等式估计的问题，这是2008年中国数学奥林匹克的试题.

例5 试确定所有同时满足
$$q^{n+2} \equiv 3^{n+2} \pmod{p^n}, \quad p^{n+2} \equiv 3^{n+2} \pmod{q^n}$$
的三元数组(p, q, n)，其中p、q为奇素数，n为大于1的整数.

解析 易见$(3, 3, n)$（$n = 2, 3, \cdots$）均为满足要求的数组. 假设(p, q, n)为其他满足要求的一数组，则$p \neq q$，$p \neq 3$，$q \neq 3$. 不妨设$q > p \geq 5$.

如果 $n=2$，则 $q^2 \mid p^4 - 3^4$，即
$$q^2 \mid (p^2 - 3^2)(p^2 + 3^2).$$
由于 q 不同时整除 $p^2 - 3^2$ 和 $p^2 + 3^2$，故 $q^2 \mid p^2 - 3^2$ 或 $q^2 \mid p^2 + 3^2$. 但
$$0 < p^2 - 3^2 < q^2, \quad \frac{1}{2}(p^2 + 3^2) < p^2 < q^2,$$
矛盾.

因此 $n \geqslant 3$. 由
$$p^n \mid q^{n+2} - 3^{n+2}, \quad q^n \mid p^{n+2} - 3^{n+2}$$
知
$$p^n \mid p^{n+2} + q^{n+2} - 3^{n+2}, \quad q^n \mid p^{n+2} + q^{n+2} - 3^{n+2}.$$
又 $p < q$，p、q 为素数，故
$$p^n q^n \mid p^{n+2} + q^{n+2} - 3^{n+2}.$$ ①

因此得
$$p^n q^n \leqslant p^{n+2} + q^{n+2} - 3^{n+2} < 2q^{n+2},$$
从而 $p^n < 2q^2$.

由 $q^n \mid p^{n+2} - 3^{n+2}$ 及 $p > 3$ 知
$$q^n \leqslant p^{n+2} - 3^{n+2} < p^{n+2},$$
从而 $q < p^{1+\frac{2}{n}}$，结合 $p^n < 2q^2$ 有
$$p^n < 2p^{2+\frac{4}{n}} < p^{3+\frac{4}{n}}.$$

因此 $n < 3 + \frac{4}{n}$，故 $n = 3$. 这样
$$p^3 \mid q^5 - 3^5, \quad q^3 \mid p^5 - 3^5,$$
且由
$$5^5 - 3^5 = 2 \times 11 \times 13,$$
易知 $p > 5$. 由 $p^3 \mid q^5 - 3^5$ 知 $p \mid q^5 - 3^5$. 由 Fermat 小定理知
$$p \mid q^{p-1} - 3^{p-1},$$
因此
$$p \mid q^{(5, p-1)} - 3^{(5, p-1)}.$$

如果 $(5, p-1) = 1$，则 $p \mid q - 3$，由
$$\frac{q^5 - 3^5}{q - 3} = q^4 + q^3 \cdot 3 + q^2 \cdot 3^2 + q \cdot 3^3 + 3^4$$
$$\equiv 5 \times 3^4 \pmod{p}.$$

以及 $p \geqslant 5$ 知 $p \nmid \frac{q^5 - 3^5}{q - 3}$. 因此 $p^3 \mid q - 3$. 由 $q^3 \mid p^5 - 3^5$ 知
$$q^3 \leqslant p^5 - 3^5 < p^5 = (p^3)^{\frac{5}{3}} < q^{\frac{5}{3}},$$
矛盾.

所以 $(5, p-1) \neq 1$，即 $5 \mid p-1$，类似可得 $5 \mid q-1$. 由 q 不整除 $p-3$（因 $q > p \geq 7$）及 $q^3 \mid p^5 - 3^5$ 知 $q^3 \mid \dfrac{p^5 - 3^5}{p-3}$，从而

$$q^3 \leq \dfrac{p^5 - 3^5}{p - 3} = p^4 + p^3 \cdot 3 + p^2 \cdot 3^2 + p \cdot 3^3 + 3^4.$$

由 $5 \mid p-1$ 及 $5 \mid q-1$ 知 $p \geq 11$，$q \geq 31$. 因此

$$q^3 \leq p^4 \left(1 + \dfrac{3}{p} + \left(\dfrac{3}{p}\right)^2 + \left(\dfrac{3}{p}\right)^3 + \left(\dfrac{3}{p}\right)^4\right) < p^4 \cdot \dfrac{1}{1 - \dfrac{3}{p}} \leq \dfrac{11}{8} p^4.$$

从而

$$p > \left(\dfrac{8}{11}\right)^{\frac{1}{4}} q^{\frac{3}{4}}.$$

因此

$$\dfrac{p^5 + q^5 - 3^5}{p^3 q^3} < \dfrac{p^2}{q^3} + \dfrac{q^2}{p^3} < \dfrac{1}{q} + \left(\dfrac{11}{8}\right)^{\frac{3}{4}} \dfrac{1}{31^{\frac{1}{4}}} < 1,$$

这与式①，即 $p^3 q^3 \mid p^5 + q^5 - 3^5$ 矛盾.

综上，$(3, 3, n)(n = 2, 3, \cdots)$ 即为所有满足要求条件的三元数组.

张嘉良
西北师范大学附属中学

已知根号解　寻求原方程

原问题　请找出一个整系数多项式方程,使得 $\sqrt{2}+\sqrt{3}$ 是它的一个根.

我们若没有把握解决一个难题,可尝试解决一些小问题,以此获得启发.

小问题 1　请找出一个整系数多项式方程,使得 $\sqrt{2}$ 是它的一个根.

分析　首先有一点基本常识,$ax+b=0$ 这样的方程不可能产生 $\sqrt{2}$ 这样的解,同样,$ax^2+bx+c=0$ 也不可能产生 $\sqrt[3]{2}$ 这样的解,因为 $\sqrt[3]{2}$ 至少要三次多项式方程才可能产生这样的解. 高次方程可有低次方根,但低次方程不可能存在高次方根.

要使方程有 $\sqrt{2}$ 这样的解,可转化为方程含有 $x-\sqrt{2}$ 这样的因式,考虑到题目要求是整系数,那么只需将之配对,利用平方差公式去掉根号即可. $(x-\sqrt{2})(x+\sqrt{2})=x^2-2$. $x^2-2=0$ 就是整系数多项式方程,而 $\sqrt{2}$ 是它的一个根.

类比可得,将 $x-\sqrt{2}-\sqrt{3}$ 配对去掉根号,但仅配对一个式子 $x-\sqrt{2}+\sqrt{3}$ 是不够的,只能消去 $\sqrt{3}$,而不能消去 $\sqrt{2}$,于是我们需要更多的式子与之配对.

$$(x+\sqrt{2}+\sqrt{3})(x+\sqrt{2}-\sqrt{3})(x-\sqrt{2}+\sqrt{3})(x-\sqrt{2}-\sqrt{3})$$
$$=((x+\sqrt{2})^2-3)((x-\sqrt{2})^2-3)$$
$$=x^4-10x^2+1,$$

显然整系数多项式方程 $x^4-10x^2+1=0$ 是符合题意的.

根据分析,只需二次多项式 x^2-2 就能产生 $x-\sqrt{2}$ 这样的因式. 那么 $x-\sqrt{2}-\sqrt{3}$ 一定要四次多项式才能产生么?上文的分析是一次平方消去一个根号,消去两个根号就需要四次多项式.

小问题 2　请找出一个整系数多项式方程,使得 $2+\sqrt{3}$ 是它的一个根.

分析　设 $x=2+\sqrt{3}$,如果两边直接平方,那么右边还会产生根号;再平方,仍然如此. 解决方法有二.

(法一)移项再平方. 我们的敌人是根号,要想办法孤立敌人. 将 $x=2+\sqrt{3}$ 转化为 $x-2=\sqrt{3}$,平方后 $(x-2)^2=3$,化简得 $x^2-4x+1=0$.

于是可得原题的第二种解法:$x=\sqrt{2}+\sqrt{3}$,则 $x-\sqrt{2}=\sqrt{3}$,$x^2+2-2\sqrt{2}x=3$,$(x^2-1)^2=(2\sqrt{2}x)^2$,得 $x^4-10x^2+1=0$.

(法二)直接平方,再线性组合消去. $x^2=7+4\sqrt{3}$,其中含有 $\sqrt{3}$,将 $x^2=7+4\sqrt{3}$ 与 x

$=2+\sqrt{3}$ 线性组合即可消去. 显然有 $x^2-4x+1=0$.

也许有人会有顾虑, 原来 x 含有 $\sqrt{3}$, 平方之后会不会含有 $\sqrt{2}$、$\sqrt{5}$ 之类, 以致无法线性组合消去. 这种顾虑是多余的, $a+b\sqrt{3}$ 型的式子, 相乘或相加, 还是形如 $a+b\sqrt{3}$. 这也是数域的封闭性.

于是可得原题的第三种解法: 设 $x=\sqrt{2}+\sqrt{3}$, 则 $x^2=5+2\sqrt{6}$, $x^3=11\sqrt{2}+9\sqrt{3}$, $x^4=49+20\sqrt{6}$, 将上述式子写成以 $(1,\sqrt{2},\sqrt{3},\sqrt{6})$ 为基底的形式, 则 $1,x,x^2,x^3,x^4$ 可表示为基底的线性组合, 其组合系数分别构成向量

$$\boldsymbol{\alpha}_0=\begin{pmatrix}1\\0\\0\\0\end{pmatrix}, \boldsymbol{\alpha}_1=\begin{pmatrix}0\\1\\1\\0\end{pmatrix}, \boldsymbol{\alpha}_2=\begin{pmatrix}5\\0\\0\\2\end{pmatrix}, \boldsymbol{\alpha}_3=\begin{pmatrix}0\\11\\9\\0\end{pmatrix}, \boldsymbol{\alpha}_4=\begin{pmatrix}49\\0\\0\\20\end{pmatrix}.$$

由于 $\boldsymbol{\alpha}_0$、$\boldsymbol{\alpha}_1$、$\boldsymbol{\alpha}_2$、$\boldsymbol{\alpha}_3$、$\boldsymbol{\alpha}_4$ 有五个向量, 但都是四维的, 因此必线性相关. 下面我们用矩阵的初等行变换(高斯消去法)求 $\boldsymbol{\alpha}_0$、$\boldsymbol{\alpha}_1$、$\boldsymbol{\alpha}_2$、$\boldsymbol{\alpha}_3$、$\boldsymbol{\alpha}_4$ 的极大线性无关组:

$(\boldsymbol{\alpha}_0 \quad \boldsymbol{\alpha}_1 \quad \boldsymbol{\alpha}_2 \quad \boldsymbol{\alpha}_3 \quad \boldsymbol{\alpha}_4)$

$$=\begin{pmatrix}1&0&5&0&49\\0&1&0&11&0\\0&1&0&9&0\\0&0&2&0&20\end{pmatrix}\to\begin{pmatrix}1&0&5&0&49\\0&1&0&11&0\\0&0&0&-2&0\\0&0&2&0&20\end{pmatrix}\to\begin{pmatrix}1&0&5&0&49\\0&1&0&11&0\\0&0&2&0&20\\0&0&0&-2&0\end{pmatrix}$$

$$\to\begin{pmatrix}1&0&5&0&49\\0&1&0&11&0\\0&0&1&0&10\\0&0&0&-2&0\end{pmatrix}\to\begin{pmatrix}1&0&0&0&-1\\0&1&0&11&0\\0&0&1&0&10\\0&0&0&-2&0\end{pmatrix}\to\begin{pmatrix}1&0&0&0&-1\\0&1&0&11&0\\0&0&1&0&10\\0&0&0&1&0\end{pmatrix}$$

$$\to\begin{pmatrix}1&0&0&0&-1\\0&1&0&0&0\\0&0&1&0&10\\0&0&0&1&0\end{pmatrix}.$$

至此, 我们发现, $\boldsymbol{\alpha}_0$、$\boldsymbol{\alpha}_1$、$\boldsymbol{\alpha}_2$、$\boldsymbol{\alpha}_3$ 为 $\boldsymbol{\alpha}_0$、$\boldsymbol{\alpha}_1$、$\boldsymbol{\alpha}_2$、$\boldsymbol{\alpha}_3$、$\boldsymbol{\alpha}_4$ 的极大线性无关组, 这说明少于 4 次的多项式方程是不可能满足要求的. 而 $\boldsymbol{\alpha}_4=10\boldsymbol{\alpha}_2-\boldsymbol{\alpha}_0$, 两端同时左乘基底向量 $(1,\sqrt{2},\sqrt{3},\sqrt{6})$, 则得到 $x^4=10x^2-1$, 即 $x^4-10x^2+1=0$ 为满足题意且次数最低的整系数多项式方程.

解决了原问题, 我们可进一步挑战难度.

请找出一个整系数多项式方程, 使得 $\sqrt{2}+\sqrt[3]{3}$ 是它的一个根.

遇到二次根式, 可平方解决. 遇到三次根式, 需要三次方才可解决. 根据前面的分析, 我们可以将这两个敌人分化处理.

解 （法一）$x=\sqrt{2}+\sqrt[3]{3}$，则 $x-\sqrt{2}=\sqrt[3]{3}$，立方得 $x^3-3\sqrt{2}x^2+6x-2^{\frac{3}{2}}=3$，移项再平方得 $(x^3+6x-3)^2=(3\sqrt{2}x^2+2^{\frac{3}{2}})^2$，展开得

$$x^6+12x^4-6x^3+36x^2-36x+9=18x^4+8+24x^2,$$

即 $x^6-6x^4-6x^3+12x^2-36x+1=0$.

（法二）设 $x=\sqrt{2}+\sqrt[3]{3}$，则

$$x^2=2+2\sqrt{2}\cdot 3^{\frac{1}{3}}+3^{\frac{2}{3}},$$
$$x^3=3+2\sqrt{2}+6\cdot 3^{\frac{1}{3}}+3\sqrt{2}\cdot 3^{\frac{2}{3}},$$
$$x^4=4+12\sqrt{2}+3\cdot 3^{\frac{1}{3}}+8\sqrt{2}3^{\frac{1}{3}}+12\cdot 3^{\frac{2}{3}},$$
$$x^5=60+4\sqrt{2}+20\cdot 3^{\frac{1}{3}}+15\sqrt{2}\cdot 3^{\frac{1}{3}}+3\cdot 3^{\frac{2}{3}}+20\sqrt{2}\cdot 3^{\frac{2}{3}},$$
$$x^6=17+120\sqrt{2}+90\cdot 3^{\frac{1}{3}}+24\sqrt{2}\cdot 3^{\frac{1}{3}}+60\cdot 3^{\frac{2}{3}}+18\sqrt{2}\cdot 3^{\frac{2}{3}},$$

将上述式子写成 $(1,\sqrt{2},3^{\frac{1}{3}},\sqrt{2}\cdot 3^{\frac{1}{3}},3^{\frac{2}{3}},\sqrt{2}\cdot 3^{\frac{2}{3}})$ 为基底的形式，则 $1,x,x^2,x^3,x^4,x^5,x^6$ 可表示为基底的线性组合，其组合系数分别构成向量

$$\boldsymbol{\alpha}_0=\begin{pmatrix}1\\0\\0\\0\\0\\0\end{pmatrix},\boldsymbol{\alpha}_1=\begin{pmatrix}0\\1\\1\\0\\0\\0\end{pmatrix},\boldsymbol{\alpha}_2=\begin{pmatrix}2\\0\\0\\2\\1\\0\end{pmatrix},\boldsymbol{\alpha}_3=\begin{pmatrix}3\\2\\6\\0\\0\\3\end{pmatrix},\boldsymbol{\alpha}_4=\begin{pmatrix}4\\12\\3\\8\\12\\0\end{pmatrix},\boldsymbol{\alpha}_5=\begin{pmatrix}60\\4\\20\\15\\3\\20\end{pmatrix},\boldsymbol{\alpha}_6=\begin{pmatrix}17\\120\\90\\24\\60\\18\end{pmatrix}.$$

由于 $\boldsymbol{\alpha}_0、\boldsymbol{\alpha}_1、\boldsymbol{\alpha}_2、\boldsymbol{\alpha}_3、\boldsymbol{\alpha}_4、\boldsymbol{\alpha}_5、\boldsymbol{\alpha}_6$ 有七个向量，但都是六维的，因此必线性相关，与前文类似，我们可以利用矩阵的初等行变换求得 $\boldsymbol{\alpha}_0、\boldsymbol{\alpha}_1、\boldsymbol{\alpha}_2、\boldsymbol{\alpha}_3、\boldsymbol{\alpha}_4、\boldsymbol{\alpha}_5$ 为 $\boldsymbol{\alpha}_0、\boldsymbol{\alpha}_1、\boldsymbol{\alpha}_2、\boldsymbol{\alpha}_3、\boldsymbol{\alpha}_4、\boldsymbol{\alpha}_5、\boldsymbol{\alpha}_6$ 的极大线性无关组，且 $\boldsymbol{\alpha}_6=\boldsymbol{\alpha}_0+36\boldsymbol{\alpha}_1-12\boldsymbol{\alpha}_2+6\boldsymbol{\alpha}_3+6\boldsymbol{\alpha}_4$，两端同时左乘基底向量 $(1,\sqrt{2},3^{\frac{1}{3}},\sqrt{2}\cdot 3^{\frac{1}{3}},3^{\frac{2}{3}},\sqrt{2}\cdot 3^{\frac{2}{3}})$，则得到

$$x^6=6x^4+6x^3-12x^2+36x-1,$$

即

$$x^6-6x^4-6x^3+12x^2-36x+1=0$$

为满足题意且次数最低的整系数多项式方程.

事实上，此题曾作为2009年清华大学自主招生数学试题第2题:试求出一个整系数多项式 $f(x)=a_nx^n+a_{n-1}x^{n-1}+\cdots+a_0$，使得方程 $f(x)=0$ 有一根为 $\sqrt{2}+\sqrt[3]{3}$.

题目给出了表达式 $f(x)=a_nx^n+a_{n-1}x^{n-1}+\cdots+a_0$，可见 $x^n,x^{n-1},\cdots,1$ 这些基底就是现成的，我们只需要找到合适的系数，消去根号就行.

利用上述方法，我们来解决一般情形.

设 $m、n、p、q\geqslant 2$，且 $m、n、p、q\in\mathbf{N}$，试找出一个整系数多项式方程，使得 $\sqrt[m]{p}+\sqrt[n]{q}$ 是它的一个根.

解 设 $x = \sqrt[m]{p} + \sqrt[n]{q}$,据此依次算出 $x^2, x^3, \cdots, x^{mn-1}, x^{mn}$ 的值,易知每一项值都是 1, $p^{\frac{1}{m}}, p^{\frac{2}{m}}, \cdots, p^{\frac{m-1}{m}}; q^{\frac{1}{n}}, p^{\frac{1}{m}}q^{\frac{1}{n}}, p^{\frac{2}{m}}q^{\frac{1}{n}}, \cdots, p^{\frac{m-1}{m}}q^{\frac{1}{n}}; \cdots; q^{\frac{n-1}{n}}, p^{\frac{1}{m}}q^{\frac{n-1}{n}}, p^{\frac{2}{m}}q^{\frac{n-1}{n}}, \cdots, p^{\frac{m-1}{m}}q^{\frac{n-1}{n}}$ 的整系数线性组合,于是可以将 $1, x, x^2, x^3, \cdots, x^{mn-1}, x^{mn}$ 写成以

$$\left(1, p^{\frac{1}{m}}, p^{\frac{2}{m}}, \cdots, p^{\frac{m-1}{m}}; q^{\frac{1}{n}}, p^{\frac{1}{m}}q^{\frac{1}{n}}, p^{\frac{2}{m}}q^{\frac{1}{n}}, \cdots, p^{\frac{m-1}{m}}q^{\frac{1}{n}}; \cdots; q^{\frac{n-1}{n}}, p^{\frac{1}{m}}q^{\frac{n-1}{n}}, p^{\frac{2}{m}}q^{\frac{n-1}{n}}, \cdots, p^{\frac{m-1}{m}}q^{\frac{n-1}{n}}\right)$$

为基底的形式,则其组合系数分别构成向量 $\boldsymbol{\alpha}_0, \boldsymbol{\alpha}_1, \boldsymbol{\alpha}_2, \cdots, \boldsymbol{\alpha}_{mn}$,共有 $mn+1$ 个,但都是 mn 维的,因此必线性相关。与前文类似,可利用矩阵的初等行变换求得 $\boldsymbol{\alpha}_0, \boldsymbol{\alpha}_1, \boldsymbol{\alpha}_2, \cdots, \boldsymbol{\alpha}_{mn}$ 的极大线性无关组,则一定至少存在另外一个向量能够用极大线性无关组表示出来,在该表示出的等式两端同时左乘基底向量,便得到我们需要的整系数多项式方程。

其实,若结合以下著名的判断多项式在有理数域范围内是否可约的**艾森斯坦判别法**:对于整系数多项式 $f(x) = a_n x^n + a_{n-1} x^{n-1} + \cdots + a_1 x + a_0$,如能找到一个素数 p,使得

$$p \nmid a_n, \quad p \mid a_i (i = 0, 1, 2, \cdots, n-1), \quad p^2 \nmid a_0,$$

那么 $f(x)$ 在有理数域上不可约。本文还可由 $\sqrt{2} + \sqrt[3]{3}$ 是整系数多项式方程

$$x^6 - 6x^4 - 6x^3 + 12x^2 - 36x + 1 = 0$$

的一个根,又取 $p = 3$ 满足艾森斯坦判别法的条件,可得 $\sqrt{2} + \sqrt[3]{3}$ 是无理数!

总结 如果我们仅仅只希望解决原问题,当然可以遇到二次根式就平方,遇到三次根式就三次方。这样确实可以得到符合要求的一个整数多项式方程,解答起来也很顺利。但也正如猪八戒吃人参果一样,吃是吃进去了,还没嚼出味来。如果进一步思考,找到的这个整数多项式的次数是不是可以低一点呢?联系线性组合的知识进行探究,对于认识向量空间也是大有好处的。

彭翕成

华中师范大学国家数字化学习工程技术研究中心

程汉波

广东省广州市第二中学高中部

一些不等式问题的新解

《数学通报》是全国初等数学核心期刊,其中"数学问题解答"是它的一个特色栏目,许多著名的数学家都曾经给该栏目命题. 许多名题被改编为高考试题和国内外数学竞赛试题,许多教师和学生都是它的忠实读者. 著名数学家和教育家波利亚曾经告诫广大数学教师要养成解题的好习惯. 作为该刊的老读者和作者,本人从近年来该刊数学问题中的不等式试题中,精选了部分试题,给出与原作者不同的解法,其中多数解答优于原来的解答,把它整理出来献给广大读者. 篇幅关系原来的解答不再给出,也不对原解答作任何评价.

问题 1773 设 a_1、a_2、$a_3 \in \mathbf{R}^+$,证明:$\left(\dfrac{3}{\dfrac{1}{a_1}+\dfrac{1}{a_2}+\dfrac{1}{a_3}}\right)^3 \leqslant a_1\left(\dfrac{2}{\dfrac{1}{a_2}+\dfrac{1}{a_3}}\right)^2 \leqslant a_1 a_2 a_3$.

证明 原不等式可化为 $\left(\dfrac{\dfrac{1}{a_1}+\dfrac{1}{a_2}+\dfrac{1}{a_3}}{3}\right)^3 \geqslant \dfrac{1}{a_1}\left(\dfrac{\dfrac{1}{a_2}+\dfrac{1}{a_3}}{2}\right)^2 \geqslant \dfrac{1}{a_1 a_2 a_3}$.

由均值不等式得

$$\dfrac{\dfrac{1}{a_1}+\dfrac{1}{a_2}+\dfrac{1}{a_3}}{3} = \dfrac{\dfrac{1}{a_1}+\dfrac{\dfrac{1}{a_2}+\dfrac{1}{a_3}}{2}+\dfrac{\dfrac{1}{a_2}+\dfrac{1}{a_3}}{2}}{3} \geqslant \left[\dfrac{1}{a_1}\left(\dfrac{\dfrac{1}{a_2}+\dfrac{1}{a_3}}{2}\right)^2\right]^{\frac{1}{3}},$$

两边三次方即得

$$\left(\dfrac{\dfrac{1}{a_1}+\dfrac{1}{a_2}+\dfrac{1}{a_3}}{3}\right)^3 \geqslant \dfrac{1}{a_1}\left(\dfrac{\dfrac{1}{a_2}+\dfrac{1}{a_3}}{2}\right)^2.$$

再由均值不等式得 $\dfrac{\dfrac{1}{a_2}+\dfrac{1}{a_3}}{2} \geqslant \left(\dfrac{1}{a_1 a_2}\right)^{\frac{1}{2}}$,所以 $\dfrac{1}{a_1}\left(\dfrac{\dfrac{1}{a_2}+\dfrac{1}{a_3}}{2}\right)^2 \geqslant \dfrac{1}{a_1 a_2 a_3}$.

问题 1774 对任意 x、y、$z \geqslant 0$,证明:
$\dfrac{2}{3}(x+y+z)^2 \leqslant \sqrt{(x^2+y^2)(y^2+z^2)} + \sqrt{(y^2+z^2)(z^2+x^2)} + \sqrt{(z^2+x^2)(x^2+y^2)}$.

证明 由柯西不等式得
$$(x^2+y^2)(y^2+z^2) = (x^2+y^2)(z^2+y^2) \geqslant (xz+y^2)^2,$$

所以

$$\sqrt{(x^2+y^2)(y^2+z^2)} \geqslant y^2 + zx,$$

同理,

$$\sqrt{(y^2+z^2)(z^2+x^2)} \geqslant z^2 + xy, \quad \sqrt{(z^2+x^2)(x^2+y^2)} \geqslant x^2 + yz,$$

将上面三个不等式相加,并注意到 $x^2 + y^2 + z^2 \geqslant xy + yz + zx$ 得

$$\sqrt{(x^2+y^2)(y^2+z^2)} + \sqrt{(y^2+z^2)(z^2+x^2)} + \sqrt{(z^2+x^2)(x^2+y^2)}$$
$$\geqslant x^2 + y^2 + z^2 + xy + yz + zx$$
$$= \frac{1}{3}(x^2+y^2+z^2) + \frac{2}{3}(x^2+y^2+z^2) + xy + yz + zx$$
$$\geqslant \frac{2}{3}(x^2+y^2+z^2) + \frac{1}{3}(xy+yz+zx) + xy + yz + zx$$
$$= \frac{2}{3}(x^2+y^2+z^2) + \frac{4}{3}(xy+yz+zx)$$
$$= \frac{2}{3}(x+y+z)^2.$$

问题 1724 已知 a、b、c 是满足 $a+b+c=1$ 的正数,求证:
$$\frac{1}{a+bc} + \frac{1}{b+ca} + \frac{1}{c+ab} \geqslant \frac{27}{4}.$$

证明 因为
$$a + bc = a(a+b+c) + bc = (a+b)(c+a),$$

同理
$$b + ca = (b+c)(a+b), \quad c + ab = (c+a)(b+c),$$

所以
$$\frac{1}{a+bc} + \frac{1}{b+ca} + \frac{1}{c+ab} = \frac{1}{(a+b)(c+a)} + \frac{1}{(b+c)(a+b)} + \frac{1}{(c+a)(b+c)}.$$

由均值不等式得

$$\frac{1}{(a+b)(c+a)} + \frac{1}{(b+c)(a+b)} + \frac{1}{(c+a)(b+c)}$$
$$\geqslant 3\sqrt[3]{\frac{1}{(a+b)^2(b+c)^2(c+a)^2}}. \qquad ①$$

再由均值不等式得

$$2 = (a+b) + (b+c) + (c+a) \geqslant 3\sqrt[3]{(a+b)(b+c)(c+a)}. \qquad ②$$

①×②²,得

$$4\left(\frac{1}{(a+b)(c+a)} + \frac{1}{(b+c)(a+b)} + \frac{1}{(c+a)(b+c)}\right) \geqslant 27,$$

所以
$$\frac{1}{a+bc} + \frac{1}{b+ca} + \frac{1}{c+ab} \geqslant \frac{27}{4}.$$

问题 1608 设 a、b、c 是正实数,且 $abc(a+b+c) = 1$,求 $(a+b)(b+c)(c+a)$

的最小值.

解 由恒等式 $(a+b)(b+c)(c+a) = (a+b+c)(ab+bc+ca) - abc$ 得

$$(a+b)(b+c)(c+a) = (a+b+c)(ab+bc+ca) - abc$$
$$= abc(a+b+c)\left(\frac{1}{a}+\frac{1}{b}+\frac{1}{c}\right) - abc$$
$$= \left(\frac{1}{a}+\frac{1}{b}+\frac{1}{c}\right) - abc.$$

由均值不等式得 $1 = abc(a+b+c) \geqslant 3abc\sqrt[3]{abc}$，所以 $abc \leqslant \left(\frac{1}{3}\right)^{\frac{3}{4}}$.

由均值不等式得

$$\frac{1}{a}+\frac{1}{b}+\frac{1}{c} \geqslant 3\sqrt[3]{\frac{1}{abc}} \geqslant 3 \times 3^{\frac{1}{4}},$$

所以

$$(a+b)(b+c)(c+a) = \left(\frac{1}{a}+\frac{1}{b}+\frac{1}{c}\right) - abc \geqslant 3 \times 3^{\frac{1}{4}} - \left(\frac{1}{3}\right)^{\frac{3}{4}} = \frac{8}{3} \times 3^{\frac{1}{4}}.$$

当且仅当 $a = b = c = 3^{\frac{1}{4}}$ 时，$(a+b)(b+c)(c+a)$ 取最小值 $\frac{8}{3} \times 3^{\frac{1}{4}}$.

问题1613 设 a、b、c 是正实数，$\lambda \geqslant 0$，证明：

$$\frac{\sqrt{a^2+\lambda b^2}}{a} + \frac{\sqrt{b^2+\lambda c^2}}{b} + \frac{\sqrt{c^2+\lambda a^2}}{c} \geqslant 3\sqrt{1+\lambda}.$$

证明 由柯西不等式得 $(a^2+\lambda b^2)(1+\lambda) \geqslant (a+\lambda b)^2$，所以，

$$\frac{\sqrt{a^2+\lambda b^2}}{a} \geqslant \frac{a+\lambda b}{\sqrt{1+\lambda}a},$$

同理

$$\frac{\sqrt{b^2+\lambda c^2}}{b} \geqslant \frac{b+\lambda c}{\sqrt{1+\lambda}b}, \quad \frac{\sqrt{c^2+\lambda a^2}}{c} \geqslant \frac{c+\lambda a}{\sqrt{1+\lambda}c},$$

将上面三个不等式相加得

$$\frac{\sqrt{a^2+\lambda b^2}}{a} + \frac{\sqrt{b^2+\lambda c^2}}{b} + \frac{\sqrt{c^2+\lambda a^2}}{c} \geqslant \frac{3}{\sqrt{1+\lambda}} + \frac{\lambda}{\sqrt{1+\lambda}}\left(\frac{b}{a}+\frac{c}{b}+\frac{a}{c}\right)$$

$$\geqslant \frac{3}{\sqrt{1+\lambda}} + \frac{\lambda}{\sqrt{1+\lambda}} \times 3\sqrt[3]{\frac{b}{a} \cdot \frac{c}{b} \cdot \frac{a}{c}} = 3\sqrt{1+\lambda}.$$

问题1765 若 $0 < a_i < 1 (i=1,2,\cdots,n)$. 证明：$\sum_{i=1}^{n} \frac{1}{1-a_i} \geqslant \frac{n}{1-(a_1 a_2 \cdots a_n)^{\frac{1}{n}}}.$

证法一 由均值不等式得

$$\sum_{i=1}^{n} \frac{1}{1-a_i} \geqslant \frac{n}{((1-a_1)(1-a_2)\cdots(1-a_n))^{\frac{1}{n}}}.$$

又由均值不等式得

$$\frac{a_1 + a_2 + \cdots + a_n}{n} \geqslant \sqrt[n]{a_1 a_2 \cdots a_n},$$

$$\frac{(1-a_1) + (1-a_2) + \cdots + (1-a_n)}{n} \geqslant ((1-a_1)(1-a_2)\cdots(1-a_n))^{\frac{1}{n}},$$

两个不等式相加得

$$1 \geqslant \sqrt[n]{a_1 a_2 \cdots a_n} + ((1-a_1)(1-a_2)\cdots(1-a_n))^{\frac{1}{n}},$$

即

$$((1-a_1)(1-a_2)\cdots(1-a_n))^{\frac{1}{n}} \leqslant 1 - \sqrt[n]{a_1 a_2 \cdots a_n},$$

于是

$$\frac{n}{((1-a_1)(1-a_2)\cdots(1-a_n))^{\frac{1}{n}}} \geqslant \frac{n}{1-(a_1 a_2 \cdots a_n)^{\frac{1}{n}}}.$$

证法二 由于当 $0 < a_i < 1(i=1, 2)$ 时,

$$\frac{1}{1-a_1} + \frac{1}{1-a_2} - \frac{2}{1-\frac{a_1+a_2}{2}} = \frac{2-(a_1+a_2)}{(1-a_1)(1-a_2)} - \frac{4}{2-(a_1+a_2)}$$

$$= \frac{(2-(a_1+a_2))^2 - 4(1-a_1)(1-a_2)}{(1-a_1)(1-a_2)(2-(a_1+a_2))}$$

$$= \frac{(a_1-a_2)^2}{(1-a_1)(1-a_2)(2-(a_1+a_2))} \geqslant 0,$$

所以,$f(x) = \frac{1}{1-x}$ 是 $(0, 1)$ 上的凸函数,所以由 Jensen 不等式

$$f(a_1) + f(a_2) + \cdots + f(a_n) \geqslant nf\left(\frac{a_1 + a_2 + \cdots + a_n}{n}\right),$$

得

$$\sum_{i=1}^{n} \frac{1}{1-a_i} \geqslant \frac{n}{1 - \frac{a_1+a_2+\cdots+a_n}{n}},$$

再由均值不等式得 $1 > \frac{a_1+a_2+\cdots+a_n}{n} \geqslant \sqrt[n]{a_1 a_2 \cdots a_n}$,所以原不等式成立.

问题 1585 已知 $x_1, x_2, \cdots, x_n$ 是正实数,且满足 $x_1 x_2 \cdots x_n = 1 (n \geqslant 2)$,则

$$\sum_{i=1}^{n} \frac{1}{\sqrt{1+(n^2-1)x_i}} \geqslant 1.$$

证明 设 $\frac{1}{\sqrt{1+(n^2-1)x_1}} \geqslant \frac{x_1^r}{x_1^r + x_2^r + \cdots + x_n^r}$,$r$ 是实数.

它等价于

$$(x_1^r + x_1^r + x_2^r + x_3^r + \cdots + x_n^r)(x_2^r + x_3^r + \cdots + x_n^r) \geqslant (n^2-1)x_1^{2r+1}. \qquad ①$$

因为 $x_1 x_2 \cdots x_n = 1$,所以 $x_2 x_3 \cdots x_n = x_1^{-1}$.

由算术几何平均值不等式有

$$x_1^r + x_1^r + x_2^r + x_3^r + \cdots + x_n^r \geqslant (n+1)(x_1 x_1 x_2 x_3 \cdots x_n)^{\frac{r}{n+1}} = (n+1)x_1^{\frac{r}{n+1}},$$

$$x_2^r + x_3^r + \cdots + x_n^r \geqslant (n-1)(x_2 x_3 \cdots x_n)^{\frac{r}{n-1}} = (n-1) x_1^{\frac{r}{n-1}},$$

两个不等式相乘得

$$(x_1^r + x_1^r + x_2^r + x_3^r + \cdots + x_n^r)(x_2^r + x_3^r + \cdots + x_n^r) \geqslant (n^2 - 1) x_1^{-\frac{2r}{n^2 - 1}}. \qquad ②$$

于是，对照式①和式②，令 $2r + 1 = -\dfrac{2r}{n^2 - 1}$，解得当 $r = -\dfrac{n^2 - 1}{2n^2}$ 时，

$$\frac{1}{\sqrt{1 + (n^2 - 1)x_1}} \geqslant \frac{x_1^r}{x_1^r + x_2^r + \cdots + x_n^r}$$

成立.

同理

$$\frac{1}{\sqrt{1 + (n^2 - 1)x_2}} \geqslant \frac{x_2^r}{x_1^r + x_2^r + \cdots + x_n^r},$$

$$\cdots,$$

$$\frac{1}{\sqrt{1 + (n^2 - 1)x_n}} \geqslant \frac{x_n^r}{x_1^r + x_2^r + \cdots + x_n^r}.$$

将上面 n 个不等式相加得

$$\sum_{i=1}^{n} \frac{1}{\sqrt{1 + (n^2 - 1)x_i}} \geqslant 1.$$

问题 1533 在锐角 $\triangle ABC$ 中，证明：$\dfrac{1}{\sin 2A} + \dfrac{1}{\sin 2B} + \dfrac{1}{\sin 2C} \geqslant \dfrac{1}{\sin A} + \dfrac{1}{\sin B} + \dfrac{1}{\sin C}$.

证明 由均值不等式得

$$\frac{1}{\sin 2A} + \frac{1}{\sin 2B} \geqslant 2\sqrt{\frac{1}{\sin 2A \sin 2B}} = \frac{1}{\sqrt{\sin A \cos A \sin B \cos B}}$$

$$= \frac{1}{\sqrt{\sin A \cos B \sin B \cos A}} \geqslant \frac{1}{\dfrac{\sin A \cos B + \sin B \cos A}{2}}$$

$$= \frac{2}{\sin(A + B)} = \frac{2}{\sin C},$$

同理可得

$$\frac{1}{\sin 2B} + \frac{1}{\sin 2C} \geqslant \frac{2}{\sin A},$$

$$\frac{1}{\sin 2A} + \frac{1}{\sin 2C} \geqslant \frac{2}{\sin B},$$

将上面三个不等式相加得

$$\frac{1}{\sin 2A} + \frac{1}{\sin 2B} + \frac{1}{\sin 2C} \geqslant \frac{1}{\sin A} + \frac{1}{\sin B} + \frac{1}{\sin C}.$$

问题 1705 在 $\triangle ABC$ 中，求证：$\dfrac{\cos\dfrac{A-B}{2}}{\cos\dfrac{A+B}{2}} + \dfrac{\cos\dfrac{B-C}{2}}{\cos\dfrac{B+C}{2}} + \dfrac{\cos\dfrac{C-A}{2}}{\cos\dfrac{C+A}{2}} \geqslant 6.$

证法一 在 $\triangle ABC$ 中,有 $\tan\dfrac{A}{2}\tan\dfrac{B}{2}+\tan\dfrac{B}{2}\tan\dfrac{C}{2}+\tan\dfrac{C}{2}\tan\dfrac{A}{2}=1$.

令
$$x=\tan\dfrac{B}{2}\tan\dfrac{C}{2}+\tan\dfrac{C}{2}\tan\dfrac{A}{2},$$
$$y=\tan\dfrac{C}{2}\tan\dfrac{A}{2}+\tan\dfrac{A}{2}\tan\dfrac{B}{2},$$
$$z=\tan\dfrac{A}{2}\tan\dfrac{B}{2}+\tan\dfrac{B}{2}\tan\dfrac{C}{2},$$

则
$$\dfrac{\cos\dfrac{A-B}{2}}{\cos\dfrac{A+B}{2}}=\dfrac{\cos\dfrac{A}{2}\cos\dfrac{B}{2}\sin\dfrac{A}{2}\sin\dfrac{B}{2}}{\cos\dfrac{A}{2}\cos\dfrac{B}{2}\sin\dfrac{A}{2}\sin\dfrac{B}{2}}=\dfrac{1+\tan\dfrac{A}{2}\tan\dfrac{B}{2}}{1-\tan\dfrac{A}{2}\tan\dfrac{B}{2}}=\dfrac{y+z}{x},$$

同理,
$$\dfrac{\cos\dfrac{B-C}{2}}{\cos\dfrac{B+C}{2}}=\dfrac{z+x}{y},\quad \dfrac{\cos\dfrac{C-A}{2}}{\cos\dfrac{C+A}{2}}=\dfrac{x+y}{z}.$$

由均值不等式得
$$\dfrac{y+z}{x}+\dfrac{z+x}{y}+\dfrac{x+y}{z}=\left(\dfrac{x}{y}+\dfrac{y}{x}\right)+\left(\dfrac{y}{z}+\dfrac{z}{y}\right)+\left(\dfrac{x}{z}+\dfrac{z}{x}\right)\geqslant 6.$$

证法二 $\dfrac{\cos\dfrac{A-B}{2}}{\cos\dfrac{A+B}{2}}=\dfrac{2\sin\dfrac{A+B}{2}\cos\dfrac{A-B}{2}}{2\sin\dfrac{A+B}{2}\cos\dfrac{A+B}{2}}=\dfrac{\sin A+\sin B}{\sin(A+B)}=\dfrac{\sin A+\sin B}{\sin C}=\dfrac{a+b}{c},$

同理,
$$\dfrac{\cos\dfrac{B-C}{2}}{\cos\dfrac{B+C}{2}}=\dfrac{b+c}{a},\quad \dfrac{\cos\dfrac{C-A}{2}}{\cos\dfrac{C+A}{2}}=\dfrac{c+a}{b}.$$

由均值不等式得
$$\dfrac{a+b}{c}+\dfrac{b+c}{a}+\dfrac{c+a}{b}=\left(\dfrac{a}{b}+\dfrac{b}{a}\right)+\left(\dfrac{b}{c}+\dfrac{c}{b}\right)+\left(\dfrac{a}{c}+\dfrac{c}{a}\right)\geqslant 6.$$

问题 1779 设 $\triangle ABC$ 的外接圆和内切圆的半径分别为 R 和 r,证明:
$$\sin\dfrac{A}{2}+\sin\dfrac{B}{2}+\sin\dfrac{C}{2}\geqslant\dfrac{3r}{R}.$$

证明 由于 $r=4R\sin\dfrac{A}{2}\sin\dfrac{B}{2}\sin\dfrac{C}{2}$,$\sin\dfrac{A}{2}\sin\dfrac{B}{2}\sin\dfrac{C}{2}\leqslant\dfrac{1}{8}$,所以有欧拉不等式 $R\geqslant 2r$.

由均值不等式得

$$\sin\frac{A}{2}+\sin\frac{B}{2}+\sin\frac{C}{2} \geqslant 3\sqrt[3]{\sin\frac{A}{2}\sin\frac{B}{2}\sin\frac{C}{2}} = 3\sqrt[3]{\frac{r}{4R}} = 3\sqrt[3]{\left(\frac{r}{R}\right)^3\left(\frac{R}{2r}\right)^2} \geqslant \frac{3r}{R}.$$

问题 1785 设 $0 \leqslant x_i \leqslant 1$ $(i=1,2,\cdots,n)$, $n \in \mathbf{N}^*$, $n \geqslant 3$, 且 $\sum_{i=1}^{n} x_i = 1$. 试求

$$f(x_1,x_2,\cdots,x_n) = \sum_{i=1}^{n}\frac{x_i}{x_i^2+1}$$

的最大值.

解 当 $x_i = \frac{1}{n}$ ($i=1,2,\cdots,n$)时, 我们有

$$\sum_{i=1}^{n}\frac{x_i}{x_i^2+1} = \frac{n^2}{n^2+1}.$$

下面我们证明

$$\sum_{i=1}^{n}\frac{x_i}{x_i^2+1} \leqslant \frac{n^2}{n^2+1}.$$

由均值不等式得

$$x_i^2 + \frac{1}{n^2} \geqslant \frac{2x_i}{n} \ (i=1,2,\cdots,n), n \in \mathbf{N}^*, n \geqslant 3,$$

所以,

$$\sum_{i=1}^{n}\frac{x_i}{x_i^2+1} \leqslant \frac{n^2}{n^2+1}$$

$$\Leftrightarrow \sum_{i=1}^{n}\frac{x_i}{\frac{2x_i}{n}+\frac{n^2-1}{n^2}} \leqslant \frac{n^2}{n^2+1}$$

$$\Leftrightarrow \sum_{i=1}^{n}\frac{x_i}{2nx_i+n^2-1} \leqslant \frac{1}{n^2+1}$$

$$\Leftrightarrow \sum_{i=1}^{n}\frac{1}{2nx_i+n^2-1} \geqslant \frac{n}{n^2+1}.$$

由柯西不等式得

$$\sum_{i=1}^{n}(2nx_i+n^2-1) \cdot \sum_{i=1}^{n}\frac{1}{2nx_i+n^2-1} \geqslant n^2.$$

因为 $\sum_{i=1}^{n} x_i = 1$, 所以

$$\sum_{i=1}^{n}(2nx_i+n^2-1) = 2n\sum_{i=1}^{n} x_i + n(n^2-1) = 2n + n(n^2-1)$$
$$= n(n^2+1),$$

从而

$$\sum_{i=1}^{n}\frac{1}{2nx_i+n^2-1} \geqslant \frac{n}{n^2+1}.$$

问题 1808 正数 a、b 满足 $a+b=1$, 求证: $\left(\frac{1}{a^3}-a^2\right)\left(\frac{1}{b^3}-b^2\right) \geqslant \left(\frac{31}{4}\right)^2$.

证明 经过因式分解并应用柯西不等式得

$$\left(\frac{1}{a^3} - a^2\right)\left(\frac{1}{b^3} - b^2\right)$$

$$= \frac{(1-a^5)(1-b^5)}{a^3 b^3}$$

$$= \frac{(1-a)(1-b)(1+a+a^2+a^3+a^4)(1+b+b^2+b^3+b^4)}{a^3 b^3}$$

$$= \frac{(1+a+a^2+a^3+a^4)(1+b+b^2+b^3+b^4)}{a^2 b^2}$$

$$= \left(\frac{1}{a^2} + \frac{1}{a} + 1 + a + a^2\right)\left(\frac{1}{b^2} + \frac{1}{b} + 1 + b + b^2\right)$$

$$\geq \left(\frac{1}{ab} + \frac{1}{\sqrt{ab}} + 1 + \sqrt{ab} + ab\right)^2$$

$$= \left(ab + \frac{1}{ab} + \sqrt{ab} + \frac{1}{\sqrt{ab}} + 1\right)^2.$$

由均值不等式得 $\sqrt{ab} \leq \frac{a+b}{2} = \frac{1}{2}$，$ab \leq \frac{1}{4}$，所以，

$$ab + \frac{1}{ab} - \frac{17}{4} = \frac{4a^2 b^2 - 17ab + 4}{4ab} = \frac{(4ab-1)(ab-4)}{4ab} \geq 0,$$

$$\sqrt{ab} + \frac{1}{\sqrt{ab}} - \frac{5}{2} = \frac{(2\sqrt{ab}-1)(\sqrt{ab}-2)}{\sqrt{ab}} \geq 0,$$

所以 $ab + \frac{1}{ab} + \sqrt{ab} + \frac{1}{\sqrt{ab}} + 1 \geq \frac{31}{4}$. 不等式得证.

问题 1799 已知 $x \in (0,1)$，求 $f(x) = \sqrt{\frac{1}{x^2} - x^2} + \sqrt{\frac{1}{(x-1)^2} - (x-1)^2}$ 的最小值.

解 设 $a = x$，$b = 1-x$，则正数 a、b 满足 $a + b = 1$，问题变为在此条件下，求

$$f(a,b) = \sqrt{\frac{1}{a^2} - a^2} + \sqrt{\frac{1}{b^2} - b^2}$$

的最小值.

由均值不等式得 $\sqrt{\frac{1}{a^2} - a^2} + \sqrt{\frac{1}{b^2} - b^2} \geq 2\sqrt{\left(\frac{1}{a^2} - a^2\right)\left(\frac{1}{b^2} - b^2\right)}$.

$$\left(\frac{1}{a^2} - a^2\right)\left(\frac{1}{b^2} - b^2\right) = \frac{(1-a^4)(1-b^4)}{a^2 b^2}$$

$$= \frac{(1-a)(1-b)(1+a+a^2+a^3)(1+b+b^2+b^3)}{a^2 b^2}$$

$$= \frac{(1+a+a^2+a^3)(1+b+b^2+b^3)}{ab}$$

$$= \left(\frac{1}{a} + 1 + a + a^2\right)\left(\frac{1}{b} + 1 + b + b^2\right)$$

$$\geqslant \left(\frac{1}{\sqrt{ab}} + 1 + \sqrt{ab} + ab\right)^2.$$

由均值不等式得

$$\frac{1}{\sqrt{ab}} + 1 + \sqrt{ab} + ab$$

$$= ab + \frac{1}{4} + \frac{1}{4} + \frac{1}{4} + \frac{1}{4} + \frac{1}{2}\sqrt{ab} + \frac{1}{2}\sqrt{ab} + \frac{1}{8\sqrt{ab}} + \frac{1}{8\sqrt{ab}} + \frac{1}{8\sqrt{ab}}$$

$$+ \frac{1}{8\sqrt{ab}} + \frac{1}{8\sqrt{ab}} + \frac{1}{8\sqrt{ab}} + \frac{1}{8\sqrt{ab}} + \frac{1}{8\sqrt{ab}}$$

$$\geqslant 15\sqrt[15]{ab \times \left(\frac{1}{4}\right)^4 \times \left(\frac{1}{2}\sqrt{ab}\right)^2 \times \left(\frac{1}{8\sqrt{ab}}\right)^8}$$

$$= 15\sqrt[15]{\left(\frac{1}{2}\right)^{34}\left(\frac{1}{ab}\right)^2} \geqslant 15\sqrt[15]{\left(\frac{1}{2}\right)^{34} 4^2} = \frac{15}{4}.$$

所以,

$$\sqrt{\frac{1}{a^2} - a^2} + \sqrt{\frac{1}{b^2} - b^2} \geqslant 2\sqrt[4]{\left(\frac{1}{a^2} - a^2\right)\left(\frac{1}{b^2} - b^2\right)} \geqslant 2\sqrt[4]{\left(\frac{15}{4}\right)^2} = \sqrt{15}.$$

即当 $a = b = \frac{1}{2}$ 时, $f(x)$ 取最小值 $\sqrt{15}$.

问题 1818 已知 a、b、c 是正数,证明:

$$\frac{a^2}{a^2 + ab + b^2} + \frac{b^2}{b^2 + bc + c^2} + \frac{c^2}{c^2 + ca + a^2} \geqslant 1.$$

证明 设 $x = \frac{b}{a}$, $y = \frac{c}{b}$, $z = \frac{a}{c}$, 则 $xyz = 1$. 原不等式等价于

$$\frac{1}{1 + x + x^2} + \frac{1}{1 + y + y^2} + \frac{1}{1 + z + z^2} \geqslant 1$$

$$\Leftrightarrow \frac{1}{1 + x + x^2} + \frac{1}{1 + y + y^2} \geqslant \frac{z + z^2}{1 + z + z^2}$$

$$\Leftrightarrow \frac{2 + x + y + x^2 + y^2}{(1 + x + x^2)(1 + y + y^2)} \geqslant \frac{z + z^2}{1 + z + z^2}$$

$$\Leftrightarrow (2 + x + y + x^2 + y^2)(1 + z + z^2) \geqslant (z + z^2)(1 + x + x^2)(1 + y + y^2)$$

$$\Leftrightarrow 2 + x + y + z + x^2 + y^2 + z^2$$

$$\geqslant xyz + x^2y^2z^2 + x^2yz + xy^2z + xyz^2 + x^2y^2z + x^2yz^2 + xy^2z^2.$$

因为 $xyz = 1$, 所以上式右端化为 $2 + x + y + z + xy + yz + zx$. 最后化为证明

$$x^2 + y^2 + z^2 \geqslant xy + yz + zx \Leftrightarrow (x - y)^2 + (y - z)^2 + (z - x)^2 \geqslant 0.$$

蔡玉书
江苏省苏州市第一中学

蒙日圆及其证明

2014年高考广东卷文科、理科第20题如下：

已知椭圆 $C: \dfrac{x^2}{a^2} + \dfrac{y^2}{b^2} = 1(a > b > 0)$ 的一个焦点为 $(\sqrt{5}, 0)$，离心率为 $\dfrac{\sqrt{5}}{3}$.

(1)求椭圆 C 的标准方程；

(2)若动点 $P(x_0, y_0)$ 为椭圆 C 外一点，且点 P 到椭圆 C 的两条切线相互垂直，求点 P 的轨迹方程.

答案　(1) $\dfrac{x^2}{9} + \dfrac{y^2}{4} = 1$；(2) $x^2 + y^2 = 13$.

这道高考题的背景就是蒙日圆，第(2)问的一般情形是如下定理.

定理　椭圆 $\Gamma: \dfrac{x^2}{a^2} + \dfrac{y^2}{b^2} = 1(a > b > 0)$ 的两条互相垂直的切线的交点 P 的轨迹是圆
$$x^2 + y^2 = a^2 + b^2.$$

下面先给出该定理的解析法证明.

证法1　设题设中的两条互相垂直的切线为 PA、PB，切点分别为 A、B.

当 PA、PB 的斜率不存在或斜率为 0 时，可得点 P 的坐标为 $(\pm a, \pm b)$.

当 PA、PB 的斜率均存在且均不为 0 时，设点 P 的坐标为 $(x_0, y_0)(x_0 \neq \pm a, y_0 \neq \pm b)$，过点 P 的椭圆 Γ 的切线方程为 $y - y_0 = k(x - x_0)(k \neq 0)$.

联立
$$\begin{cases} y - y_0 = k(x - x_0), \\ \dfrac{x^2}{a^2} + \dfrac{y^2}{b^2} = 1, \end{cases}$$

消去 y，整理得
$$(a^2 k^2 + b^2)x^2 - 2ka^2(kx_0 - y_0)x + a^2(kx_0 - y_0)^2 - a^2 b^2 = 0.$$

由题意，该方程的判别式为 0，整理得
$$(x_0^2 - a^2)k^2 - 2x_0 y_0 k + y_0^2 + b^2 = 0 \quad (x_0^2 - a^2 \neq 0).$$

过点 P 的两条切线的斜率 k_{PA}、k_{PB} 是上述关于 k 的方程的两根. 于是 $k_{PA} \cdot k_{PB} = \dfrac{y_0^2 + b^2}{x_0^2 - a^2}$.

而 PA、PB 垂直，故 $k_{PA} \cdot k_{PB} = -1$，于是 $x_0^2 + y_0^2 = a^2 + b^2$.

显然点 $(\pm a, \pm b)$ 满足上式，故欲证结论成立.

接下来我们给出该定理的平面几何证法.

证法2　如图1，设椭圆的中心为 O，F_1、F_2 分别为椭圆的左、右焦点，$F_1 F_2 = 2c \; (c = \sqrt{a^2 - b^2})$.

过点 P 作椭圆 Γ 的两条切线 PA、PB，切点分别为 A、B. M、N 分别为 F_2 关于 PA、PB 的对称点. 根据椭圆的光学性质, F_1、A、M 及 F_1、B、N 共线. 由椭圆的定义, $MF_1 = NF_1 = 2a$.

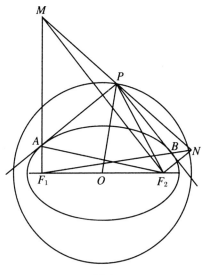

图 1

在 $\triangle PF_1F_2$ 中, 由中线长公式知道

$$PF_1^2 + PF_2^2 = 2(OP^2 + OF_1^2) = 2(OP^2 + c^2). \qquad ①$$

(1) 若 $PA \perp PB$, 由对称性: $\angle MPN = 2\angle APB = \pi$. 所以 M、P、N 三点共线. 且 $PM = PF_2 = PN$, 所以 $F_1P \perp MN$. 所以

$$PF_1^2 + PF_2^2 = PF_1^2 + PM^2 = MF_1^2 = 4a^2. \qquad ②$$

联立式①、式②，解得 $OP^2 = 2a^2 - c^2 = a^2 + b^2$.

(2) 若 $OP^2 = a^2 + b^2 = 2a^2 - c^2$. 代入式①，得

$$PF_1^2 + PM^2 = PF_1^2 + PF_2^2 = 4a^2 = MF_1^2.$$

所以 $PM \perp PF_1$. 同理 $PN \perp PF_1$. 于是 M、P、N 三点共线.

从而 $\angle APB = \dfrac{1}{2}\angle MPN = \dfrac{\pi}{2}$, 即 $PA \perp PB$.

综合上述(1)、(2)可知, 点 P 的轨迹方程为 $x^2 + y^2 = a^2 + b^2$.

事实上, 在双曲线和抛物线中, 也有类似的性质如下:

(i) 双曲线 $\dfrac{x^2}{a^2} - \dfrac{y^2}{b^2} = 1 (a > b > 0)$ 的两条互相垂直的切线的交点的轨迹是圆 $x^2 + y^2 = a^2 - b^2$;

(ii) 抛物线 $y^2 = 2px (p > 0)$ 的两条互相垂直的切线的交点的轨迹是该抛物线的准线.

证明留给读者自行完成.

甘志国

北京丰台二中

一道三角函数系数求值题的妙解及证明

文[1]中有如下题目.

题目 若 a、b、c 均是整数(其中 $0 < c < 90$),且使得 $\sqrt{9-8\sin 50°} = a + b\sin c°$,求 $\dfrac{a+b}{c}$.

解析 书中的化简思路令人难于捉摸,下面给出简单朴实的化简.

设 $\sqrt{9-8\sin 50°} = \sqrt{9-8\cos 40°} = A + B\cos C°$,则

$$9 - 8\cos 40° = (A + B\cos C°)^2 = A^2 + 2AB\cos C° + B^2 \cos^2 C°$$
$$= A^2 + \frac{B^2}{2} + 2AB\cos C° + \frac{B^2}{2}\cos 2C°$$
$$= 9A^2 + 8A^2(\cos C° + \cos 2C°)$$

(为了方便合并,令 $2AB = \dfrac{B^2}{2}$,取 $B = 4A$)

$$= 9A^2 + 16A^2 \cos\frac{3C°}{2}\cos\frac{C°}{2},$$

所以只要取 $A=1$,$B=4$,$C=10$,等式即成立,有 $\sqrt{9-8\cos 40°} = 1 + 4\cos 80°$.

所以 $\sqrt{9-8\sin 50°} = 1 + 4\sin 10° = a + b\sin c°$.

所以 $a=1$,$b=4$,$c=10$ 满足条件,此时 $\dfrac{a+b}{c} = \dfrac{1}{2}$.

在文[1]中,最后这步是由 $1 + 4\sin 10° = a + b\sin c°$ 得 $a=1$,$b=4$,$c=10$,也就是这是唯一的一组解. 这似乎并不严密,让人难于理解为何只有这组解,而不可能有其他的解,下面给出两种证明方法,都很繁,希望以此抛砖引玉,读者能有更简单的证法.

证明要用到代数数论的知识,本文以定义跟定理的形式给出要用到的知识,为了表达的方便,下文没特别交代的未知数都是有理数.

定义 1 若复数 α 是一系数为有理数的代数方程
$$p(x) = a_n x^n + a_{n-1} x^{n-1} + \cdots + a_0 = 0 \ (a_n \neq 0)$$
的根,则 α 称为代数数,否则 α 称为超越数.

定义 2 如果多项式 $p(x)$ 不能分解为两个非常数(至少是一次多项式)且系数在数域 K 中的多项式的乘积,则称 $p(x)$ 在数域 K 中不可约.

比如 $x^2 - 2$ 不能分解为两个有理数系数一次多项式的乘积,所以 $x^2 - 2$ 在 **Q** 中不可约,但 $x^2 - 2$ 在实数域 **R** 中可以分解为 $x^2 - 2 = (x+\sqrt{2})(x-\sqrt{2})$,所以 $x^2 - 2$ 在 **R** 中

可约.

定理 1 若复数 α 是代数数,则满足 $p(\alpha)=0$ 的最低次数的首一(最高次项系数为1)有理系数多项式 $p(x)$ 在 $\mathbf{Q}$ 中不可约且唯一. $p(x)$ 称为 α 的最小多项式(或极小多项式), $p(x)$ 的次数称为 α 的次数.

证明 先证唯一性. 若 $p_1(x)=x^n+a_{n-1}x^{n-1}+\cdots+a_0$ 与 $p_2(x)=x^n+b_{n-1}x^{n-1}+\cdots+b_0$ 是满足条件的最低次数多项式,记多项式 $p_3(x)=p_1(x)-p_2(x)$,则 $p_3(x)$ 的次数小于 n,由假设 $p_1(\alpha)=p_2(\alpha)=0$,所以 $p_3(\alpha)=0$,如果 $p_3(x)\neq 0$,那么 α 是一更低次数的多项式的根(只要将 $p_3(x)$ 除以其最高次项系数,即得满足条件的首一多项式),与 $p(x)$ 是最低次数的矛盾,所以 $p_3(x)=0$,所以 $p_1(x)=p_2(x)$,得证唯一性.

再证明 $p(x)$ 在 $\mathbf{Q}$ 中不可约. 如果 $p(x)=p_1(x)p_2(x)$,其中 $p_1(x)$、$p_2(x)$ 为非常数有理系数多项式,则由 $p(\alpha)=p_1(\alpha)p_2(\alpha)=0$,得 $p_1(\alpha)=0$ 或 $p_2(\alpha)=0$,所以 α 更低次数的多项式 $p_1(x)$ 或 $p_2(x)$ 的根,与 $p(x)$ 是最低次数的矛盾,不可约性得证.

定理 2 设 $\zeta_n=\cos\dfrac{2\pi}{n}+\mathrm{i}\sin\dfrac{2\pi}{n}$,$n$ 是正整数,则 ζ_n 满足 $\zeta_n^n=1$,ζ_n 的次数为 $\varphi(n)$. 其中 $\varphi(n)$ 是欧拉函数. ζ_n 称为 n 次单位根,ζ_n 的最小多项式叫分圆多项式.

证明见文[2],此处略.

原题唯一性证明

分圆域证法

设 $x_0=\cos 1°+\mathrm{i}\sin 1°$,则 x_0 是方程 $x^{360}-1=0$ 的根,因为欧拉函数值 $\varphi(360)=96$,由定理2知 x_0 是96次代数数,注意到 $x^3-1=(x-1)(x^2+x+1)$,故知 x_0 是多项式 $p_1(x)=x^{240}+x^{120}+1$ 的根(显然 $x_0^{120}-1\neq 0$),同理由 x^2-1,x^5-1 的分解知 x_0 分别是多项式 $p_2(x)=x^{180}+1$ 与 $p_3(x)=1+x^{72}+x^{144}+x^{216}+x^{288}$ 的根,用辗转相除法求 $p_1(x)$、$p_2(x)$、$p_3(x)$ 的最大公因式得 x_0 是多项式 $p(x)=1+x^{12}-x^{36}-x^{48}-x^{60}+x^{84}+x^{96}$ 的根,而 x_0 是96次代数数,所以此 $p(x)$ 即是 x_0 的最小多项式.

记 $d=90-c$,则 $0<d<90$,$1+4\cos 80°=1+b\cos d°$,所以

$$1+4\frac{x_0^{80}+x_0^{-80}}{2}=1+b\frac{x_0^d+x_0^{-d}}{2},$$

得

$$4+4x_0^{160}+(2-2a)x_0^{80}-bx_0^{80-d}-bx_0^{80+d}=0,$$

因为 $x_0^{180}=-1$,所以 $x_0^{160}=-x_0^{-20}$,代入化简得

$$4-4x_0^{20}+(2a-2)x_0^{100}+bx_0^{100-d}+bx_0^{100+d}=0. \qquad ①$$

注意到 $p(x_0)=0$,所以当 $n\geqslant 96$ 时,

$$x_0^n=x_0^{n-96}x_0^{96}=-x_0^{n-96}(1+x_0^{12}-x_0^{36}-x_0^{48}-x_0^{60}+x_0^{84})$$
$$=-(x_0^{n-96}+x_0^{n-84}-x_0^{n-60}-\cdots+x_0^{n-12}),$$

前后 x_0 的指数(mod 12)不变.

重复操作可将式①左边化成各项次数在[0,95]范围,且 x_0 的指数(mod 12)不变.

由此得到的式①必然是 $0=0$，否则 x_0 是更小次数多项式的根，与 x_0 的次数是 96 矛盾.

式①左边 x_0 的指数依次为 $0,20,100,100-d,100+d \equiv 0,8,4,4-d,4+d \pmod{12}$，注意到化简前后 x_0 的指数 $\pmod{12}$ 不变，所以要消掉常数 4，只有后两项才有可能，注意到 $4-d$，$4+d \equiv 0 \pmod{12}$ 只能有一个成立，故后两项化简后只有一项含非零常数.

如果是 bx_0^{100+d} 项消掉常数 4，若化简后 bx_0^{100+d} 只有一项，则
$$bx_0^{100+d} = -4, \quad x_0^{100+d} = \pm 1.$$

因为 $0 < d < 90$，所以 $d = 80, b = 4$，此时式①为 $(2a-2)x_0^{100} = 0$，故 $a = 1$.

若化简后 bx_0^{100+d} 不止一项，因为式①中另外的项与 x_0^{100+d} 的指数 $\pmod{12}$ 不同，故化简后 bx_0^{100+d} 的这些项就消不掉，所以式①不可能化简为 $0=0$，矛盾.

如果是 bx_0^{100-d} 项消掉常数 4，同理可得矛盾.

所以 $a=1, b=4, d=80, c=90-d=10$ 是唯一的一组解.

代数数论证法

定理 3 $\sin 10°$ 是 3 次代数数.

证明 因为 $\frac{1}{2} = \sin(3 \times 10°) = 3\sin 10° - 4\sin^3 10°$，所以 $\sin 10°$ 是有理系数多项式 $p(x) = x^3 - \frac{3}{4}x + \frac{1}{8}$ 的根，即是方程 $8x^3 - 6x + 1 = 0$ 的根，经检验 $x = \pm 1, \pm \frac{1}{2}, \pm \frac{1}{4}, \pm \frac{1}{8}$ 都不是此方程的根，故此方程无有理数根，如果 $p(x)$ 在 $\mathbf{Q}$ 中可约，则 $p(x)$ 一定含有理系数一次因式，从而方程 $8x^3 - 6x + 1 = 0$ 有有理数根，矛盾. 所以 $p(x)$ 在 $\mathbf{Q}$ 中不可约，由定理 1 知 $\sin 10°$ 是 3 次代数数.

定理 4 记 $d = 90 - c$，则对任何整数 k，存在有理数 p、q、r，使得
$$\cos kd° = p + q\sin 10° + r\sin^2 10°.$$

证明 已知 $1 + 4\sin 10° = a + b\sin c°$，显然 $b \neq 0$，所以
$$\cos d° = \sin c° = \frac{1-a}{b} + \frac{4}{b}\sin 10°.$$

如果 $\cos nd°$ 与 $\cos(n-1)d°$ 都有如定理 4 的表示，设 $\cos kd° = p + q\sin 10° + r\sin^2 10°$，则

$$\cos(n+1)d° + \cos(n-1)d°$$
$$= 2\cos nd° \cos d°$$
$$= 2(p + q\sin 10° + r\sin^2 10°)\left(\frac{1-a}{b} + \frac{4}{b}\sin 10°\right)$$
$$= p' + q'\sin 10° + r'\sin^2 10° + s'\sin^3 10°$$
$$= p' + q'\sin 10° + r'\sin^2 10° + s'\left(\frac{3}{4}\sin 10° - \frac{1}{8}\right)$$
$$= p'' + q''\sin 10° + r''\sin^2 10°,$$

这里的系数都是有理数，再将 $\cos(n-1)d°$ 的表示式代入即知 $\cos(n+1)d°$ 也可以这样表

示，由数学归纳法得证.

原题唯一性证明

设 d 与 180 的最大公因数 $(d,180) = e$，则由裴蜀定理，存在整数 m、n，使得
$$e = md + 180n.$$

(1) 若 e 不是 2 的倍数，则 e 是 $\frac{180}{4} = 45$ 的因数，所以 $j = \frac{45}{e}$ 是整数，所以
$$\frac{\sqrt{2}}{2} = \cos 45° = \cos je° = \cos(jmd° + jn \times 180°) = \pm \cos jmd°$$
$$= p + q\sin 10° + r\sin^2 10°$$

（由定理 4），其中 p、q、r 为有理数.

如果 $r = 0$，显然 $q \neq 0$，此时 $\sin 10°$ 是二次方程 $\frac{1}{2} = (p + q\sin 10°)^2$ 的根，这与 $\sin 10°$ 是 3 次代数数矛盾. 如果 $r \neq 0$，则 $\sin 10°$ 是方程 $\pm\frac{\sqrt{2}}{2} = p + qx + rx^2$ 的根，由于 $\frac{\sqrt{2}}{2}$ 是无理数，故此方程显然无有理数根，所以方程 $(p + qx + rx^2)^2 - \frac{1}{2} = 0$ 无有理数根，所以多项式 $(p + qx + rx^2)^2 - \frac{1}{2}$ 在 $\mathbf{Q}$ 中要么是 4 次不可约多项式，要么是两个 2 次不可约多项式的乘积，所以 $\sin 10°$ 要么是 4 次代数数，要么是 2 次代数数，与 $\sin 10°$ 是 3 次代数数矛盾，所以 e 是 2 的倍数.

(2) 若 e 不是 5 的倍数，则 e 是 $\frac{180}{5} = 36$ 的因数，所以 $j = \frac{72}{e}$ 是整数，同样由 $\frac{\sqrt{5}-1}{2} = \cos 72° = \cos je° = p + q\sin 10° + r\sin^2 10°$ 而得矛盾. 所以 e 是 5 的倍数.

所以 e 是 10 的倍数.

(3) 因为 $e = (d, 180)$，$0 < d < 90$，所以 $e = 10, 20, 30, 60$.

如果 $e = 10, 30$，同上由 $\frac{\sqrt{3}}{2} = \cos 30° = \cos je° = p + q\sin 10° + r\sin^2 10°$ 而得矛盾.

如果 $e = 60$，由 $\frac{1-a}{b} + \frac{4}{b}\sin 10° = \cos d° = \cos je° = \cos j60° =$ 有理数，而得矛盾.

所以 $e = 20$.

因为 d 是 e 的倍数且 $0 < d < 90$，所以 $d = 20, 40, 80$.

如果 $d = 20$，由 $1 + 4\sin 10° = a + b\cos 20° = a + b(1 - 2\sin^2 10°)$，与 $\sin 10°$ 是 3 次代数数矛盾.

如果 $d = 40$，由 $1 + 4\sin 10° = a + b\cos 40° = a + b\left(\frac{\sqrt{3}}{2}\cos 10° - \frac{1}{2}\sin 10°\right)$，得
$$\left(1 - a + \left(4 + \frac{b}{2}\right)\sin 10°\right)^2 = \frac{3b^2}{4}(1 - \sin^2 10°),$$

所以 $\sin 10°$ 是至多 2 次有理系数方程的根，与 $\sin 10°$ 是 3 次代数数矛盾，所以 $d = 80$，$c =$

$90 - d = 10$.

若 $b \neq 4$，则 $1 + 4\sin10° = a + b\cos80°$，$\sin10° = \dfrac{a-1}{4-b}$ 为有理数，这与 3 次代数数矛盾.

所以 $b = 4$，从而 $a = 1$，所以 $a = 1$，$b = 4$，$c = 10$ 是唯一的一组解，得证.

注 (1) 分圆多项式具有特点：若 n 的质因分解 $n = p_1^{\alpha_1} p_2^{\alpha_2} \cdots p_k^{\alpha_k}$，其中指数 α_1，α_2，$\cdots$，$\alpha_j > 1$，则 n 次单位根 ζ_n 的分圆多项式 $p(x) = f(x^m)$，其中 $m = p_1^{\alpha_1 - 1} p_2^{\alpha_2 - 1} \cdots p_j^{\alpha_j - 1}$，$f(x)$ 是有理系数首一多项式，比如对 $x_0 = \cos1° + i\sin1°$，$n = 360 = 2^3 \times 3^2 \times 5$，$x_0$ 的分圆多项式（最小多项式）$p(x) = c_0 + c_1 x^{12} + c_2 x^{24} + \cdots + c_7 x^{84} + x^{96}$，本文分圆域证法只用到指数是 12 的倍数这一特点，所以也可以不用具体求出 $p(x)$.

(2) 如果 α 是整系数代数方程 $a_n x^n + a_{n-1} x^{n-1} + \cdots + a_0 = 0$ 的有理数根，必然是 $\alpha = \dfrac{n}{m}$，其中 m 是 a_n 的因数，n 是 a_0 的因数，这只要将 $\alpha = \dfrac{n}{m}$ 代入，由整除性即可看出.

参 考 文 献

[1] 熊斌,冯志刚,等.奥数精讲与测试(高一)[M].上海:学林出版社,2008,96.

[2] 冯克勤.代数数论[M].北京:科学出版社,2001,11～14.

[3] 华罗庚.数论导引[M].北京:科学出版社,1957.

严文兰
广东省河源市连平县忠信中学

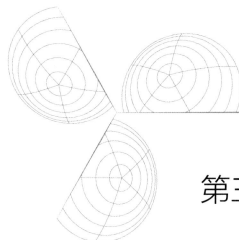

第三篇　试题汇编

第30届中国数学奥林匹克

第77届莫斯科数学奥林匹克（2014）

第65届罗马尼亚国家队选拔考试（2014）

2014年波罗的海数学竞赛

2014年北京大学"百年数学"科学体验营试题

2014年清华大学金秋数学体验营试题

第30届中国数学奥林匹克

第一天

2014年12月20日 8:00—12:30 重庆

1. 给定实数 $r \in (0,1)$. 证明：若 n 个复数 $z_1, z_2, \cdots, z_n$ 满足 $|z_k - 1| \leq r$ ($k = 1, 2, \cdots, n$)，则

$$|z_1 + z_2 + \cdots + z_n| \cdot \left|\frac{1}{z_1} + \frac{1}{z_2} + \cdots + \frac{1}{z_n}\right| \geq n^2(1 - r^2).$$

2. 如图1，设 A、B、D、E、F、C 依次是同一个圆上的六个点，满足 $AB = AC$. 直线 AD 与 BE 交于点 P，直线 AF 与 CE 交于点 R，直线 BF 与 CD 交于点 Q，直线 AD 与 BF 交于点 S，直线 AF 与 CD 交于点 T. 点 K 在线段 ST 上，使得 $\angle SKQ = \angle ACE$.

求证：$\dfrac{SK}{KT} = \dfrac{PQ}{QR}$.

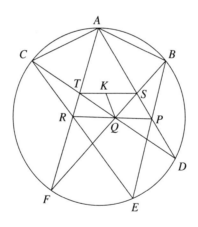

图1

3. 给定整数 $n \geq 5$. 求最小的整数 m，使得存在两个由整数构成的集合 A、B，同时满足下列条件：

(1) $|A| = n$，$|B| = m$，且 $A \subseteq B$；

(2) 对 B 中任意两个不同的元素 x、y 有：$x + y \in B$ 当且仅当 x、$y \in A$.

第二天

2014年12月21日 8:00—12:30 重庆

4. 求具有下述性质的所有整数 k：存在无穷多个正整数 n，使得 $n + k$ 不整除 C_{2n}^n.

5. 某次会议共有30人参加,其中每个人在其余人中至多有5个熟人;任意5个人中存在两人不是熟人. 求最大的正整数 k,使得满足上述条件的30个人中总存在 k 个人,两两不是熟人.

6. 设非负整数的无穷数列 $a_1, a_2, \cdots$ 满足:对任意正整数 m、n,均有
$$\sum_{i=1}^{2m} a_{in} \leqslant m.$$
证明:存在正整数 k、d,满足 $\sum_{i=1}^{2k} a_{id} = k - 2014$.

参 考 答 案

1. 设 $z_k = x_k + y_k \mathrm{i}\ (x_k, y_k \in \mathbf{R})$,$k = 1, 2, \cdots, n$.

先证明
$$\frac{x_k^2}{x_k^2 + y_k^2} \geqslant 1 - r^2, \quad k = 1, 2, \cdots, n. \qquad ①$$

记 $u = \frac{x_k^2}{x_k^2 + y_k^2}$. 由 $|x_k - 1| \leqslant r < 1$ 知 $x_k > 0$,故 $u > 0$,且 $y_k^2 = \left(\frac{1}{u} - 1\right)x_k^2$,故

$$r^2 \geqslant |z_k - 1|^2 = (x_k - 1)^2 + \left(\frac{1}{u} - 1\right)x_k^2 = \frac{1}{u}(x_k - u)^2 + 1 - u \geqslant 1 - u,$$

故 $u \geqslant 1 - r^2$,即式①成立.

由于
$$|z_1 + z_2 + \cdots + z_n| \geqslant |\mathrm{Re}(z_1 + z_2 + \cdots + z_n)| = \sum_{k=1}^{n} x_k,$$

又 $\frac{1}{z_k} = \frac{x_k - y_k \mathrm{i}}{x_k^2 + y_k^2}$,故

$$\left|\frac{1}{z_1} + \frac{1}{z_2} + \cdots + \frac{1}{z_n}\right| \geqslant \left|\mathrm{Re}\left(\frac{1}{z_1} + \frac{1}{z_2} + \cdots + \frac{1}{z_n}\right)\right|,$$

注意 $x_k > 0\ (k = 1, 2, \cdots, n)$,因此由柯西不等式得

$$|z_1 + z_2 + \cdots + z_n| \cdot \left|\frac{1}{z_1} + \frac{1}{z_2} + \cdots + \frac{1}{z_n}\right| \geqslant \left(\sum_{k=1}^{n} x_k\right)\left(\sum_{k=1}^{n} \frac{x_k}{x_k^2 + y_k^2}\right)$$

$$\geqslant \left(\sum_{k=1}^{n} \sqrt{\frac{x_k^2}{x_k^2 + y_k^2}}\right)^2 \geqslant (n\sqrt{1 - r^2})^2 = n^2(1 - r^2).$$

2. 如图2,由 $AB = AC$ 知,$\angle ADC = \angle AFB$,所以,S、D、F、T 四点共圆,于是 $\angle QSK = \angle TDF = \angle RAC$,结合已知条件 $\angle SKQ = \angle ACE$ 知,$\triangle QSK \backsim \triangle RAC$,同理可得 $\triangle QTK \backsim \triangle PAB$. 故

$$\frac{SK}{KQ} = \frac{AC}{CR}, \quad \frac{KQ}{KT} = \frac{BP}{BA},$$

于是

$$\frac{SK}{KT} = \frac{SK}{KQ} \cdot \frac{KQ}{KT} = \frac{AC}{CR} \cdot \frac{BP}{BA} = \frac{BP}{CR}. \qquad ①$$

由帕斯卡定理知，P、Q、R 三点共线．

设点 J 在射线 CD 上，使得 $\triangle BCJ \sim \triangle BAP$．联结 PJ，由 $\dfrac{BP}{BJ} = \dfrac{AB}{CB}$，及
$$\angle BAC = \angle PBA - \angle PBC = \angle JBC - \angle PBC = \angle JBP,$$
得 $\triangle BPJ \sim \triangle BAC$，结合 $AB = AC$ 知 $PB = PJ$．

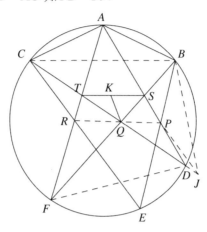

图 2

又 $\angle DPE = \angle BPA = \angle BJC$，所以 B、J、D、P 四点共圆，从而
$$\angle PJQ = \angle DBE = \angle DCE,$$
故 $PJ \parallel CR$．于是
$$\frac{BP}{CR} = \frac{PJ}{CR} = \frac{PQ}{QR}. \qquad ②$$

由式①、式②知，命题成立．

3. 所求的 m 为 $3n - 3$．

首先，取一个整数 $N \geqslant 2n$，考虑
$$A = \{N+1, N+2, \cdots, N+n\},$$
$$B = \{2N+3, 2N+4, \cdots, 2N+2n-1\},$$
条件（1）显然满足．

对任意 x、$y \in A$，$x \neq y$，有 $2N+3 \leqslant x+y \leqslant 2N+2n-1$，故 $x+y \in B$．另一方面，对任意 x、$y \in B$，$x \neq y$，若 x、y 不都属于 A，则 $x+y \geqslant 3N > 2N+2n-1$，故 $x+y \notin B$．因此条件（2）也满足．这表明 $m = 3n-3$ 时存在满足要求的集合 A、B．

现在 A、B 是任意满足条件的整数集合，我们证明 $|B| \geqslant 3n-3$．不妨设 A 中正数个数不少于负数个数，否则考虑 $-A$ 和 $-B$，它们也满足题设条件，且 $-A$ 中正数个数不少于负数个数．设 A 中元素为 $a_1 < a_2 < \cdots < a_n$．由于 $n \geqslant 5$，A 中至少有两个正数，故 $a_{n-1} > 0$，于是 $a_{n-1} + a_n > a_n$，我们有 $a_{n-1} + a_n \in B \backslash A$，故 $|B| \geqslant n+1$．从而 $0 \notin A$，否则取 $x \in B \backslash A$，有 $0 + x = x \in B$，但 $0 \in A$，$x \notin A$，矛盾．由于 $n \geqslant 5$，且 $0 \notin A$，从而 A 中至少有 3 个正数，即 $a_{n-2} > 0$．那么 $a_n + a_{n-2} > a_n$，故 $a_n + a_{n-2} \notin A$．

我们证明下面两个结论.

(1) 对任意整数 i，$1 \leq i < n$，都有 $a_n + a_i \in B \setminus A$.

反证法，假设存在这样的 i，使得 $a_n + a_i \in A$，设 $a_n + a_i = a_j$，那么 $a_i < a_j < a_n$. 若 $j = n-1$，考虑
$$(a_i + a_n) + a_{n-2} = a_{n-1} + a_{n-2} \in B,$$
但 $a_i \in A$，而 $a_n + a_{n-2} \in B \setminus A$，矛盾. 若 $j < n-1$，考虑
$$(a_i + a_n) + a_{n-1} = a_j + a_{n-1} \in B,$$
但 $a_i \in A$，而 $a_n + a_{n-1} \in B \setminus A$，矛盾. 结论 (1) 获证.

(2) 对任意整数 i，$2 \leq i < n$，都有 $a_1 + a_i \in B \setminus A$.

反证法，假设存在这样的 i，使得 $a_1 + a_i \in A$. 设 $a_1 + a_i = a_j$. 若 $j \neq n$，考虑
$$(a_1 + a_i) + a_n = a_j + a_n \in B,$$
但 $a_1 \in A$，而由结论 (1) 知，$a_i + a_n \in B \setminus A$，矛盾. 故 $a_1 + a_j = a_n$. 由于 $n \geq 5$，可取整数 k，满足 $1 < k < n$，且 $k \neq i$，那么 $a_i + a_k > a_j + a_1 = a_n$，故 $a_i + a_k \in B \setminus A$. 但是
$$(a_1 + a_i) + a_k = a_n + a_k \in B,$$
但 $a_1 \in A$，而 $a_i + a_k \in B \setminus A$，矛盾. 结论 (2) 获证.

由结论 (1) 和结论 (2) 知，下述 $2n-3$ 个不同的数
$$a_1 + a_2 < a_1 + a_3 < \cdots < a_1 + a_n < a_2 + a_n < \cdots < a_{n-1} + a_n$$
都属于 $B \setminus A$，故 $|B| \geq 3n - 3$.

综上所述，所求的 $m = 3n - 3$.

4. 所求的 k 为不等于 1 的所有整数.

首先，$k = 1$ 不符合要求. 事实上，
$$\frac{1}{n+1}C_{2n}^n = \frac{(2n)!}{n!(n+1)!}((n+1) - n) = C_{2n}^n - C_{2n}^{n-1}$$
是两个组合数之差，故是一个整数. 因此对所有正整数 n，$n+1 | C_{2n}^n$.

当 $k > 1$ 时，k 有素因子 p，取 $n = p^m - k$，其中整数 m 足够大，使 $n > 0$，这样的 n 当然有无穷多个. 我们证明，对这些 n 有 $n + k \nmid C_{2n}^n$，即 $p^m \nmid C_{2n}^n$.

事实上，设素数 p 在 $C_{2n}^n = \dfrac{(2n)!}{(n!)^2}$ 中出现的幂次为 α，则
$$\alpha = \sum_{l=1}^{\infty} \left[\frac{2n}{p^l}\right] - 2\sum_{l=1}^{\infty}\left[\frac{n}{p^l}\right]$$
$$= \sum_{l=1}^{m}\left(\left[\frac{2n}{p^l}\right] - 2\left[\frac{n}{p^l}\right]\right) \text{（因为} 2n < 2p^m \leq p^{m+1}\text{，故} l \geq m+1 \text{时有} \left[\frac{2n}{p^l}\right] = 0\text{）}$$
$$= \sum_{l=1}^{m}\left(\left(2p^{m-l} + \left[\frac{-2k}{p^l}\right]\right) - 2\left(p^{m-l} + \left[\frac{-k}{p^l}\right]\right)\right)$$
$$= \left[\frac{-2k}{p}\right] - 2\left[\frac{-k}{p}\right] + \sum_{l=2}^{m}\left(\left[\frac{-2k}{p^l}\right] - 2\left[\frac{-k}{p^l}\right]\right)$$

$$\leqslant \left[\frac{-2k}{p}\right] - 2\left[\frac{-k}{p}\right] + \sum_{l=2}^{m} 1 (利用[2x] - 2[x] \leqslant 1)$$

$$= m - 1 < m (因 p \mid k, 故 \left[\frac{-2k}{p}\right] - 2\left[\frac{-k}{p}\right] = 0),$$

因此，$p^m \nmid C_{2n}^n$.

当 $k \leqslant 0$ 时，因素数有无穷多个，故可取奇素数 $p > 2|k|$，令 $n = p + |k|$，这样的 n 有无穷多个. 我们证明，对这些 n 有 $n + k \nmid C_{2n}^n$，因 $k \leqslant 0$，此即 $p \nmid C_{2n}^n$.

事实上，

$$C_{2n}^n = \frac{2n \times (2n-1) \times \cdots \times (n+1)}{n \times (n-1) \times \cdots \times 1}, \qquad ①$$

因 $k \leqslant 0$，而 $p > 2|k|$，故易知 $0 < n + k < n + 1 \leqslant 2(n+k) \leqslant 2n$，以及 $3(n+k) > 2n$，从而奇素数 p 在式①右边的分母中出现的幂次为 1 次（仅在 $n+k$ 中出现 1 次），在分子中出现的幂次也恰为 1 次（仅在 $2(n+k)$ 中出现 1 次），由此可见 $p \nmid C_{2n}^n$.

综上可知，所求的 k 为不等于 1 的所有整数.

5. 所求 k 的值为 6.

我们用 30 个点表示 30 个人，如果两个人是熟人，则在他们对应的点之间连一条边，这样得到了一个以这 30 个人为顶点集的满足下面条件的简单图 G：

(i) G 中每一个顶点的度不超过 5；

(ii) G 的顶点集中的任何 5 点中都有两点没有连边.

用 V 表示 G 的顶点集. 如果 $A \subseteq V$ 且 A 中任何两点没有连边，则称 A 为 G 的一个"独立集"，并称元素个数最多的独立集 G 为一个"最大独立集".

(1) 首先证明满足条件的 G 中最大独立集的元素个数不小于 6.

事实上，设 X 是 G 的一个最大独立集，由 $|X|$ 的最大性知，$V \setminus X$ 中的任一点都有一个邻点在 X 中，否则，若 $a \in V \setminus X$ 在 X 中没有邻点，则可将 a 加入到 X 中形成一个更大的独立集，矛盾. 这样，$V \setminus X$ 和 X 之间至少有 $|V \setminus X| = 30 - |X|$ 条边. 又注意到 X 中每个点的度不超过 5，故有

$$30 - |X| \leqslant 5|X|, \qquad ①$$

因此，$|X| \geqslant 5$.

若 $|X| = 5$，则由式①取等号知，上述 $30 - |X| = 25$ 条边分布在 X 的 5 个顶点上，即 X 中每点的邻点集均是 $V \setminus X$ 中的 5 个构成的点集. 因为 $|V \setminus X| = 25$，故 X 中任两点的邻点集均不相交. 记 $X = \{a, b, c, d, e\}$，现考虑 a 的邻点集，即为 $Y_a = \{y_1, y_2, y_3, y_4, y_5\}$. 由上述条件 (ii) 知 Y_a 中有两点不连边，设为 y_1、y_2. 由于 X 中任意两点的邻点集不相交，故特别地，y_1、y_2 不能是 b、c、d、e 中任一点的邻点，从而 $\{y_1, y_2, b, c, d, e\}$ 是 G 的独立集且元素个数大于 5，矛盾. 这就证明了 $|X| \geqslant 6$.

(2) 下面证明存在一个满足条件的图 G，其最大独立集的元素个数不超过 6.

将 V 分拆成 3 个点集 V_1、V_2、V_3，使得 $|V_i| = 10, i = 1, 2, 3$.

设 $V_1 = \{A_1, A_2, A_3, A_4, A_5, B_1, B_2, B_3, B_4, B_5\}$，将 V_1 中的点按以下方式连边（如图3）：

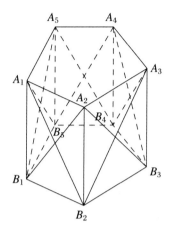

图3

(i) $A_i A_{i+1}$ 连边，$i = 1, 2, 3, 4, 5$；

(ii) $B_i B_{i+1}$ 连边，$i = 1, 2, 3, 4, 5$；

(iii) $A_i B_i$、$A_i B_{i+1}$、$A_i B_{i-1}$ 连边，$i = 1, 2, 3, 4, 5$.

其中，$A_6 = A_1$，$B_6 = B_1$，$B_0 = B_5$.

点集 V_2、V_3 连边的方式与 V_1 的完全一样，且对任意 $1 \leq i < j \leq 3$，V_i 与 V_j 之间不连边. 则 G 的任意顶点的度均等于 5，且 G 中任何 5 点中总存在两点不连边.

现任取 G 的一个最大独立集 X，下证 $|V_1 \cap X| \leq 2$. 事实上，由于 A_i、A_{i+1} 相邻（$i = 1, 2, 3, 4, 5$），所以 $A_1, \cdots, A_5$ 中至多有两个属于 X. 同理，$B_1, \cdots, B_5$ 中属于 X 的也至多两个. 若 $A_1, \cdots, A_5$ 中恰有两个属于 X，不妨设为 $\{A_1, A_3\}$. 注意到 A_1 的邻点集与 A_3 的邻点集的并集恰好等于 $\{B_1, B_2, B_3, B_4, B_5\}$，故 $B_1, \cdots, B_5$ 均不属于 X. 同理，若 $B_1, \cdots, B_5$ 中恰有两个属于 X，则 $A_1, \cdots, A_5$ 均不属于 X，这就证明了 $|V_1 \cap X| \leq 2$.

同理可得 $|V_2 \cap X| \leq 2$，$|V_3 \cap X| \leq 2$，故
$$|X| = |V \cap X| = |V_1 \cap X| + |V_2 \cap X| + |V_3 \cap X| \leq 6,$$
因此 G 符合要求.

综合(1)、(2)的结果，可知所求的 k 值为 6.

6. 由于 $a_1, a_2, \cdots$ 是非负整数列，在条件中取 $m = 1$ 可得，对任意正整数 n 有 $0 \leq a_n + a_{2n} \leq 1$，因为 $a_n \in \{0, 1\}$，且有无穷多个 n 使得 $a_n = 0$.

下面证明，有无穷多个正整数 n，使得 $a_n + a_{2n} = 0$. 反证法，假设只有有限多个这样的 n，则存在正整数 N，使得 $n \geq N$ 时，总有 $a_n + a_{2n} = 1$. 由于对无穷个 n 有 $a_n = 0$，故可取定一个正整数 $d > N$，使得 $a_d = 0$. 则对任意正整数 m，一方面由条件知

$$\sum_{i=1}^{2m} a_{id} + \sum_{i=1}^{2m} a_{2id} \leq m + m = 2m.$$ ①

另一方面，由于 $id > N$，故由反证法假设可知

$$\sum_{i=1}^{2m} a_{id} = \sum_{i=1}^{2m} a_{2id} = \sum_{i=1}^{2m}(a_{id} + a_{2id}) = \sum_{i=1}^{2m} 1 = 2m. \qquad ②$$

故由式①、式②知，必须对任意正整数 m 有

$$\sum_{i=1}^{2m} a_{id} = m. \qquad ③$$

因为 $d > N$，故由反证法假设，特别地有

$$a_{rd} + a_{2rd} = 1 \qquad ④$$

对所有整数 $r \geqslant 1$ 成立. 在式④中分别取 $r = 1, 2, 4$ 可依次得到 $a_{2d} = 1 - a_d = 1$，$a_{4d} = 1 - a_{2d} = 0$，及 $a_{8d} = 1 - a_{4d} = 1$. 由式③（取 $m = 2$）可知 $a_{3d} = 1$. 于是由式④（取 $r = 3, 6$）得 $a_{6d} = 1 - a_{3d} = 0$，$a_{12d} = 1 - a_{6d} = 1$. 再在式③中取 $m = 3$，可知 $a_{5d} = 1$，从而 $a_{10d} = 1 - a_{5d} = 0$. 最后由式③（分别取 $m = 4, 5$）可得到 $a_{7d} = 0$，$a_{9d} = 1$，于是 $a_{3d} + a_{6d} + a_{9d} + a_{12d} = 1 + 0 + 1 + 1 = 3 > 2$，这与已知条件（取 $n = 3d, m = 2$ 矛盾）. 因此我们证明了有无穷多个 n，使得 $a_n + a_{2n} = 0$.

现在可取正整数 t，使得至少有 4028 个正整数 $n \leqslant t$，满足 $a_n + a_{2n} = 0$，则

$$\sum_{i=1}^{t}(a_i + a_{2i}) \leqslant t - 4028,$$

于是 $\sum_{i=1}^{t} a_i \leqslant \dfrac{t}{2} - 2014$ 或者 $\sum_{i=1}^{t} a_{2i} \leqslant \dfrac{t}{2} - 2014$. 总之，存在正整数 t、d（d 为 1 或 2），使得

$$\sum_{i=1}^{t} a_{id} \leqslant \dfrac{t}{2} - 2014.$$

令 $b_s = \sum_{i=1}^{s} a_{id} - \dfrac{s}{2}$，$s = 1, 2, \cdots, t$，则 $b_1 = a_d - \dfrac{1}{2} \geqslant -\dfrac{1}{2}$，$b_t \leqslant -2014$. 设 l 是最小正整数，满足 $b_l \leqslant -2014$，则 $b_{l-1} \geqslant -2014 + \dfrac{1}{2}$. 由于 $b_l - b_{l-1} = a_{ld} - \dfrac{1}{2} \geqslant -\dfrac{1}{2}$，因此 $b_l \geqslant b_{l-1} - \dfrac{1}{2} \geqslant -2014$，故必有 $b_l = -2014$，即

$$\sum_{i=1}^{l} a_{id} = \dfrac{l}{2} - 2014.$$

因 $\sum_{i=1}^{l} a_{id}$ 为整数，故上式中 l 为偶数，记 $l = 2k$，则 $\sum_{i=1}^{2k} a_{id} = k - 2014.$

第77届莫斯科数学奥林匹克(2014)

八 年 级

1. 维佳试图找出一个算式,其中有数 1,有括号,有加号和乘号,使得:

(1) 算式的值等于 10;

(2) 如果将算式中的所有加号都换成乘号,而所有的乘号都换成加号,算式的值仍然是 10.

试给出这样的算式的一个例子.

2. 将一条折线称为蛇状折线,如果它的所有相邻节之间的夹角全都彼此相等,并且除了头尾两节之外,其余各节的两个相邻节都分别位于该节的两个不同侧(即位于由经过该节的直线所分成的两个不同的半平面中). 蛇状折线的一个例子如图 1 所示.

某甲声言,可以在平面上标出 6 个点,并且有 6 种不同的方法将它们连成蛇状折线(折线共有 5 节,这些节以标出的点作为端点). 试问,他的话能否当真?

3. 将正整数 1 至 2014 按某种方式分成 1007 对,将每一对中的两个数相加,再将所得的 1007 个和数相乘. 试问,所得的乘积能否是一个完全平方数?

4. 在矩形 $ABCD$ 中,边 CD 的中点为 M. 经过点 C 作直线 BM 的垂线,经过点 M 作对角线 BD 的垂线. 证明:所作的两条垂线在直线 AD 上相交.

5. P 城原来没有观光设施. 为发展旅游业,该城决定建造若干座建筑,它们一共有 30 层. 视察员将会登上每一座建筑,数出矮于所登建筑的建筑数目,再将所得的数目相加,所得的和数越大的城市就越会得到强烈的推荐. 试问,为能得到可能的最好推荐,P 城应当建造多少座多高的建筑?

6. 桌上 9 个苹果放成 10 行,每行 3 个(见图 2). 已知其中有 9 行苹果的重量相等,但所有 10 行苹果的重量不相等. 今有一台电子秤,每投入 1 元硬币,可以称重任意一组苹果. 试问,最少需要花费几元钱,就可以弄清楚哪一行苹果的重量与众不同?

图 2

九 年 级

7. 整系数二次三项式的系数都是奇数. 证明:它没有形如 $1/n$ 的根,其中 n 为正整数.

8. 商店里 21 件白衬衫和 21 件紫罗兰色衬衫挂成一排. 试找出这样的最小的整数 k,

使得不论开始时两种颜色的衬衫如何排列,都可以从中取下两种颜色的衬衫各 k 件,使得剩下的白衬衫相连排列,剩下的紫罗兰色衬衫也相连排列.

9. 给定 n 根短棍,其中任何 3 根都可形成钝角三角形. 试求 n 的最大可能值.

10. 正方形的桌上铺着一块正方形的桌布,桌子的任何一个角都没有被盖住,但是从桌子的每一条边上都垂下桌布的一个角(三角形状). 现知某两个相邻边上所垂下的三角形彼此全等. 证明:另外两条边上所垂下的三角形也彼此全等.(桌布上没有自相重叠的部分,桌布的尺寸可能与方桌的尺寸不相同.)

11. 正整数 n 的所有质因数的乘积(每个质因数只出现一次)称为其根基,记为 $\text{rad}(n)$,例如 $\text{rad}(120) = 2 \times 3 \times 5 = 30$. 是否存在三个两两互质的正整数 a、b、c,使得 $a + b = c$ 且 $c > 1000 \cdot \text{rad}(abc)$?

12. 圆周上标出了 10 个点,并且依顺时针方向依次标为 $A_1, A_2, \cdots, A_{10}$. 今知这 10 个标出点两两互为对径点(即两两关于圆心对称). 开始时,每个标出点上都停着一只蚂蚱. 每一分钟都有一只蚂蚱沿着圆周越过自己的一个邻居落到它的另一侧,并保持原来的距离不变. 在此过程中,不能越过其他蚂蚱,也不能落在已经停有蚂蚱的点上. 经过一段时间后,发现有 9 只蚂蚱分别停在标出点 $A_1, A_2, \cdots, A_9$ 上,而剩下的一只蚂蚱停在弧 $\overparen{A_9 A_{10} A_1}$ 上. 试问,能否断言,它一定停在标出点 A_{10} 上?

十 年 级

13. 二次三项式 $f(x) = ax^2 + bx + c$ 在点 $\dfrac{1}{a}$ 和点 c 处的值不同号. 证明:方程 $f(x) = 0$ 有两个不同号的实根.

14. 同第 8 题.

15. 在 $\triangle ABC$ 中,边 AC 的中点为 M,线段 CM 的中点为 P. 现知 $\triangle ABP$ 的外接圆与线段 BC 相交于内点 Q. 证明:$\angle ABM = \angle MQP$.

16. 给定若干个白点和若干个黑点. 将每个白点与每个黑点都用一条标有箭头的线段相连,箭头指向黑点. 在每条线段上都写上一个正整数. 今知,如果沿着任何一条由这些线段所形成的闭折线行走一圈,则所标箭头与行走方向一致的线段上所写的所有数的乘积都等于箭头与行走方向相反的线段上所写的所有数的乘积. 试问,是否一定可以在每个给定点上都写上一个正整数,使得每条线段上所写的数都等于它的两个端点上的数的乘积?

17. 给定一个三角形,它的三个内角互不相等. 甲乙二人按如下法则做游戏:每一步,甲在平面上标出一个点,乙则按自己所好将其染为红色或蓝色. 如果出现某三个同色点形成一个与原三角形相似的三角形,则甲取胜. 试问,最少需要多少步,甲就可保证自己一定取胜(不论原三角形为何形状,只要它的三个内角互不相等)?

18. 多项式 $P(x)$ 具有如下性质:
$$P(0) = 1, \quad P^2(x) = 1 + x + x^{100} \cdot Q(x),$$

其中，$Q(x)$是另一个多项式．证明：多项式$(P(x)+1)^{100}$中的项x^{99}的系数等于0．

十一年级（第一天）

19．同第13题．

20．试求出所有这样的值a，对其存在实数x、y、z，使得$\cos x$、$\cos y$、$\cos z$的值互不相等，并按所示的顺序形成等差数列，且$\cos(x+a)$、$\cos(y+a)$、$\cos(z+a)$也按同样的顺序形成等差数列．

21．平行四边形$ABCD$的中心为O，在边AD和边CD上分别取点P和Q，使得$\angle AOP=\angle COQ=\angle ABC$．

（1）证明：$\angle ABP=\angle CBQ$；

（2）证明：直线AQ与CP相交于$\triangle ABC$的外接圆上．

22．某甲发现计算器上仅剩下n个没坏的数字键．现知，由1到99999999的每个正整数都或者可以用这些没坏的键按出来，或者可以表示为两个可用这些键按出来的正整数的和．试问，当n最小为多少时，可以出现这种现象？

23．同第18题．

24．在某王国里，有些城市之间有铁路相连．国王手中有全国完整的铁路起讫城市名单（每个城市都有自己的名称，每条铁路连结两个城市）．现知对于任意一对起讫城市，王子都可以通过把所有的城市更名，使得（这一对城市中的）终点城市的名字变为原来的起点城市的名字，而让国王不会察觉．试问，对于任意一对城市，王子是否都能通过将所有城市都更名，让这两个城市的名字互换，使得国王仍然毫无察觉？

十一年级（第二天）

25．是否存在这样的整系数二次三项式$f(x)=ax^2+bx+c$，其中a不是2014的倍数，而$f(1),f(2),\cdots,f(2014)$被2014除的余数各不相同？说明理由．

26．试求出所有的这样的实数a和b，其中$|a|+|b|\geqslant\dfrac{2}{\sqrt{3}}$，使得对一切实数$x$，都有$|a\sin x+b\sin 2x|\leqslant 1$．

27．证明：对任何正整数n，都能找到这样一个正整数，在它的平方数的十进制表达式中，以n个1开头，而以n个1和2的某种形式的组合结尾．

28．某大厨领导着10个厨师，这些厨师中有些人是朋友．每一个工作日，大厨都指派一个或数个厨师值班．每个值班的厨师都会从班上给自己的每一个不在值班的朋友带一个包子．每天下班时，大厨都清点被带走的包子的数目．试问，大厨能否在45个工作日之中弄清楚，哪些厨师互为朋友，哪些不是？

29．凸多面体$A_1B_1C_1A_2B_2C_2$共有八个面$A_iB_jC_k$，其中i、j、$k\in\{1,2\}$．一个以点O为球心的球与这8个面都相切．证明：点O，以及线段A_1A_2、B_1B_2、C_1C_2的中点

在同一个平面内.

参 考 答 案

1. 例如,如下的算式即可满足要求:
$$\underbrace{1+\cdots+1+1}_{9\text{个加号}}\underbrace{\times 1\times \cdots \times 1}_{9\text{个乘号}}.$$

注 可以以任意的方式在 19 个 1 之间放置 9 个加号和 9 个乘号,所以有多种不同解答.

2. 可以.

例如,正六边形就可满足要求. 每一条蛇状折线由正六边形的一组对边和三条对角线组成. 各条蛇状折线可以通过正六边形的旋转和对称相互得到.

可以通过方格纸画出这些蛇状折线(见图 3).

图 3

3. 可以.

将 7 至 2014 两两配对:最小的与最大的为一对,第二小的与第二大的为一对,如此等等,于是每一对数的和都是 2021,共有偶数对. 再将 1 至 6 配为:(3,6),(2,4),(1,5),那么就有 $(3+6)\cdot(2+4)\cdot(1+5)=3^2\cdot 6^2$.

4. (法一)将由点 M 所作直线 BD 的垂线上下延长,设延长线与边 AD 的交点为 E,与直线 BC 的交点为 F(见图 4(1)). 我们欲证明 $CE\perp BM$.

联结 DF,得到 $\triangle BDF$,它的高 DC 与 FE 相交于点 M,这就意味着 BM 也是它的高,意即 $BM\perp DF$. 注意到直角三角形 $\triangle EMD$ 与 $\triangle FMC$ 中有一条直角边(因为 M 是线段 CD 的中点)和一个锐角(对顶角)对应相等,故知 $\triangle EMD\cong \triangle FMC$. 从而线段 CF 与 DE 平行且相等,四边形 $CFDE$ 是平行四边形,DF ∥ CE. 既然 $BM\perp DF$,所以 $BM\perp CE$.

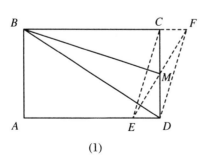 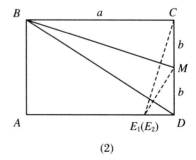

(1)   (2)

图 4

（法二）记 $BC = a$ 和 $CM = MD = b$. 设由点 C 所作 BM 的垂线与 AD 相交于点 E_1（见图 4(2)）. 由于 $\angle E_1CD$ 与 $\angle MBC$ 的两边对应垂直，可知它们相等，因而它们的正切值相等，意即

$$\frac{E_1D}{2b} = \frac{b}{a} \Rightarrow E_1D = \frac{2b^2}{a}.$$

类似地，设由点 M 所作 BD 的垂线与 AD 相交于点 E_2. 于是亦有 $\angle E_2MD = \angle DBC$ 和 $\frac{E_2D}{b} = \frac{2b}{a}$，因而也有 $E_2D = \frac{2b^2}{a}$. 这就表明 $E_1D = E_2D$ 和 $E_1 = E_2$.

所得的两个比例式亦表明 $\triangle E_1CD \sim \triangle MBC$ 和 $\triangle E_2MD \sim \triangle DBC$.

5. 应当建造 16 座一层的和 7 座两层的建筑，或者建造 14 座一层的和 8 座两层的建筑. 首先证明不应建造高于两层的建筑. 事实上，如果有某座建筑的层数 $h > 2$，那么我们砍去它的最高层，另建一座一层的建筑，视察员所得的和数有什么变化呢？显然此时从被砍掉一层的建筑上不再看那些高度为 $h - 1$ 的建筑（如图 5）. 但因 $h > 2$，所以从所有这些建筑（包括被砍掉一层的建筑）看的时候都把新建的建筑计算在内，因而和数增大.

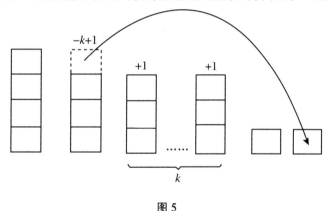

图 5

下面只需考虑仅建造一层和两层建筑的情形. 假设建造 x 座一层建筑和 y 座两层建筑，则由题意知 $x + 2y = 30$，而视察员所得的和数为 xy（因为从每座两层建筑顶上看的时候，都把 x 座一层建筑计算在内）. 易见

$$xy = (30 - 2y)y = 2y(15 - y) = 2(7.5^2 - (y - 7.5)^2).$$

对于整数 y，该式在 $y = 7$ 和 $y = 8$ 时取得最大值 112.

6. 可以不花钱.

我们来看如何可以不用花钱.

如图 6(1)，如果我们把三条粗线上的苹果重量分别记为 l_1、l_2、l_3，而把三条竖直线上的苹果重量分别记为 v_1、v_2、v_3，那么必有 $l_1 + l_2 + l_3 = v_1 + v_2 + v_3$，因为左右两端都是所有 9 个苹果的重量之和. 由于其中至少有 5 条线上的苹果重量等于同一个值 t，所以该等式两端的 6 个数都等于 t（事实上，它等于 $3t - 2t = t$）.

如果把三条粗线换为它们的关于中间竖线对称的三条线，那么同理也可知道这三条线

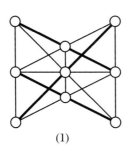 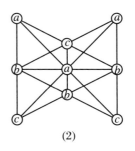

(1)　　　　　　　　(2)

图 6

上的苹果重量也都等于 t. 这样一来，我们就找到了 9 条线，它们上的苹果重量都等于同一个值 t. 这也就意味着剩下来的那条线，即水平线上的苹果重量与众不同.

注 所说的一种情形是：任取三个使得 $2b \ne a + c$ 的正数 a、b、c，如图 6(2)那样配置苹果的重量即可.

7. 设二次三项式 $ax^2 + bx + c$ 具有形如 $1/n$ 的根，其中 a、b、c 都是奇数，而 n 为正整数. 把 $x = 1/n$ 代入其中，并乘以 n^2，得到 $a + bn + cn^2 = 0$. 如果 n 为偶数，那么该等式左端的三项中只有一项为奇数，故左端的值不可能为 0，此为矛盾. 如果 n 为奇数，那么该等式左端的三项都是奇数，左端的值亦不可能为 0，仍为矛盾. 这就表明，$1/n$ 不可能是此类二次三项式的根.

注 可以类似地证得更一般的结论：奇数系数的二次三项式不可能具有有理根.

8. 最小的整数 $k = 10$.

首先证明 $k = 10$ 能够满足要求.

(法一)我们从头开始逐件数出两种不同颜色的件数(分别计数)，直到数到某一种颜色的衬衫出现 11 件为止. 不失一般性，可设我们已经数到第 11 件紫罗兰色衬衫. 这时，就把已经数到过的白色衬衫全都取下(它们不超过 10 件)，并把所有还没数到的紫罗兰色衬衫也都取下(它们刚好 10 件). 必要时再多取下几件白色衬衫. 此时，所有留下的 11 件紫罗兰色衬衫相连(因为我们取下了所有悬挂在它们之间的白色衬衫)，留下的 11 件白色衬衫也相连悬挂.

(法二)如果我们站在第 21 件和第 22 件衬衫之间，那么我们的左右两侧都分别有 21 件衬衫. 先看左边，不妨设其中的白色衬衫较少. 于是左边的白色衬衫不多于 10 件，右边的紫罗兰色衬衫不多于 10 件(易知，这两者的数目应当相等). 我们取下左边的所有白色衬衫和右边的所有紫罗兰色衬衫，此时左边所挂的都是紫罗兰色衬衫，右边都是白色衬衫. 如果我们取下的每种颜色的衬衫数目 $n < 10$，那么就每种颜色的衬衫再取下 $10 - n$ 件，此时题中条件仍然满足.

再证，存在某种悬挂顺序，使得不能少于 10 件.

(法一)如果最左边接连挂着 11 件白色衬衫，最右边接连挂着 10 件白色衬衫，而中间则是接连挂着 21 件紫罗兰色衬衫. 此时如果每种颜色的衬衫各取下 $k < 10$ 件衬衫，那么

最两端剩下的都是白色衬衫,从而不能满足要求.

(法二)事实上,如果左边的21件衬衫中有10件白色的和11件紫罗兰色的,而右边则反过来,有10件紫罗兰色的和11件白色的,那么如果每种颜色的衬衫各取下 $k < 10$ 件,则左右两端都至少剩有1件白色的和1件紫罗兰色的衬衫,从而至少有一种颜色的衬衫不能全部相连悬挂.

9. n 的最大可能值是4.

长度分别为 $a \leq b \leq c$ 的三根短棍可以形成三角形的充要条件是 $a + b > c$. 而由余弦定理可知,该三角形为钝角三角形,当且仅当 $a^2 + b^2 < c^2$. 假设 n 根短棍的长度依次为 $a_1 \leq a_2 \leq \cdots \leq a_n$. 如果 $n \geq 5$,那么就有
$$a_5^2 > a_4^2 + a_3^2 \geq 2a_3^2 > 2a_2^2 + 2a_1^2.$$

另一方面,由于长度为 a_1、a_2、a_5 的三根短棍也能形成三角形,所以 $a_5 < a_1 + a_2$. 将该式两端同时平方,得到 $a_5^2 < a_1^2 + a_2^2 + 2a_1 a_2$. 从上面的不等式中减去这个不等式,得出 $a_1^2 + a_2^2 < 2a_1 a_2$,此为不可能.

可以举出满足条件的 $n = 4$ 的例子. 事实上,可取 $a_1 = a_2 = 1$,取 a_3,使之略大于 $\sqrt{2}$,取 a_4,使之略大于 $\sqrt{1 + a_3^2}$. 例如:$a_1 = a_2 = 1$,$a_3 = 1.5$,$a_4 = 1.9$ 即可.

10. (法一)将正方形桌布记为 $ABCD$,垂下来的三角形相应地记为 $\triangle_A$、$\triangle_B$、$\triangle_C$、$\triangle_D$. 应当指出,这些三角形彼此相似(根据角的相等关系). 将由顶点 A 所作的 $\triangle_A$ 的高记作 h_A. 类似地定义 h_B、h_C、h_D.

假设我们已知 $\triangle_A \cong \triangle_B$(图7(1)中的两个带阴影的三角形). 经过顶点 A 作直线 l_A 使之与 h_A 垂直. 类似地作出直线 l_B、l_C、l_D. 记 $P = l_A \cap l_B$,$Q = l_B \cap l_C$,$R = l_C \cap l_D$,$S = l_D \cap l_A$. 显然,四边形 $PQRS$ 是矩形,它的边分别经过点 A、B、C、D. 我们指出,四边形 $PQRS$ 是正方形,此因 $\triangle ABP$、$\triangle BQC$、$\triangle CRD$、$\triangle DSA$ 彼此全等(易见它们彼

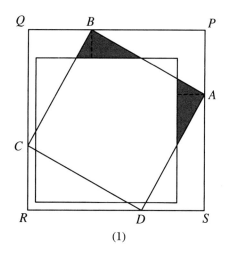
(1)

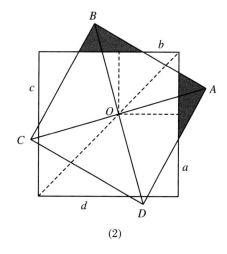
(2)

图7

此相似，又因为它们的斜边彼此相等，所以它们彼此全等). 将正方形 PQRS 的边长记作 m，则有 $m = PQ = PS$. 如果再将方桌的边长记作 n，则有 $m = h_A + n + h_C = h_B + n + h_D$. 由 $\triangle_A \cong \triangle_B$ 可知 $h_A = h_B$, 故又知 $h_C = h_D$. 由于 $\triangle_C \sim \triangle_D$，而它们对应边上的高又相等，所以 $\triangle_C \cong \triangle_D$.

(法二) 利用上一解法中的符号 A、$\triangle_A$ 等等. 将正方形桌布的中心记作 O. 将方桌的含有 $\triangle_A$ 的斜边的边记作 a. 类似地定义 b、c、d (参阅图 7(2)).

将正方形桌布绕自己的中心旋转 $90°$，则桌布正方形变为自己，而顶点 A 变为 B，顶点 C 变为 D. 在这个旋转之下，桌布的边变为自己的边，因而，$\triangle_A$ 的斜边变为 $\triangle_B$ 的斜边(因为对应边的长度相等). 这也就意味着，直线 a 变为直线 b.

这表明，点 O 到直线 a 与到直线 b 的距离相等，因而点 O 在方桌的对角线上. 由此可知，点 O 到另外两条直线 c 和 d 的距离也彼此相等. 因此，直线 c 在所说的旋转之下变为直线 d. 这样一来，包含着 $\triangle_C$ 斜边的直线变为包含着 $\triangle_D$ 的斜边的直线. 由此即可推知 $\triangle_C \cong \triangle_D$.

11. 存在.

我们来寻找形如 $a = 10^n - 1$, $b = 1$, $c = 10^n$ 的例子.

首先证明，对任何正整数 k，都存在正整数 n，使得 $10^n - 1$ 是 3^{k+1} 的倍数. 用归纳法. $k = 1$ 时，有 $10^1 - 1$ 是 3^2 的倍数，即 $n = 1$. 假设 $10^n - 1$ 是 3^{k+1} 的倍数，那么 $10^{3n} - 1 = (10^n - 1)(10^{2n} + 10^n + 1)$ 就是 3^{k+2} 的倍数，因为 $10^{2n} + 10^n + 1$ 是 3 的倍数.

现在取 k，使得 $3^k > 10000$，而正整数 n，使得 $10^n - 1$ 是 3^{k+1} 的倍数. 那么就有
$$\mathrm{rad}(abc) = \mathrm{rad}((10^n - 1)10^n) = 10\mathrm{rad}(10^n - 1)$$
$$= 3 \cdot 10 \mathrm{rad}\left(\frac{10^n - 1}{3^{k+1}}\right) < 10 \frac{10^n - 1}{3^k} < \frac{10^{n+1}}{10000} = \frac{c}{1000}.$$

注 (1) 可在证明中运用欧拉定理：由于 $\varphi(3^{k+1}) = 2 \cdot 3^k$，所以 $10^{2 \cdot 3^k} - 1$ 是 3^{k+1} 的倍数.

(2) 著名的 ABC 猜想(20 世纪 80 年代由 Эстепле 与 Masser 相互独立地提出)断言：对于任何 $\varepsilon > 0$，都存在这样的常数 k，使得任何满足关系式 $A + B = C$ 的两两互质的正整数 A、B、C，都满足不等式 $C < k \cdot \mathrm{rad}(ABC)^{1+\varepsilon}$.

由这个猜想的正确性，可以推出数论中的一系列著名论断. 例如，只要 ABC 猜想成立，那么就不难看出，在 $n > 2$ 时，费马方程 $x^n + y^n = z^n$ 就只有有限个解.

我们的这道试题所说的就是：不能将 ABC 猜想中的 $1 + \varepsilon$ 换成 1.

对于 ABC 猜想及其推论的更多介绍可见 Д.О.Орлов 在开放奥林匹克上的讲座[1]和 К.Конрад 在《现代数学》夏季学校的讲座[2]的录像：

[1] www.mathnet.ru/php/presentation.phtml?present id = 2338

[2] www.mathnet.ru/php/presentation.phtml?present id = 7258

12. 能够.

10 只蚂蚱将圆周分为 10 段弧，将这 10 段弧相间地染为黑色与白色(见图 8(1))。由题中条件易知，黑色弧段的长度之和与白色弧段的长度之和相等，这是因为黑色弧段关于圆心的对称弧段是白色的，而白色弧段关于圆心的对称弧段是黑色的。在每一次跳动都意味着有一段弧关于它的一个端点做对称变换(在图 8(2) 中，$\overset{\frown}{BC}$ 就关于点 C 做了对称变换)。这表明，其中有一种颜色的弧段的长度都没变(例如图 8(2) 中的黑色弧段)，只是它们在圆周上的分布情况改变了，因此，该种颜色弧段的长度之和不变。从而另一种颜色的弧段的长度之和亦不变。这样一来，每次跳动之和，圆周上每间隔一段的 5 段弧的长度之和都保持不变，始终等于圆周长度的一半。

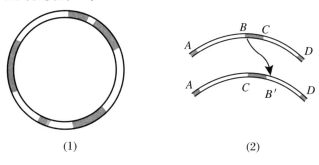

图 8

我们来观察最后时刻 10 只蚂蚱的分布情况。假设第 10 只蚂蚱位于点 X 上。那么 $\overset{\frown}{A_1A_2} + \overset{\frown}{A_3A_4} + \overset{\frown}{A_5A_6} + \overset{\frown}{A_7A_8} + \overset{\frown}{A_9X}$ 等于半个圆周的长度。另一方面，$\overset{\frown}{A_1A_2} + \overset{\frown}{A_3A_4} + \overset{\frown}{A_5A_6} + \overset{\frown}{A_7A_8} + \overset{\frown}{A_9A_{10}}$ 也等于半个圆周的长度，因为它们是开始时某一种颜色的弧长之和。故知 $\overset{\frown}{A_9X} = \overset{\frown}{A_9A_{10}}$。又由于点 X 和点 A_{10} 都在 $\overset{\frown}{A_9A_{10}A_1}$ 上，所以 $X = A_{10}$。

13. 由题意知 $f(c)$ 与 $f\left(\dfrac{1}{a}\right)$ 相互异号，这表明方程 $f(x) = 0$ 至少有一个实根。另一方面，

$$0 > f(c)f\left(\dfrac{1}{a}\right) = (ac^2 + bc + c)\left(\dfrac{1}{a} + \dfrac{b}{a} + c\right) = \dfrac{c}{a}(ac + b + 1)^2,$$

这表明 $\dfrac{c}{a} < 0$。而由韦达定理知，$\dfrac{c}{a}$ 等于方程 $ax^2 + bx + c = 0$ 的两根之积，所以该方程有两个实根，且相互异号。

14. 同第 8 题。

15. (法一)过点 M 作 PQ 的平行直线，与边 BC 相交于点 D(参阅图 9(1))。于是线段 PQ 是 $\triangle MDC$ 的中位线，将线段 DC 分为等长的两段。从而线段 MQ 是 $\triangle ADC$ 的中位线，故有 $MQ \parallel AD$。这表明 $\angle ADM = \angle MQP$(同位角相等)。

又因为 $\angle BAM = 180° - \angle BQP = 180° - \angle BDM$，故知 $ABDM$ 内接于圆，因此 $\angle ABM = \angle ADM$。

(法二)由于四边形 $ABQP$ 内接于圆，因此 $\angle MAB = \angle PQC$(参阅图 9(2))。而由点幂

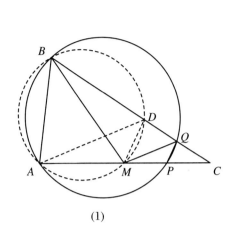
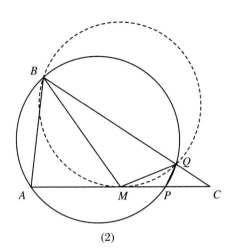

(1)　　　　　　　　　　　　(2)

图 9

性质知

$$CQ \cdot CB = CP \cdot CA = 4CP^2 = (2CP)^2 = CM^2.$$

由此可知，CM 是 $\triangle BMQ$ 外接圆的切线．从而由弦切角与同弧所对圆周角的相等关系，知 $\angle BQM = \angle BMA$．

因此，$\angle ABM = 180° - \angle BAM - \angle BMA = 180° - \angle MQB - \angle PQC = \angle MQP$，此即为所证．

16． 是的，一定可以．

（法一）我们来对所有线段上的数的乘积做归纳．

如果该乘积等于 1．那么每条线段上的数都是 1，从而只要每个点上的数都是 1 即可．

下面来看该乘积等于 $n > 1$ 的情形．假设对所有较小的乘积值，结论都已经成立．任取 n 的一个质因数 p．显然，p 可以整除写在标着由某个点 A 指向某个点 B 的箭头的线段上的数．

我们来证明，或者每一条标有由点 A 指出的箭头的线段上写的数都能被 p 整除；或者每一条标有指向点 B 的箭头的线段上写的数都能被 p 整除．假设不是如此．那么就存在某个点 C，在有向线段 $\overrightarrow{AC}$ 上所写的数不是 p 的倍数；同时又存在某个点 D，在有向线段 $\overrightarrow{DB}$ 上所写的数不是 p 的倍数．我们来沿着路 $A \to B \to D \to C \to A$ 行走一圈．根据题中条件，写在有向线段 $\overrightarrow{AB}$ 和 $\overrightarrow{DC}$ 上的数的乘积等于写在有向线段 $\overrightarrow{DB}$ 和 $\overrightarrow{AC}$ 上的数的乘积．但是，前一个乘积是 p 的倍数，而后一个乘积却不是 p 的倍数，此为矛盾，所以我们的断言获证．

假设每一条标有由点 A 指出的箭头的线段上写的数都能被 p 整除．我们来把它们都除以 p．这时，所有的数仍能满足题中条件．事实上，在每一条 k 次经过点 A 的闭路上，写在标有与行走方向一致的箭头的线段上的数的乘积与写在标有与行走方向相反的箭头的线段上的数的乘积都减小了 p^k．这样一来，所有线段上的数的乘积减小了，因而可以运用归纳假设，给每个点上写上一个数，使得现在的条件成立．此后，再将点 A 上的数乘以 p，即可使得它们满足原来的条件.

每一条标有指向点 B 的箭头的线段上写的数都能被 p 整除的情形与此类似.

(法二)我们先来在各个点上放置有理数,使之满足题中要求.任取其中一个点 O,在上面放置 1. 对于其他任意一个点 X,我们按照如下法则行事:由点 O 沿着任意一条路走到点 X,并在点 X 上放置这样的一个数,它等于所走过的各条所标箭头与前进方向同向的线段上的数的乘积除以所标箭头与前进方向反向的线段上的数的乘积所得的商数.由题中条件可知,在点 X 上所放置的数与路径的选择无关(请自行验证).当我们在每一个顶点上都如此放好一个数后,再把各个白色点上的数都换为原来的倒数,那么各条线段上的数就刚好都是它的两个端点上的数的乘积了.

将所有白色点编号,也将所有黑色点编号.假定在第 i 号白点上放着既约分数 $\frac{a_i}{b_i}$,在第 j 号黑点上放着既约分数 $\frac{c_j}{d_j}$. 由于对于每一对 i 和 j,乘积 $\frac{a_i \cdot c_j}{b_i \cdot d_j}$ 都是整数,所以对于每一对 i 和 j,都有 $b_i | c_j$ 和 $d_j | a_i$. 记 B 为所有 b_i 的最小公倍数,D 为所有 d_j 的最小公倍数,那么 B 可整除每一个 c_j,D 可整除每一个 a_i. 现在在第 i 号白点上放置整数 $\frac{B \cdot a_i}{b_i \cdot D}$, 在第 j 号黑点上放置整数 $\frac{D \cdot c_j}{d_j \cdot B}$. 容易证明,这样的放数办法满足题中要求.

17. 最少需要 5 步.

将三个顶点同色的三角形称为同色三角形.

显然 4 步不够. 因为乙可将前两个点染为第一种颜色,后两个点染为第二种颜色,那么就没有三个同色点,当然也就没有同色三角形.

往证 5 步之内甲就可保证自己取胜. 甲应当按如下办法行事:前 3 步他应当标出三个点 A,B,C,使得它们所形成的 $\triangle ABC$ 与原三角形相似. 如果乙将这三个点染为同一颜色,那么甲已经取胜. 不然,乙就会将其中某两个点染为一种颜色,剩下的一个点染为另一种颜色. 不失一般性,可认为点 A 与点 B 同为红色,点 C 为蓝色. 此时直线 AB 将平面分为两个半平面,记点 C 所在的半平面为 M. 在接下来的两步中,甲应当在半平面 M 中取点 P 和 Q,使得 $\triangle ABC \backsim \triangle PAB \backsim \triangle QBA$(见图 10(1)). 如果乙将点 P 和点 Q 之一染为红色,那么所求的同色三角形即已存在,甲取胜. 否则,乙将点 P 和点 Q 都染为蓝色. 我们要来证明:$\triangle CQP \backsim \triangle CBA$.

(法一)先证 $\triangle CAQ \backsim \triangle PBQ$. 事实上,由作法可知:
$$\angle CAQ = \angle CAB - \angle QAB = \angle CAB - \angle ACB.$$
$$= \angle QBA - \angle PBA = \angle PBQ,$$
以及
$$\frac{AC}{AQ} = \frac{AC}{AB} \cdot \frac{AB}{AQ} = \frac{AC}{AB} \cdot \frac{AC}{CB} = \frac{BA}{BQ} \cdot \frac{BP}{BA} = \frac{BP}{BQ}.$$

故知 $\triangle CAQ \backsim \triangle PBQ$ 且相似比为 $\frac{QB}{QA} = \frac{BA}{BC}$. 这意味着

$$\angle CQP = \angle CQA + \angle AQP = CQA + \angle AQB - \angle PQB$$
$$= \angle AQB = \angle CBA$$

和 $\dfrac{QP}{QC} = \dfrac{BA}{BC}$，由此即知 $\triangle CQP \backsim \triangle CBA$，这就是所要证明的.

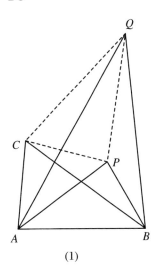
(1)

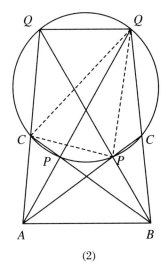
(2)

图 10

（法二）如图 10(2) 所示，分别作点 P、Q 和 C 关于线段 AB 中垂线 l 的对称点 P'、Q'、C'. 往证 P、Q、C、P'、Q'、C' 六点共圆. 由角之间的相等关系容易推知：A、C、Q' 三点共线，A、P'、Q 三点共线，A、P、C' 三点共线，A、P'、C 三点共线，B、P、Q' 三点共线，B、C'、Q 三点共线. 我们有 $\angle ACB = \angle QAB = \angle AQQ'$，由此可知，四边形 $CQ'QP'$ 内接于圆. 线段 QQ' 的中垂线与线段 AB 的中垂线 l 重合，且经过四边形 $CQ'QP'$ 的外接圆圆心，这就意味着该外接圆关于 l 对称. 因此，点 C' 和 P 也在该圆上.

最后，只需指出，由于 P、Q、C、P'、Q'、C' 六点共圆，所以有 $\angle ACB = \angle Q'BA = \angle BQ'Q = \angle PCQ$ 和 $\angle CBA = \angle BQ'A = \angle CQP$. 故知 $\triangle ABC \backsim \triangle PQC$.

注 如果原三角形为等腰三角形，则 5 步亦够；而若为等边三角形，则需要 6 步.

18. 由于 $P(0)=1$，所以 $P(x)-1 = x \cdot S(x)$，其中，$S(x)$ 是另一个多项式. 从而
$$T(x) = (P(x)+1)^{100} + (P(x)-1)^{100} = (P(x)+1)^{100} + x^{100} \cdot S^{100}(x)$$
中的项 x^{99} 的系数与 $(P(x)+1)^{100}$ 中的项 x^{99} 的系数相同.

利用二项式定理，可知
$$T(x) = (P(x)+1)^{100} + (P(x)-1)^{100}$$
$$= \sum_{k=0}^{100} C_{100}^{k} P^{100-k}(x) + \sum_{k=0}^{100} (-1)^k C_{100}^{k} P^{100-k}(x)$$
$$= 2\sum_{k=0}^{50} C_{100}^{2k} P^{100-2k}(x) = 2\sum_{k=0}^{50} C_{100}^{2k} P^{2k}(x)$$

$$= 2\sum_{k=0}^{50} C_{100}^{2k}(1+x+x^{100}\cdot Q(x))^k$$

上面最后一个式子中求和的每一项都是一个多项式,它们中的项 x^{99} 的系数都等于0,所以 $T(x)$ 中的项 x^{99} 的系数等于0,因而多项式 $(P(x)+1)^{100}$ 中的项 x^{99} 的系数等于0.

19. 同第13题.

20. 本题的答案为 $a=k\pi$,其中 $k\in\mathbf{Z}$.

$\cos(x+a)$、$\cos(y+a)$、$\cos(z+a)$ 成等差数列,当且仅当
$$2\cos(y+a) = \cos(x+a) + \cos(z+a).$$
亦即
$$2\cos y\cos a - 2\sin y\sin a = \cos x\cos a - \sin x\sin a + \cos z\cos a - \sin z\sin a.$$
$$(2\cos y - \cos x - \cos z)\cos a = (2\sin y - \sin x - \sin z)\sin a.$$

根据题意,$\cos x$、$\cos y$、$\cos z$ 形成等差数列,所以 $2\cos y = \cos x + \cos z$,即上式左端为0,从而右端亦为0. 于是,或者 $\sin a = 0$,$a = k\pi$,其中 $k\in\mathbf{Z}$;或者 $2\sin y = \sin x + \sin z$,意即 $\sin x$、$\sin y$、$\sin z$ 形成等差数列. 然而在后一种情况下,坐标为 $(\cos y, \sin y)$ 的点是坐标为 $(\cos x, \sin x)$ 的点与坐标为 $(\cos z, \sin z)$ 的点的连线的中点,这意味着这三个点共线. 但是,这三个点都在单位圆 $\{(u,v)\mid u^2+v^2=1\}$ 上,它们不可能共线. 以上两件事实相互矛盾,所以后一种情况不可能发生. 对于 $a=k\pi$,$k\in\mathbf{Z}$,存在恰当的例子,例如 $x=0$,$y=\dfrac{\pi}{2}$,$z=\pi$.

21. (1) 由平行四边形的性质,知 $\angle CDA = \angle ABC$. 于是 $\angle CDA + \angle POC = \angle AOP + \angle POC = 180°$. 故知 P、O、C、D 四点共圆(见图11). 同理可证,Q、O、A、D 四点共圆. 由割线定理知 $CQ\cdot CD = CO\cdot CA = AO\cdot AC = AP\cdot AD$. 由此可得 $\dfrac{AP}{CQ} = \dfrac{CD}{AD} = \dfrac{BA}{BC}$. 又因 $\angle BAP = \angle BCQ$,故知 $\triangle BAP \sim \triangle BCQ$. 于是 $\angle ABP = \angle CBQ$.

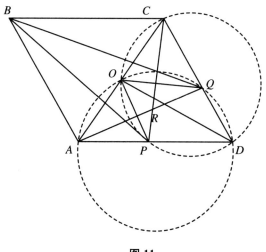

图11

(2) 由于同弧所对圆周角相等，所以 $\angle OAQ = \angle ODQ$，$\angle OCP = \angle ODP$. 以 R 记直线 AQ 与 CP 的交点. 则有 $\angle ABC + \angle ARC = \angle ADC + \angle ARC = \angle ODP + \angle ODQ + \angle ARC = 180°$，所以 A、B、C、R 四点共圆.

22. n 最小为 5.

如果仅剩下数字键 0,1,3,4,5，那么从 0 到 9 都可以表示为可用这些键按出来的两个非负整数的和. 假定我们希望按出的 1 到 99999999 之间的某个数由数字 $a_1, a_2, \cdots, a_8$ 构成 (其中有些数字，包括开头的一些数字可能为 0). 将它们中的每一个数字都表示为两个可用剩下的键按出来的非负整数的和 $a_1 = b_1 + c_1$，$a_2 = b_2 + c_2$，$\cdots$，$a_8 = b_8 + c_8$. 于是，由数字 $b_1, b_2, \cdots, b_8$ 构成和由数字 $c_1, c_2, \cdots, c_8$ 构成的两个数的和就是我们所希望的，而这两个数都是可以用剩下的键按出来的.

假设可以通过某一组至多包含 4 个剩余键就可实现我们的愿望. 记 a 为 0 到 9 中的某个数字. 设有某个 1 到 99999999 之间的数，它以数字 a 结尾，且在自己的十进制表达式中的所有数字都是不能用剩余的键直接按出的. 由于该正整数可以表示为两个这样的正整数的和，它们的十进制表达式中的每个数字都能用剩余的键按出. 这就意味着，对于 0 到 9 中的每个数字 a，都有两个剩余键上的数字(可以相同)，它们之和以 a 结尾. 另一方面，不难看出，由任何 4 个数字的和的个位数所产生的数字中，都至多包括 4 个奇数. 因此，在奇数数字 1,3,5,7,9 中，必有某个数字不可能出现在这些数字的和的个位数上. 由此导出矛盾.

23. 同第 18 题.

24. 不一定都能行得通.

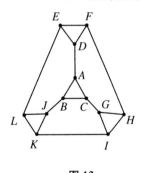

图 12

假设该王国的城市和铁路分布情况如图 12 所示，那么题中条件被满足. 事实上，该图形可以视为一个多面体的俯视图，这个多面体就是用平面截去一个棱长相等的四面体的四个顶点所得到的. 在这里，对于任意一对起讫城市，都可以通过多面体的运动来达到这样的目的: 原来对应着终点城市的顶点变为对应着起点城市的顶点，而且多面体的所有顶点都变换了位置. 这种运动所对应的城市更名不会被国王察觉，因为任何两个以新名称命名的城市有铁路相连，当且仅当，原来以这两个名称命名的城市之间有铁路相连.

观察这样的城市更名行动，其中城市 B 和 D 的名字互换. 我们来证明，国王一定会发现这种更名行动. 事实上，在这个行动中，如果城市 A 被更了名，由于它是唯一的既与 B、又与 D 有铁路相连的城市，所以必然会被国王发现. 而如果城市 A 未被更名，那么新的被称为 C 的城市就不能既与城市 A、又与新的城市 B 有铁路相连，此因该城市原来叫做 D，在铁路分布图中不存在既与城市 A、又与城市 D 有铁路相连的城市. 从而亦可被国王察觉.

25. 存在，例如 $a = 1007$.

令 $f(x) = 1007x^2 + 1008x$，则有
$$f(x) = 1007x(x+1) + x.$$

由于对任何整数 x，乘积 $x(x+1)$ 都是偶数，因此 $1007x(x+1)$ 是 2014 的倍数，所以 $f(x)$ 被 2014 除的余数与 x 被 2014 除的余数相同. 这就说明，$f(1), f(2), \cdots, f(2014)$ 被 2014 除的余数各不相同.

26. $a = \pm \dfrac{4}{3\sqrt{3}}$，$b = \pm \dfrac{2}{3\sqrt{3}}$.

如果 a 与 b 同号，则 $|a| + |b| = |a+b|$，令 $x = \dfrac{\pi}{3}$，则有
$$2x = \dfrac{2\pi}{3}, \quad \sin x = \sin 2x = \dfrac{\sqrt{3}}{2}$$

和
$$1 \geqslant |a\sin x + b\sin 2x| = |a+b|\dfrac{\sqrt{3}}{2} = (|a|+|b|)\dfrac{\sqrt{3}}{2} \geqslant 1,$$

故知 $|a| + |b| = \dfrac{2}{\sqrt{3}}$. 而在 $x = \dfrac{\pi}{3}$ 时，函数 $f(x) = a\sin x + b\sin 2x$ 或者取得最大值 1，或者取得最小值 -1. 这意味着 $x = \dfrac{\pi}{3}$ 是函数 $f(x)$ 的极值点，故有 $f'\left(\dfrac{\pi}{3}\right) = 0$，从而
$$f'\left(\dfrac{\pi}{3}\right) = a\cos\dfrac{\pi}{3} + 2\cos\dfrac{2\pi}{3} = \dfrac{a-2b}{2} = 0,$$

故知 $a = 2b$. 结合等式 $|a| + |b| = \dfrac{2}{\sqrt{3}}$，得到如下两组可能值：
$$a = \dfrac{4}{3\sqrt{3}}, b = \dfrac{2}{3\sqrt{3}} \quad \text{和} \quad a = -\dfrac{4}{3\sqrt{3}}, b = -\dfrac{2}{3\sqrt{3}}.$$

如果 a 与 b 异号，则 $|a| + |b| = |a-b|$. 令 $x = \dfrac{2\pi}{3}$，则有
$$2x = \dfrac{4\pi}{3}, \quad \sin x = -\sin 2x = \dfrac{\sqrt{3}}{2}$$

和
$$1 \geqslant |a\sin x + b\sin 2x| = |a-b|\dfrac{\sqrt{3}}{2} = (|a|+|b|)\dfrac{\sqrt{3}}{2} \geqslant 1,$$

故知 $|a| + |b| = \dfrac{2}{\sqrt{3}}$. 而在 $x = \dfrac{2\pi}{3}$ 时，函数 $f(x) = a\sin x + b\sin 2x$ 或者取得最大值 1，或者取得最小值 -1. 这意味着 $x = \dfrac{2\pi}{3}$ 是函数 $f(x)$ 的极值点，故有 $f'\left(\dfrac{2\pi}{3}\right) = 0$，从而
$$f'\left(\dfrac{2\pi}{3}\right) = a\cos\dfrac{2\pi}{3} + 2b\cos\dfrac{4\pi}{3} = \dfrac{-a-2b}{2} = 0,$$

故知 $a = -2b$. 结合等式 $|a| + |b| = \dfrac{2}{\sqrt{3}}$，得到如下两组可能值：

$$a = \dfrac{4}{3\sqrt{3}}, b = -\dfrac{2}{3\sqrt{3}} \quad 和 \quad a = -\dfrac{4}{3\sqrt{3}}, b = \dfrac{2}{3\sqrt{3}}.$$

我们来验证所得的 4 组解 $a = \pm\dfrac{4}{3\sqrt{3}}$，$b = \pm\dfrac{2}{3\sqrt{3}}$ 都能满足条件. 事实上，我们有 $|a| + |b| = \dfrac{2}{\sqrt{3}}$. 函数 $f(x)$ 在 $f'(x) = 0$ 的点上达到最大值或最小值. 我们来求出这样的点 x. 对所说的 a 和 b，我们有

$$f'(x) = a\cos x + 2b\cos 2x = a(\cos x \pm \cos 2x),$$

其中，当 a 与 b 同号时，取正号；当它们异号时，取负号. 因而，在 $f(x)$ 的所有极值点处都有 $|\cos x| = |\cos 2x|$，这也就意味着，在这些点处也有 $|\sin x| = |\sin 2x|$，亦即

$$|\sin x| = 2|\sin x||\cos x|.$$

所以，或者 $\sin x = 0$，或者 $|\cos x| = \dfrac{1}{2}$. 在前一种情况下，有 $f(x) = 0$. 在后一种情况下，有 $|\sin x| = \dfrac{\sqrt{3}}{2}$，$|\sin 2x| = \dfrac{\sqrt{3}}{2}$ 和

$$|f(x)| \leqslant |a| \cdot \dfrac{\sqrt{3}}{2} + |b| \cdot \dfrac{\sqrt{3}}{2} = \dfrac{\sqrt{3}}{2}(|a| + |b|) = \dfrac{\sqrt{3}}{2} \cdot \dfrac{2}{\sqrt{3}} = 1.$$

因此，在所有的极值点处，都有 $|f(x)| \leqslant 1$. 故在所有实数 x 处，都有 $|f(x)| \leqslant 1$.

27. 先用归纳法证明，对任何正整数 n，都能找到一个正整数 m_n，在它的十进制表达式中，以 1 结尾，而在 m_n^2 的十进制表达式中，以 n 个 1 和 2 的某种形式的组合结尾.

当 $n = 1$ 时，取 $m_1 = 1$ 即可. 假设当 $n = k$ 时，存在满足要求的正整数 m_k. 我们来考察形如 $p_a = m_k + a \cdot 10^k$ 的数，其中 $a = 0, 1, 2, \cdots, 9$. 它们中的每一个都以 1 结尾，并且

$$p_a^2 = (m_k + a \cdot 10^k)^2 = m_k^2 + 2am_k \cdot 10^k + a^2 \cdot 10^{2k}.$$

我们来观察该式右端每一个加数的十进制表达式中的末 $k+1$ 位数字. 根据归纳假设，m_k^2 的末尾是 k 个 1 和 2 的某种形式的组合，将它的倒数第 $k+1$ 位数字记为 b. 在 $2am_k \cdot 10^k$ 的末尾是连续的 k 个 0，在它们的前面是 $2a$ 的末位数（因为根据归纳假设，m_k 的末位数是 1）. 在 $a^2 \cdot 10^{2k}$ 的末尾是连续的 $2k$ 个 0. 因此，p_a^2 十进制表达式中的倒数第 $k+1$ 位数字与 $b + 2a$ 的末位数相同. 如果 b 为奇数，则对某个 a，和数 $b + 2a$ 以 1 结尾，而如果 b 为偶数，则对某个 a，和数 $b + 2a$ 以 2 结尾. 因此可将 p_a 之一取为 m_{k+1}.

下面再证明，对任何正整数 n，都能找到这样一个正整数 p_n，在它的平方数的十进制表达式中，以 n 个 1 开头. 令 $c_n = \underbrace{11\cdots1}_{n \uparrow 1} \cdot 10^{4n}$，$d_n = c_n + 10^{4n}$，则有

$$\sqrt{d_n} - \sqrt{c_n} = \dfrac{d_n - c_n}{\sqrt{d_n} + \sqrt{c_n}} = \dfrac{10^{4n}}{\sqrt{d_n} + \sqrt{c_n}} > \dfrac{10^{4n}}{2 \cdot 10^{3n}} > 1.$$

因此，可以找到一个不小于 $\sqrt{c_n}$ 而小于 $\sqrt{d_n}$ 的正整数 p_n，在它的平方数的十进制表达式中，以 n 个 1 开头.

现在来看正整数 $p_n \cdot 10^k + m_n$，其中 k 大于 $2p_n m_n$ 和 m_n^2 的十进制表达式的位数. 那么

$$(p_n \cdot 10^k + m_n)^2 = p_n^2 \cdot 10^{2k} + 2p_n m_n \cdot 10^k + m_n^2$$

的十进制表达式中的前 n 位数重合于 p_n^n 的前 n 位数，而其末尾 n 位数则重合于 m_n^2 的十进制表达式中的末尾 n 位数. 所以，$p_n \cdot 10^k + m_n$ 可以满足题中要求.

28. 大厨可以在 45 个工作日之中弄清楚，哪些厨师互为朋友，哪些不是朋友.

假设在前 9 天，大厨每天都指派一个厨师值班，这 9 天值班的厨师各不相同；在接下来的日子里，大厨每天都指派两个厨师值班，他们都是由前 9 个厨师中选出的，每天指派不同的厨师对，如此共延续 $C_9^2 = 36$ 天. 前后一共刚好 $9 + 36 = 45$ 天.

下面一一介绍，大厨如何判定哪些厨师是朋友，哪些不是.

如果甲乙二人都在前 9 人之列. 那么只要关注如下三天被带走的包子的数目：甲一人值班；乙一人值班；甲乙一同值班. 如果甲和乙不是朋友，那么在他们一同值班那天被带走的包子数目与他们单独值班时的数目之和相同.

为了判定那个未参与值班的甲与某个乙是否为朋友. 由于乙在前 9 人之列. 首先按照上面的做法可以知道乙在前 9 人中的朋友数目 a，再看乙单独值班的那天被带走的包子数目 b，如果 $b = a$，则甲乙二人不是朋友；否则他们就是朋友.

29. 分别以 A、B、C 记线段 A_1A_2、B_1B_2、C_1C_2 的中点. 为证题中结论，只需证明向量 $\overrightarrow{OA}$、$\overrightarrow{OB}$、$\overrightarrow{OC}$ 线性相关.

将球与多面体 $A_1B_1C_1A_2B_2C_2$ 的八个面的切点记为 $P_1, P_2, \cdots, P_8$，将这八个面的面积相应地记为 $S_1, S_2, \cdots, S_8$. 将球的半径记为 R. 先来证明两个辅助命题.

命题 1 我们有

$$S_1 \cdot \overrightarrow{OP_1} + S_2 \cdot \overrightarrow{OP_2} + \cdots + S_8 \cdot \overrightarrow{OP_8} = \mathbf{0}. \qquad ①$$

命题 1 的证明 对于任一单位向量 $\mathbf{u}$，我们都有

$$S_q \cdot \overrightarrow{OP_q} \cdot \mathbf{u} = R S_q \cos\alpha_q, \qquad q = 1, 2, \cdots, 8,$$

其中 α_q 是向量 $\overrightarrow{OP_q}$ 与 $\mathbf{u}$ 之间的夹角. 如果以 π 表示与向量 $\mathbf{u}$ 垂直的某个平面，则 $S_q \cos\alpha_q$ 的绝对值就是多面体 $A_1B_1C_1A_2B_2C_2$ 的第 q 个面在平面 π 上的正交投影的面积，当向量 $\mathbf{u}$ 与 $\overrightarrow{OP_q}$ 夹成钝角时，其值为负，当向量 $\mathbf{u}$ 与 $\overrightarrow{OP_q}$ 夹成锐角时，其值为正. 因此，向量

$$\mathbf{w} = S_1 \cdot \overrightarrow{OP_1} + S_2 \cdot \overrightarrow{OP_2} + \cdots + S_8 \cdot \overrightarrow{OP_8}$$

与 $\mathbf{u}$ 的内积就等于 RS，其中 S 是多面体 $A_1B_1C_1A_2B_2C_2$ 的各个面在平面 π 上的正交投影的面积的代数和，当向量 $\mathbf{u}$ 与 $\overrightarrow{OP_q}$ 夹成钝角时，其值前面取负号，当向量 $\mathbf{u}$ 与 $\overrightarrow{OP_q}$ 夹成锐角时，其值前面取正号.

以向量 $\mathbf{u}$ 的方向作为"上方". 多面体 $A_1B_1C_1A_2B_2C_2$ 在平面 π 上的正交投影中的每

个点都被它的外表面的投影覆盖两次,一次是"上方"的面,一次是"下方"的面. 因此,它既等于所有朝上的面的投影的面积之和,也等于所有朝下的面的投影的面积之和. 而 S 恰好是这两个和数的差,所以它等于 0.

既然向量 w 与任一单位向量 u 的内积都等于 0,所以 w 是一个零向量. 命题 1 证毕.

命题 2 对于 $q = 1, 2, \cdots, 8$,我们都有
$$S_{q,1} \cdot \overrightarrow{OP_q} = S_{q,1} \cdot \overrightarrow{OA_i} + S_{q,2} \cdot \overrightarrow{OB_j} + S_{q,3} \cdot \overrightarrow{OC_k},$$
其中 P_q 是球与侧面 $A_i B_j C_k$ 的切点,$S_{q,1}$、$S_{q,2}$、$S_{q,3}$ 分别是 $\triangle P_q B_j C_k$、$\triangle A_i P_q C_k$、$\triangle A_i B_j P_q$ 的面积.

命题 2 的证明 我们有
$$S_{q,1} \cdot \overrightarrow{OP_q} = S_{q,1} \cdot \overrightarrow{OP_q} + S_{q,2} \cdot \overrightarrow{OP_q} + S_{q,3} \cdot \overrightarrow{OP_q}$$
$$= (S_{q,1} \cdot \overrightarrow{OA_i} + S_{q,2} \cdot \overrightarrow{OB_j} + S_{q,3} \cdot \overrightarrow{OC_k})$$
$$+ (S_{q,1} \cdot \overrightarrow{A_i P_q} + S_{q,2} \cdot \overrightarrow{B_j P_q} + S_{q,3} \cdot \overrightarrow{C_k P_q}).$$

记
$$t = S_{q,1} \cdot \overrightarrow{A_i P_q} + S_{q,2} \cdot \overrightarrow{B_j P_q} + S_{q,3} \cdot \overrightarrow{C_k P_q},$$
我们来证明 $t = 0$.

任取一条与 $\overrightarrow{A_i P_q}$ 垂直的直线 l,考察向量 t 在直线 l 上的投影. 显然,向量 $S_{q,1} \cdot \overrightarrow{A_i P_q}$ 在直线 l 上的投影为零向量. 如图 13 所示,向量 $S_{q,2} \cdot \overrightarrow{B_j P_q}$ 在直线 l 上的投影为 $S_{q,2} \cdot \overrightarrow{B_j L}$;向量 $S_{q,3} \cdot \overrightarrow{C_k P_q}$ 在直线 l 上的投影为 $S_{q,3} \cdot \overrightarrow{C_k K}$. 面积 $S_{q,2}$ 与 $S_{q,3}$ 的比值等于两个同底的三角形的高的比值,该比值为 $\dfrac{C_k K}{B_j L}$,所以 $S_{q,2} \cdot B_j L = S_{q,3} \cdot C_k K$. 这表明,向量 $S_{q,2} \cdot \overrightarrow{B_j L}$ 与 $S_{q,3} \cdot \overrightarrow{C_k K}$ 的方向相反. 故知向量 t 平行于直线 $A_i P_q$. 同理可证,向量 t 平行于直线 $B_j P_q$ 和直线 $C_k P_q$. 从而 $t = 0$. 命题 2 证毕.

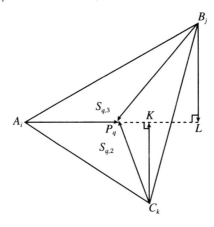

图 13

由命题 1,我们有式①成立,由命题 2 知,可将该式中的每一项都换为 $S_{q,1} \cdot \overrightarrow{OA_i} + S_{q,2} \cdot \overrightarrow{OB_j} + S_{q,3} \cdot \overrightarrow{OC_k}$ 的形式. 经过合并同类项,得到

$$w = k_1 \overrightarrow{OA_1} + k_2 \overrightarrow{OA_2} + l_1 \overrightarrow{OB_1} + l_2 \overrightarrow{OB_2} + m_1 \overrightarrow{OC_1} + m_2 \overrightarrow{OC_2} = \mathbf{0},$$

其中，k_1 是位于有一个顶点为 A_1 的侧面中的所有三角形 $P_q B_j C_k$ 的面积之和，其他各个系数与此类似. 我们指出 $k_1 = k_2$，这是因为任何两个具有公共边 $B_j C_k$ 的形如 $P_q B_j C_k$ 的三角形关于以 $B_j C_k$ 为棱的二面角的平分面对称. 同理亦有 $l_1 = l_2$ 和 $m_1 = m_2$. 因此得知

$$w = k_1(\overrightarrow{OA_1} + \overrightarrow{OA_2}) + l_1(\overrightarrow{OB_1} + \overrightarrow{OB_2}) + m_1(\overrightarrow{OC_1} + m_2 \overrightarrow{OC_2})$$
$$= 2k_1 \overrightarrow{OA} + 2l_1 \overrightarrow{OB} + 2m_1 \overrightarrow{OC} = \mathbf{0}.$$

既然 k_1、l_1、m_1 都是正数，所以该式表明向量 $\overrightarrow{OA}$、$\overrightarrow{OB}$、$\overrightarrow{OC}$ 线性相关，从而它们都在同一个平面中，亦即 O、A、B、C 四点共面.

苏 淳 翻译
中国科学技术大学

第65届罗马尼亚国家队选拔考试(2014)

第一次考试

1. 如图1,$\triangle ABC$ 中,点 A'、B'、C' 分别是顶点 A、B、C 向对边 BC、CA、AB 作高的垂足. 点 X 为 AA' 上一点,圆 γ_B 过点 B、X,圆心在边 BC 上,分别交 AB、BB' 于点 M、M',圆 γ_C 过点 C、X,圆心在边 BC 上,分别交 AC、CC' 于点 N、N'. 求证:M、M'、N、N' 四点共线.

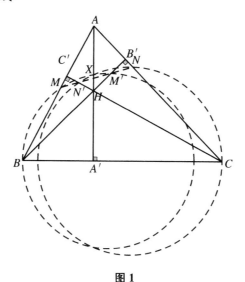

图1

2. 给定正整数 $n \geq 2$,证明:存在 $n+1$ 个两两互异的数 $x_1, \cdots, x_n, x_{n+1} \in \mathbb{Q} \setminus \mathbb{Z}$,使得 $\{x_1^3\} + \{x_2^3\} + \cdots + \{x_n^3\} = \{x_{n+1}^3\}$,其中 $\{x\}$ 表示实数 x 的小数部分,即 $\{x\} = x - [x]$.

3. 给定 $\triangle A_0A_1A_2$,求满足以下要求的等边 $\triangle X_0X_1X_2$ 的中心的轨迹,其中等边 $\triangle X_0X_1X_2$ 的边 X_kX_{k+1} 通过顶点 A_k(这里的下标均是 mod 3 意义下的).

4. 设 k 为正整数,m 为正奇数. 证明:存在一个正整数 n,使得 $m^n + n^m$ 有至少 k 个不同的质因子.

5. 设 n 为大于1的正整数,有限集 S 有超过 $n+1$ 个元素. 考虑这样的集合族 Ψ,它由 S 的子集构成,并且满足:(1)Ψ 中的每个子集都至少包含 S 中 n 个元素;(2)S 中的每个元素至少在 Ψ 中 n 个子集中.

求 $\max_\Psi \min_\Omega |\Omega|$,其中 Ω 是遍历了 Ψ 中覆盖了 S 的子集族,而 Ψ 遍历了所有符合要求的集合族.

第二次考试

6. △ABC 的边 BC、CA、AB 上分别有点 X、Y、Z，证明：对 △XYZ 作位似变换，位似中心为 △XYZ 的重心，位似比为放大 4 倍，位似变换后放大图形至少覆盖顶点 A、B、C 中的一个．

7. 实数 $a \in (0,1)$，n 为正整数，函数 $f_n : \mathbf{R} \to \mathbf{R}$，$f_n(x) = x + \dfrac{x^2}{n}$．

求证：$\dfrac{a(1-a)n^2 + 2a^2 n + a^3}{(1-a)^2 n^2 + a(2-a)n + a^2} < (\underbrace{f_n \circ \cdots \circ f_n}_{n \uparrow})(a) < \dfrac{an + a^2}{(1-a)n + a}$．

8. 求所有的正整数 n 使得所有小于 n 且与 n 互质的正整数，均是质数的幂．

9. f 是一个定义域和值域均为正整数集的函数，且
$$f(1) = 1, \quad f(2n) = f(n), \quad f(2n+1) = f(n) + f(n+1).$$
证明：对任何正整数 n，使得 $f(m) = n$ 成立的正奇数 m 的个数等于小于等于 n 且与 n 互质的正整数个数．

第三次考试

10. 如图 2，△ABC 是等腰三角形，$AB = AC$，点 M、N 分别在边 BC、CA 上，使得 $\angle BAM = \angle CNM$．直线 AB 与 MN 相交于点 P．证明：$\angle BAM$、$\angle BPM$ 的内角平分线交点在直线 BC 上．

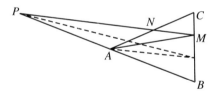

图 2

11. 对每个正整数 n，用 $\sigma(n)$ 表示 n 的所有正约数之和（包括 1 和 n 本身）．证明：对于一个至多有 2 个质因子的正整数 n，满足 $\sigma(n) = 2n - 2$ 当且仅当 $n = 2^k(2^{k+1} + 1)$，其中 k 是一个非负整数且 $2^{k+1} + 1$ 是一个质数．

12. 求最小的实常数 c，使得不等式 $\sum_{k=1}^{n} \left(\dfrac{1}{k} \sum_{j=1}^{k} x_j \right)^2 \leq c \sum_{k=1}^{n} x_k^2$ 对所有正整数 n 和正实数 $x_1, x_2, \cdots, x_n$ 成立．

13. 对于正整数 n，非负整数集合 $A_n(B_n)$ 中的元素 $k(k < n)$ 满足 $\gcd(k, n)$ 有偶数（奇数）个不同的质因子．证明：当 n 是偶数时，$|A_n| = |B_n|$；当 n 是奇数时，$|A_n| > |B_n|$．

第四次考试

14. 如图 3,锐角 $\triangle ABC$ 的外接圆圆心为 O,顶点 B、C 对于外接圆的切线交点为 P,以点 P 为圆心、以 PB 为半径的圆交 $\angle BAC$ 的平分线于点 Q(点 Q 在 $\triangle ABC$ 内部). 点 D 为 OQ 与 BC 的交点,点 Q 对边 AC、AB 作垂线,垂足分别为点 E、F. 证明:AD、BE、CF 三线共点.

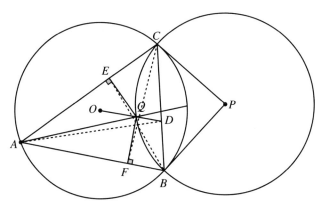

图 3

15. 对于奇质数 p,求所有的整系数多项式 f、g 满足 $f(g(x)) = \sum_{k=0}^{p-1} x^k$.

16. 对于正整数 n,集合 S_n 表示 $\{1,2,\cdots,n\}$ 的所有排列,对每个 $\sigma \in S_n$,令 $I(\sigma) = \{i \mid \sigma(i) \leq i\}$. 计算 $\sum_{\sigma \in S_n} \frac{1}{|I(\sigma)|} \sum_{i \in I(\sigma)} (\sigma(i) + i)$.

第五次考试

17. 如图 4,$\triangle A_0 A_1 A_2$ 的外接圆圆心为 O,直线 OA_k 与 $A_{k+1} A_{k+2}$ 的交点为 B_k. 点 A_k 对于 $\triangle A_0 A_1 A_2$ 的外接圆切线交直线 $B_{k+1} B_{k+2}$ 于点 C_k,其中 $k = 0, 1, 2$ 且所有下标均是 mod 3 意义下. 求证:点 C_0、C_1、C_2 三点共线.

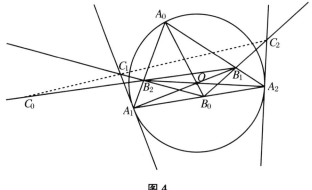

图 4

18. 对于正整数 m，集合 A 表示一个有 m 个字母的字母表，集合 B 表示一个有 $2m$ 个字母的字母表. n 是一个大于等于 $2m$ 的偶数，我们用 a_n 表示由字母表 A 中字母构成的长度为 n 的且每个字母出现正偶数次的单词个数，用 b_n 表示由字母表 B 中字母构成的长度为 n 的且每个字母出现奇数次的单词个数. 求比例 $\dfrac{a_n}{b_n}$.

19. 对于给定的正整数 n 及一个在单位闭区间 $[0,1]$ 上递增的实值函数 $f(x)$，求 $\sum_{k=1}^{n} f\left(\left|x_k - \dfrac{2k-1}{2n}\right|\right)$ 的最大值，其中 $0 \leqslant x_1 \leqslant x_2 \leqslant \cdots \leqslant x_n \leqslant 1$.

参 考 答 案

1. 如图 5，记点 H 为 $\triangle ABC$ 的垂心，圆 γ_B 交 BC 于点 B_1，联结 $M'B_1$. 注意到直线 AH 为圆 γ_B、γ_C 的根轴，从而 $AM \cdot AB = AN \cdot AC$，故 M、N、C、B 四点共圆，即 $\angle AMN = \angle ACB$. 另一方面，注意到 $M'B_1 \perp BB'$，$AC \perp BB'$，所以 $M'B_1 /\!/ AC$，进而 $\angle M'B_1B = \angle ACB$，而 M、M'、B、B_1 共圆，故 $\angle M'B_1B = \angle AMM'$，所以 $\angle AMM' = \angle ACB = \angle AMN$，即 M、M'、N 共线. 同理可证 M、N、N' 共线，最终 M、M'、N、N' 四点共线.

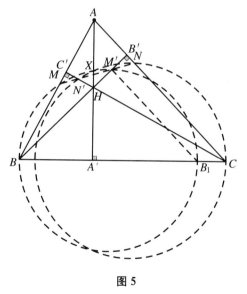

图 5

2.（法一）注意到若我们找到了正整数 $w_1 < w_2 < \cdots < w_{n+1} < w_{n+2}$ 满足
$$w_1^3 + w_2^3 + \cdots + w_{n+1}^3 = w_{n+2}^3, \qquad ①$$
则我们取 $x_k = \dfrac{w_k}{w_{n+2}}$，其中 $k = 1, 2, \cdots, n$，而 $x_{n+1} = -\dfrac{w_{n+1}}{w_{n+2}}$，这便满足了题目要求. 现在我们就利用归纳法证明满足式①的整数 $3 = w_1 < w_2 < \cdots < w_{n+1} < w_{n+2}$ 存在.

注意到等式 $3^3 + 4^3 + 5^3 = 6^3$，$3^3 + 15^3 + 21^3 + 36^3 = 39^3$，这便说明 $n = 2, 3$ 时我们要证的结论成立. 我们将从 n 时成立归纳出 $n + 2$ 时成立. 若 $3 < w_2 < \cdots < w_{n+1} < w_{n+2}$ 这

$n+2$ 个整数满足式①,则 $3 < 4 < 5 < 2w_2 < \cdots < 2w_{n+1} < 2w_{n+2}$ 这 $n+4$ 个整数也满足式①.

(法二)我们称一个数字 l 是 $\bmod d$ 的立方剩余,是指存在一个整数 $x, x^3 \equiv l \pmod{d}$. 我们首先引入一个引理:对所有的正整数 $k, 1, 3, 5, \cdots, 2^k-1$ 是 $\bmod 2^k$ 的立方剩余.

我们用归纳法证明,显然 $k=1, 2$ 时是成立的. 假设引理对 $k=m$ 时成立,对于 $k=m+1$,由于 $1, 3, 5, \cdots, 2^k-1$ 是 $\bmod 2^k$ 的立方剩余,所以存在 $x_i^3 \equiv i \pmod{2^k}$,其中 $i=1, 3, 5, \cdots, 2^k-1, 0 \leqslant x_i \leqslant 2^k-1$. 考虑 x_i^3 与 $(x_i+2^k)^3$,若 $2^{k+1} \mid x_i^3 - i$,则
$$x_i^3 \equiv i \pmod{2^{k+1}}; (x_i+2^k)^3 \equiv i+2^k \pmod{2^{k+1}}.$$
若 $2^k \mid x_i^3-i, 2^{k+1} \nmid x_i^3-i$,则
$$x_i^3 \equiv i+2^k \pmod{2^{k+1}}; (x_i+2^k)^3 \equiv i \pmod{2^{k+1}}.$$
故 $1, 3, 5, \cdots, 2^k-1, 1+2^k, 3+2^k, \cdots, 2^k-1+2^k$ 均是 $\bmod 2^{k+1}$ 的立方剩余.

回到原题,若 n 为奇数,选一个奇数 s,记 $s^3 = l_1+l_2+\cdots+l_n$,其中 $l_i (1 \leqslant i \leqslant n)$ 为不同的奇数. 我们取一个充分大的 k,使得 $2^{3k} > s^3, l_1, l_2, \cdots, l_n$. 由引理知存在 $q_1, q_2, \cdots, q_n$,使得 $q_i^3 \equiv l_i \pmod{2^{3k}}$,其中 $1 \leqslant i \leqslant n$. 我们取 $x_i = \dfrac{q_i}{2^k}$,其中 $1 \leqslant i \leqslant n, x_{n+1} = \dfrac{s}{2^k}$. 注意到 $\left\langle \dfrac{p}{q} \right\rangle = \dfrac{r}{q}$,其中 r 是 p 除以 q 的余数,这样便符合原题要求了. 若 n 为偶数,我们取一个偶数 s,但 $2^{3k} \nmid s^3$,其余与奇数时类似.

3. 如图 6,对给定 $\triangle A_0A_1A_2$ 的三边分别向外作正三角形并作出外接圆(边 $A_{k+1}A_{k+2}$ 所对的外接圆为 γ_k),由于 $\angle A_kX_{k+1}A_{k+2} = 60°$,所以等边 $\triangle X_0X_1X_2$ 的三顶点均在这三个外接圆 γ_k 上. 另一方面,对于边 A_1A_2 对外作的正三角形的外接圆上任一点 X_0,不妨设 X_0A_1、X_0A_2 分别交另两个外接圆于点 X_1、X_2,很容易证明 X_1、A_0、X_2 三点共线. 所以我们要求的等边 $\triangle X_0X_1X_2$ 的三顶点恰好均在这三个外接圆 γ_k 上,且这些外接圆 γ_k 上的任意一点,均可构造出我们要求的等边 $\triangle X_0X_1X_2$.

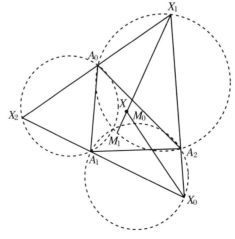

图 6

记 γ_k 上的点 M_k 为弧 $\widehat{A_{k+1}A_{k+2}}$ 的中点,点 X 为 M_0X_0 与 M_1X_1 的交点,其实也是等边 $\triangle X_0X_1X_2$ 的中心. 注意到 $\angle M_1X_1X_0 = \angle M_0X_0X_1 = 30°$,所以 $\angle M_1XM_0 = 60°$,也即无论等边 $\triangle X_0X_1X_2$ 的顶点如何移动,直线 M_1X、M_0X 的交角总为 $60°$. 这就说明了点 X 的轨迹为一个圆.

事实上,$\triangle M_0M_1M_2$ 是 $\triangle A_0A_1A_2$ 的内拿破仑三角形,是一个正三角形,点 X 的轨迹便是这个正三角形的外接圆.

注 拿破仑三角形:以 $\triangle ABC$ 的三边为边,分别向外作三个等边三角形 $\triangle ABD$、$\triangle BCE$、$\triangle ACF$,则连接三个三角形的中心的三角形为等边三角形. 事实上,如果这三个等边三角形是向内作的,那也可以得到相应的内拿破仑三角形. 下面我们给出一个利用几何变换的做法,本质上和外拿破仑三角形的证法类似.

如图 7,分别记等边三角形 $\triangle BCE$、$\triangle ACF$、$\triangle ABD$ 的中心为点 X、Y、Z. 由于 YA 与 YC 的夹角为 $120°$,所以我们将 $\triangle AYZ$ 顺时针旋转 $120°$ 后,点 Z 所处的位置为点 T. 又由于 ZA 逆时针旋转 $120°$ 后变为 ZB,所以 BZ 逆时针旋转 $120°$ 后变为了 CT,另一方面注意到 XB 逆时针旋转 $120°$ 后变为了 XC,所以 $\triangle XZB$ 逆时针旋转 $120°$ 后变为了 $\triangle XTC$,即 $XZ = XT$. 所以 $\triangle XZY \cong \triangle XTY$,从而 $\angle ZYX = \frac{1}{2}\angle ZYT = 60°$. 同理可证 $\triangle XYZ$ 的另外两个内角也是 $60°$,所以是一个等边三角形.

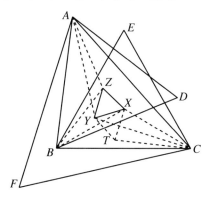

图 7

4. (法一)我们归纳构造出大于 $2m$ 的 k 个不同质数 $p_1 < p_2 < \cdots < p_k$. 归纳方法如下:当 $p_1, p_2, \cdots, p_j$ 确定后,取质数 $p_{j+1} \equiv -1 \pmod{p_1(p_1-1)p_2(p_2-1)\cdots p_j(p_j-1)}$. 由狄利克雷定理:对于任意互质的正整数 a、d,有无限多个形如 $a + nd$ 的质数,其中 n 为正整数,所以这样的质数 p_{j+1} 是存在的,我们确实可以这样地构造出大于 $2m$ 的 k 个不同质数. 我们可以得到一些性质:当 $i < j$ 时,$p_i < p_j$,所以 $p_j | (p_i - 1)$,进一步,由构造的方法知 $p_j - 1 \equiv -2 \pmod{p_i(p_i-1)}$,所以 $p_i \nmid (p_j - 1)$. 由中国剩余定理知,我们可以找到正整数 n 满足 $n \equiv -1 \pmod{p_1 p_2 \cdots p_k}$,$n \equiv 0 \pmod{(p_1-1)(p_2-1)\cdots(p_k-1)}$.

现在我们证明以上这个 n 符合题意. 首先,$n^m \equiv (-1)^m \equiv -1 \pmod{p_1 p_2 \cdots p_k}$. 其

次，由于这 k 个不同质数 $p_1 < p_2 < \cdots < p_k$ 大于 $2m$，故 $\gcd(p_1 p_2 \cdots p_k, m) = 1$，由欧拉定理可知 $m^{\varphi(p_1 p_2 \cdots p_k)} \equiv 1 \pmod{p_1 p_2 \cdots p_k}$，其中 $\varphi(s)$ 表示不超过 s 且与 s 互质的正整数个数. 由 φ 的计算公式可知

$$\varphi(p_1 p_2 \cdots p_k) = p_1 p_2 \cdots p_k \left(1 - \frac{1}{p_1}\right)\left(1 - \frac{1}{p_2}\right) \cdots \left(1 - \frac{1}{p_k}\right)$$
$$= (p_1 - 1)(p_2 - 1) \cdots (p_k - 1),$$

故 $\varphi(p_1 p_2 \cdots p_k) \mid n$，从而 $m^n + n^m \equiv 1 + (-1) \equiv 0 \pmod{p_1 p_2 \cdots p_k}$，符合题意.

(证法二) 我们首先证明一个引理.

引理 对于奇质数 p，$m > 1$，$p \nmid m + 1$，则 $m^{p^k} + 1$ 至少有 k 个不同的质因子.

引理的证明 对于 $m \geq 1$，$(a, m) = 1$，我们把使得 $a^x \equiv 1 \pmod{m}$ 成立的最小正整数 x 称为 a 关于模 m 的阶(或指数)，并用 $\text{ord}_m(a)$ 表示. 这样，对于正整数 x，$\text{ord}_m(a) \mid x \Leftrightarrow a^x \equiv 1 \pmod{m}$. 我们首先证明 $p \mid m^{p^k} + 1$. 否则，$p \mid m^{2p^k} - 1$，从而 $\text{ord}_p(m) \mid 2p^k$，但由 Fermat 小定理知 $\text{ord}_p(m) \mid p - 1$，所以 $\text{ord}_p(m) \mid \gcd(2p^k, p - 1)$. 因为 $\gcd(2p^k, p - 1) = 1$ 或 2，分类讨论：若 $\text{ord}_p(m) = 1$，则 $p \mid m - 1$，故 $p \mid m^{p^k} - 1$，与 $p \mid m^{p^k} + 1$ 且 p 是奇质数矛盾. 若 $\text{ord}_p(m) = 2$，则 $p \mid (m^2 - 1)$，故 $p \mid m + 1$ 或 $p \mid m - 1$，均与之前的假设矛盾.

回到引理. 我们记 $A = m^{p^{k-1}}$，那么 $m^{p^k} + 1 = (A + 1)(A^{p-1} - A^{p-2} + \cdots - A + 1)$. 再记 $d = \gcd(A + 1, A^{p-1} - A^{p-2} + \cdots - A + 1)$，则 $A \equiv -1 \pmod{d}$，回代得 $A^{p-1} - A^{p-2} + \cdots - A + 1 \equiv p \pmod{d}$，故 $d \mid p$. 但由前述事实，$p \mid A + 1 = m^{p^{k-1}} + 1$，故只能 $d = 1$，进而可知 $A + 1$ 与 $A^{p-1} - A^{p-2} + \cdots - A + 1$ 互质，所以 $A^{p-1} - A^{p-2} + \cdots - A + 1$ 中有 $A + 1$ 中没有的质因子. 我们只需归纳递推，由于 $A + 1 = m^{p^{k-1}} + 1$ 至少有 $k - 1$ 个不同的质因子，所以 $m^{p^k} + 1$ 至少有 k 个不同的质因子.

回到原题. 若 $m = 1$，此时 $m^n + n^m = n + 1$，只需取 $n = p_1 p_2 \cdots p_k - 1$，其中 $p_1, p_2, \cdots, p_k$ 为 k 个不同的质数即可. 所以我们设 $m > 1$. 此时令 $n = m^t$，其中 t 待定，这样 $m^n + n^m = m^{m^t} + m^{mt} = m^{mt}(m^{m^t - tm} + 1) = m^{mt}((m^m)^{m^{t-1} - t} + 1)$，我们只需证明可以适当地取 t 使得 $(m^m)^{m^{t-1} - t} + 1$ 至少有 k 个质因子. 先证存在 t，使得 $p^k \mid m^{t-1} - t$，其中 p 是一个奇质数，$p \mid m$. 因为 $m > 1$，m 为正奇数，取 $t = p^k$，这样 $t - 1 = p^k - 1 > k$. 由于 $p \mid m$，所以 $p^k \mid m^{t-1} - t$，记 $m^{t-1} - t = p^k \cdot w$，其中 w 是一个整数，所以 $(m^m)^{m^{t-1} - t} + 1 = (m^{mw})^{p^k} + 1$. 因为 $p \mid m$，所以 $m^{mw} + 1 \equiv 1 \pmod{p}$，进而 $p \nmid m^{mw} + 1$. 由引理可知，$(m^{mw})^{p^k} + 1$ 至少有 k 个不同的质因子. 至此原命题得证.

(证法三)(来自上海复旦附中高二8班吴嘉诚同学)

对 k 用数学归纳法. $k = 1$ 时，取 $n = m$ 即可. 假设 k 时结论成立，即存在正整数 n，使得 $m^n + n^m$ 有至少 k 个不同的质因子. 下证 $k + 1$ 的情形.

若 $m^n + n^m$ 有至少 $k + 1$ 个不同的质因子，则结论对 $k + 1$ 成立.

若 $m^n + n^m$ 恰有 k 个不同的质因子，设 $m^n + n^m = p_1^{\alpha_1} p_2^{\alpha_2} \cdots p_k^{\alpha_k}$；

取 $t > \max\limits_{1 \leq i \leq k}\{\alpha_i\} + 1 \geq 2 (t \in \mathbf{N}^*)$，$n_1 = n + \varphi((p_1 p_2 \cdots p_k)^t)$，记 $M = \varphi((p_1 p_2 \cdots$

$p_k)^t$).

由 Euler 定理，

$$m^{n_1} + n_1^m = m^{n+\varphi((p_1p_2\cdots p_k)^t)} + (n + \varphi((p_1p_2\cdots p_k)^t))^m$$
$$\equiv m^n (m^{\varphi(p_it)})^{\varphi((p_1p_2\cdots p_k/p_i)t)} + (n + (p_1p_2\cdots p_k)^{t-1}$$
$$\cdot (p_1-1)(p_2-1)\cdots(p_k-1))^m$$
$$\equiv m^n + n^m$$
$$\equiv 0 \pmod{p_i}.$$

另一方面，

$$m^{n_1} + n_1^m = m^n + m^n((m^{\varphi(p_it)})^{\varphi((p_1p_2\cdots p_k/p_i)t)} - 1) + n^m + \sum_{j=1}^{m} C_m^j n^{m-j} M^j,$$

而

$$V_{p_i}(m^n((m^{\varphi(p_it)})^{\varphi((p_1p_2\cdots p_k/p_i)t)} - 1)) \geqslant t,$$

$$V_{p_i}\left(\sum_{j=1}^{m} C_m^j n^{m-j} M^j\right) \geqslant V_{p_i}(M) \geqslant t-1,$$

所以

$$V_{p_i}\left(m^n((m^{\varphi(p_it)})^{\varphi((p_1p_2\cdots p_k/p_i)t)} - 1) + \sum_{j=1}^{m} C_m^j n^{m-j} M^j\right) \geqslant t-1,$$

但

$$V_{p_i}(m^n + n^m) \leqslant \max_{1\leqslant i \leqslant k}\{\alpha_i\} < t-1;$$

所以 $V_{p_i}(m^n + n^m) = \alpha_i$，又因为 $m^{n_1} + n_1^m > m^n + n^m$，故 $m^{n_1} + n_1^m$ 存在不同于 p_1, p_2，$\cdots, p_k$ 的质因子，即有至少 $k+1$ 个不同的质因子。所以 $k+1$ 时结论成立。

故对任意正整数 k，存在一个正整数 n，使得 $m^n + n^m$ 有至少 k 个不同的质因子。

5. 所求的数为 $m = |S| - n$。

我们首先证明有限集 S 的符合题意的集合簇 Ψ 中均含有一个不超过 m 个子集的子集簇覆盖了 S。首先，若 $S \in \Psi$，则只需要取出 S 这一个子集即可。下面我们假设 $S \in \Psi$。如果 Ψ 中有一个集合 A 有超过 n 个元素，那么对于集合 $S \setminus A$，我们对于其每个元素都可在 Ψ 中找一个含有它的集合，将这些集合及 A 取出，便是一个 S 的覆盖，这个覆盖的元素个数不超过 $|S \setminus A| + 1 \leqslant |S| - (n+1) + 1 = m$。

下面我们假设 Ψ 的每个集合均恰好有 n 个元素。我们固定一个 Ψ 中的集合 A，若 Ψ 中还有一个包含 $S \setminus A$ 中至少 2 个元素的集合 B，则我们取出 A、B，并且对于集合 $S \setminus (A \cup B)$，我们对于其每个元素都可在 Ψ 中找一个含有它的集合，将这些集合也取出，并上 A、B 后便构成了 S 的一个覆盖，而我们取出的集合一共不超过 $|S \setminus (A \cup B)| + 2 = |S \setminus A| - |(S \setminus A) \cap B| + 2 \leqslant |S \setminus A| = m$ 个。

下面我们假设 Ψ 中没有集合包含 $S \setminus A$ 中超过 1 个元素。我们记集合 $S \setminus A = \{x_1, x_2, \cdots, x_m\}$，再取 Ψ 中包含 x_1 的集合 A_1，那么集合 $A \setminus A_1$ 是个单元集，不妨记为 $A \setminus A_1 =$

$\{x\}$. 由于 x_2 至少包含在 Ψ 中 n 个集合中，而这些集合均恰好包含 A 中的 $n-1$ 个元素，所以 Ψ 中一定有一个集合 A_2，同时包含 x_1、x_2. 对于 $i \geq 3$，分别再从 Ψ 中选取 x_i 的集合 A_i，这样，$A_1, A_2, \cdots, A_m$ 便构成了一个 m 个集合的 S 的覆盖.

最后，我们构造一个有限集 S 的子集簇，满足题目的两个条件，并且任何一个 S 的覆盖均至少有 m 个集合. 我们记 $S = \{1, 2, \cdots, m+n\}$，$m \geq 2$，对于其中较大的 n 个数构成的集合 $S' = \{m+1, m+2, \cdots, m+n\}$，我们取其所有的 n 个 $n-1$ 元集合 $S_1, S_2, \cdots, S_n$，其中 $S_i = S'/\{m+i\}$，我们再记 $S_{i,j} = S_j \bigcup \{i\}$，$i = 1, 2, \cdots, m, j = 1, 2, \cdots, n$. 这样的 $S_{i,j}$ 构成的集合簇符合题意，且至少需要其中的 m 个才能覆盖 S（否则不可能覆盖掉 $\{1, 2, \cdots, m\}$）.

6. 反证法. 假设 4 倍位似变换后的图像不覆盖顶点 A、B、C 中的任何一点，由于三角形的重心到边的距离是所对顶点到该边距离的 $1/3$，所以点 A 到 YZ 边的距离一定大于点 X 到 YZ 边的距离，故 $\triangle AYZ$ 的面积比 $\triangle XYZ$ 大. 同理我们可以证明，$\triangle BZX$、$\triangle CXY$ 的面积均比 $\triangle XYZ$ 大，所以 $\triangle XYZ$ 的面积是 $\triangle AYZ$、$\triangle BZX$、$\triangle CXY$ 中最小的.

下面我们证明前述结论是不可能发生的，我们设 $\triangle AYZ$、$\triangle BZX$、$\triangle CXY$ 的面积分别为 a、b、c，$\triangle XYZ$ 的面积为 S，我们设法证明 $S \geq \sqrt{ab}$. 为了方便叙述，我们继续设 $\triangle ABC$ 的面积为 1，

$$\frac{BX}{BC} = x, \quad \frac{CY}{CA} = y, \quad \frac{AZ}{AB} = z, \quad \frac{XC}{BC} = x', \quad \frac{AY}{AC} = y', \quad \frac{BZ}{BA} = z',$$

所以 $x + x' = y + y' = z + z' = 1$，$a$、$b$、$c$ 分别为 $y'z$、$z'x$、$x'y$，故

$$S = 1 - y'z - z'x - x'y = xyz + x'y'z'.$$

不妨设 $0 < a \leq b \leq c$，若 $c \leq \frac{1}{4}$，则 $S \geq \frac{1}{4} \geq \sqrt{ab}$. 若 $c > \frac{1}{4}$，$S = xyz + x'y'z' \geq 2\sqrt{xyzx'y'z'} = 2\sqrt{abc} > \sqrt{ab}$. 所以 $S \geq \min\{a, b, c\}$. 这与我们前述的结论矛盾，故原命题成立.

7. 我们令 $a_k = (\underbrace{f_n \circ \cdots \circ f_n}_{k \text{个}})(a)$，其中 $k \in \mathbb{N}$. 这个数列的递推式便是 $a_{k+1} = a_k + \frac{a_k^2}{n}$，我们可以差分为 $\frac{1}{a_{k+1}} = \frac{1}{a_k} - \frac{1}{a_k + n}$，这便可得出 a_k 是单调递增的. 另一方面，累和后可得 $\frac{1}{a_n} = \frac{1}{a} - \sum_{k=0}^{n-1} \frac{1}{a_k + n}$，结合单调性可知 $\frac{1}{a} - \frac{n}{a+n} < \frac{1}{a_n} < \frac{1}{a} - \frac{n}{a_n + n}$，左边这个不等式可以推出 $a_n < \frac{an + a^2}{(1-a)n + a}$，将其代入右边的不等式，便可推出

$$\frac{a(1-a)n^2 + 2a^2 n + a^3}{(1-a)^2 n^2 + a(2-a)n + a^2} < a_n.$$

8. 记质数从小到大排列为 $p_1 = 2 < p_2 = 3 < p_3 = 5 < \cdots$，质数 q、r ($q < r$) 是最小的两个不整除 n 的质数，n 符合题意当且仅当 $n < qr$. 由于小于 r 的所有质数除掉 q 外都

是 n 的约数，所以他们的乘积也是 n 的约数，所以这些质数乘积小于 n，进一步可知小于 r 的所有质数乘积不超过 $nq < q^2 r$. 若 $r = p_m$，则 $q \leqslant p_{m-1}$，从而
$$p_1 p_2 \cdots p_{m-2} < p_{m-1} p_m.$$
注意到 6 是最小的使得 $p_1 p_2 \cdots p_{k-2} > p_{k-1} p_k$ 的下标 k，下面我们证明对于 $k \geqslant 6$ 时，$p_1 p_2 \cdots p_{k-2} > p_{k-1} p_k$ 总成立. 由伯特兰－切比雪夫定理：对任意一正整数数 $s > 2$，s 与 $2s$ 之间必然存在至少一个质数，所以
$$p_1 p_2 \cdots p_{k-1} > p_{k-1}^2 p_k > 4 p_{k-1} p_k = 2 p_{k-1} 2 p_k > p_k p_{k+1},$$
由归纳法知前述结论成立. 因此 $m \leqslant 5$，$r = p_m \leqslant p_5 = 11$，$q \leqslant p_4 = 7$，$n < qr \leqslant p_4 p_5 = 77$，我们一一检验后可得本题答案为 2, 3, 4, 5, 6, 8, 9, 10, 12, 14, 18, 20, 24, 30, 42, 60.

9. 由于 $f(2n+1) > f(n) = f(2n)$，$f(2n+1) > f(n+1) = f(2n+2)$，所以 $f(k) < f(k+1)$ 成立当且仅当 k 是偶数. 接着我们用归纳法证明 $f(n+1)$ 与 $f(n)$ 互质，这是因为若小于等于 $2n$ 时均成立，则 $\gcd(f(2n+1), f(2n)) = \gcd(f(2n+1) - f(2n), f(2n)) = \gcd(f(n+1), f(n)) = 1$，$\gcd(f(2n+2), f(2n+1)) = \gcd(f(2n+1) - f(2n+2), f(2n+2)) = \gcd(f(n), f(n+1)) = 1$.

对于原命题，$n = 1$ 时显然成立. 对于 $n \geqslant 2$，若正奇数 m 使得 $f(m) = n$，则 $f(m-1) < n$ 且与 n 互质. 我们现在证明对于每一对互质的数对 (k, n)，存在唯一一个正整数 m，使得 $k = f(m)$，$n = f(m+1)$. 如果这个结论正确，那么对于 $k < n$，m 就是偶数了，从而 $m+1$ 为奇数且使得 $f(m+1) = n$，这便说明了原命题成立.

接下来我们用归纳法证明前述结论，我们对 $k + n$ 归纳. 首先，若 $k + n = 2$，那么 $k = n = 1$，显然成立. 若 $k + n > 2$，我们由归纳假设只要结论对 $(k, n-k)$（若 $k < n$）或 $(k-n, n)$（若 $k > n$）成立. 若 $k < n$，则 $k = f(m) = f(2m)$，$n = k + f(m+1) = f(m) + f(m+1) = f(2m+1)$；若 $k > n$，$n = f(m+1) = f(2m+2)$，$k = f(m) + n = f(m) + f(m+1) = f(2m+1)$. 所以说结论中 m 的存在性便得到了证明. 下面我们证明 m 的唯一性. 假设正整数 m，使得 $k = f(m)$，$n = f(m+1)$，我们分两种情况讨论. 若 $k < n$，则 m 为偶数，记 $m = 2m'$，其中 m' 是一个正整数，则 $k = f(2m') = f(m')$，$n - k = f(2m'+1) - f(m') = f(m'+1)$，由 $(k, n-k)$ 时的唯一性便得出了 m' 的唯一性，也就是 m 的唯一性. 若 $k > n$，则 m 为奇数，记 $m = 2m'+1$，其中 m' 为非负整数，则 $k - n = f(2m'+1) - f(2m'+2) = f(m') + f(m'+1) - f(m'+1) = f(m')$，$n = f(2m'+2) = f(m'+1)$，由 $(k-n, n)$ 时的唯一性便得出了 m' 的唯一性，也就是 m 的唯一性. 这样我们便完成了结论的证明.

10.（法一）如图 8，设点 I 是 $\angle BAM$ 的内角平分线与 BC 的交点. 点 D 是点 A 关于边 BC 的对称点. 由于 $AB = AC$，$\angle BAM = \angle CNM$，所以 $\angle BMD = \angle BMA = \angle CMN$，进而点 P、M、D 三点共线. 另一方面，由对称性知，DI 为 $\angle BDM$ 的平分线，而 BI 为 $\angle BAD$ 的平分线，所以点 I 为 $\triangle PBD$ 的内心，这样点 I 也在 $\angle BPM$ 的平分线上了.

（法二）由角平分线定理知只需证 $\dfrac{BP}{PM} = \dfrac{AB}{AM}$. 因为 $\triangle ABC$ 是等腰三角形，所以底角 $\angle B =$

$\angle C$,而$\angle BAM = \angle CNM$,所以$\triangle AMB \backsim \triangle NMC$,进而$\angle AMB = \angle NMC$,进一步,$\angle PMB$ $= \angle AMC$,所以$\triangle PMB \backsim \triangle AMC$,所以$\dfrac{BP}{PM} = \dfrac{AC}{AM} = \dfrac{AB}{AM}$.

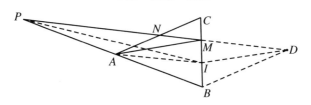

图 8

11.(法一)当$n = 2^k(2^{k+1}+1)$时,若$2^{k+1}+1$是一个质数,很容易验证
$$\sigma(n) = (1 + 2^{k+1} + 1)(1 + 2 + \cdots + 2^k) = 2^{2k+2} + 2^{k+1} - 2$$
$$= 2^{k+1}(2^{k+1} + 1) - 2 = 2n - 2.$$
所以充分性显然成立,下面证明必要性.

首先我们假设若$n = 2^k p^l$,其中k、l为非负整数,p是奇质数. 显然l一定要是正整数,故$\sigma(p^l) = \dfrac{p^{l+1}-1}{p-1}$,进而$1 + \dfrac{1}{p} \leqslant \dfrac{\sigma(p^l)}{p^l} = \dfrac{p - \dfrac{1}{p^l}}{p-1} < \dfrac{p}{p-1}$. 由函数$\sigma$的可乘性知,

$$(2^{k+1} - 1)\left(1 + \dfrac{1}{p}\right) \leqslant \dfrac{\sigma(n)}{p^l} = \dfrac{2n-2}{p^l} = 2^{k+1} - \dfrac{2}{p^l} < (2^{k+1} - 1)\dfrac{p}{p-1}.$$

由左边的不等号得$(2^{k+1} - 1)\left(1 + \dfrac{1}{p}\right) < 2^{k+1}$,解得$2^{k+1} - 1 < p$,所以奇质数$2^{k+1} + 1 \leqslant p$. 另一方面,由右边的不等号得$p < 2^{k+1} + \dfrac{2p-2}{p^l}$,故进而$\dfrac{2p-2}{p^l} > 1$,只能$l = 1$,进而$p + \dfrac{2}{p} < 2^{k+1} + 2$,所以奇质数$p = 2^{k+1} + 1$.

对于一般的情况$n = p^k q^l$,p、q为不同的奇质数,k、l为正整数,我们可得以下不等式
$$2 - \dfrac{2}{n} = \dfrac{\sigma(n)}{n} = \dfrac{\sigma(p^k)}{p^k} \cdot \dfrac{\sigma(q^l)}{q^l} < \dfrac{p}{p-1} \cdot \dfrac{q}{q-1},$$
整理可得
$$\dfrac{1}{p-1} + \dfrac{1}{q-1} + \dfrac{1}{(p-1)(q-1)} + \dfrac{2}{n} > 1.$$
由于$n \geqslant 15$,所以$\min\{p, q\} = 3$. 不妨设$p = 3$,所以$\dfrac{3}{q-1} + \dfrac{4}{n} > 1$,进而$q = 5$,$k = l = 1$,但验证知$n = 15$不符合$\sigma(n) = 2n - 2$,这便完成了证明.

(法二)由于至多有两个不同的质因子,我们就仅一个和两个分类讨论.

若仅有一个,设$n = p^r$,那么由题意,$\dfrac{p^{r+1}-1}{p-1} = 2p^r - 2$,化简得$p^r(p-2) = 2p -$

3. 所以 $3 \mid p$，只能 $p = 3$，代入知 $3^r = 3$，立得 $r = 1$，$n = p^r = 3 = 2^0(2^1 + 1)$．

若有两个不同的质因子，设 $n = p^r \cdot q^s$，其中 $p < q$，p、$q \in \mathbf{N}^*$．由题意得 $\dfrac{p^{r+1} - 1}{p - 1} \cdot \dfrac{q^{s+1} - 1}{q - 1} = 2p^r q^s - 2$，化简得 $(p^{r+1} - 1)(q^{s+1} - 1) = 2(p^r q^s - 1)(p - 1)(q - 1)$，等价于

$$p^r q^s (pq - 2q - 2p + 2) = 2(p - 1)(q - 1) - p^{r+1} - q^{s+1} + 1,$$

而

$$2(p - 1)(q - 1) - p^{r+1} - q^{s+1} + 1 = 2pq - p^{r+1} - q^{s+1} - 2(p + q) + 3$$
$$\leqslant 2pq - p^2 - q^2 - 2(p + q) + 3$$
$$= -(p - q)^2 - 2(p + q) + 3 < 0,$$

因为 p，$q > 1$，所以 $pq - 2p - 2q + 2 < 0$，即 $(p - 2)(q - 2) < 2$．若 $p \neq 2$，则 $p \geqslant 3$，$q \geqslant 5$，代入知矛盾．故 $p = 2$，回代知 $-2^{r+1} q^s = 2(q - 1) - 2^{r+1} - q^{s+1} + 1$，整理得

$$2^{r+1} = \dfrac{q^{s+1} - 2q + 1}{q^s - 1} = q - \dfrac{q - 1}{q^s - 1}.$$

由此知 $\dfrac{q - 1}{q^s - 1} \in \mathbf{Z}$，只能 $s = 1$，$2^{r+1} = q - 1$，所以 $n = p^r \cdot q^s = 2^r q = 2^r(2^{r+1} + 1)$，其中 $2^{r+1} - 1$ 为质数．

注 一个正整数若满足 $\sigma(n) = 2n - 2$，则称为 pp2 整数（perfect-plus-2），本题的结果说明 3，2×5，8×17，128×257 均是 pp2 整数．事实上，一个大于 3 的奇 pp2 整数至少含有 4 个不同的质因子，进一步，若不是 3 的倍数，则至少有 7 个不同的质因子．对于 pp1 整数，即满足 $\sigma(n) = 2n - 1$ 的整数，目前除了 2 的幂次外，还没有找到其他的．

12.（法一）最小的实常数 $c = 4$．首先我们证明，对正整数 n 和正实数 $x_1, x_2, \cdots, x_n$，一个更强的不等式

$$\sum_{k=1}^{n} \left(\dfrac{1}{k} \sum_{j=1}^{k} x_j \right)^2 + \dfrac{2}{n} \left(\sum_{k=1}^{n} x_k \right)^2 \leqslant c \sum_{k=1}^{n} x_k^2$$

成立．这便能说明 $c \leqslant 4$．下面我们对 n 用归纳法证明上述不等式，显然 $n = 1$ 时成立，我们记 $\overline{x_k} = \dfrac{1}{k} \sum_{j=1}^{k} x_j$，$k \geqslant 1$，只需证明 $(2n + 3)\overline{x_{n+1}}^2 - 2n\, \overline{x_n}^2 < 4x_{n+1}^2$．注意到 $x_{n+1} = (n + 1)\overline{x_{n+1}} - n\overline{x_n}$，代入后前一式等价于

$$2n(2n + 1)\overline{x_n}^2 - 8n(n + 1)\overline{x_n} \cdot \overline{x_{n+1}} + (4n^2 + 6n + 1)\overline{x_{n+1}}^2 > 0.$$

这个二次式的判别式为 $-2n$，总小于 0，而开口向上，所以恒成立．

接下来我们举例说明 $c \geqslant 4$．我们取调和级数的散度形式，即取 $x_j = \dfrac{1}{\sqrt{j}}$，我们证明

$$\sum_{k=1}^{n} \left(\dfrac{1}{k} \sum_{j=1}^{k} \dfrac{1}{\sqrt{j}} \right)^2 > 4 \sum_{k=1}^{n} \dfrac{1}{k} - 24.$$

注意到 $\dfrac{1}{\sqrt{j}} > 2(\sqrt{j+1} - \sqrt{j})$（本质量积分估计），代入后可得

$$\left(\frac{1}{k}\sum_{j=1}^{k}\frac{1}{\sqrt{j}}\right)^2 > \frac{4}{k^2}\left(\sqrt{k+1}-1\right)^2 > \frac{4}{k}\left(1-\frac{2}{\sqrt{k}}\right) = \frac{4}{k} - \frac{8}{k\sqrt{k}},$$

最后注意到 $\frac{1}{2k\sqrt{k}} < \frac{1}{\sqrt{k-1}} - \frac{1}{\sqrt{k}}(k \geqslant 2)$，所以 $\sum_{k=1}^{n}\frac{1}{k\sqrt{k}} \leqslant 3 - \frac{1}{\sqrt{n}} < 3$，这便完成了证明．

（法二）我们证明 $\sum_{k=1}^{n}\left(\frac{1}{k}\sum_{j=1}^{k}x_j\right)^2 \leqslant 4\sum_{k=1}^{n}x_k^2$．

取正实数 $\alpha_1, \alpha_2, \cdots, \alpha_n$，由柯西不等式可得

$$\left(\frac{1}{k}\sum_{j=1}^{k}x_j\right)^2 \leqslant \sum_{j=1}^{k}\left(\frac{\sum_{i=1}^{k}\alpha_i}{k^2\alpha_j}\right)x_j^2,$$

所以累和可得

$$\sum_{k=1}^{n}\left(\frac{1}{k}\sum_{j=1}^{k}x_j\right)^2 \leqslant \sum_{j=1}^{k}\beta_j x_j^2,$$

其中 $\beta_k = \sum_{j=k}^{n}\left(\frac{\sum_{i=1}^{j}\alpha_i}{j^2\alpha_k}\right)$．下面我们取一些 $\{\alpha_k\}_{k=1}^{n}$，使得每个 $\beta_k \leqslant 4$．我们取 $\alpha_k = \sqrt{k} - \sqrt{k-1}$，这样 $\sum_{i=1}^{j}\alpha_i = \sqrt{j}$，从而 $\beta_k = \frac{1}{\alpha_k}\sum_{j=k}^{n}\left(\frac{1}{j^{\frac{3}{2}}}\right)$．由局部不等式（本质是积分估计，证明可以通过分子有理化展开即可）$\frac{1}{k^{\frac{3}{2}}} \leqslant \frac{2}{\sqrt{k-\frac{1}{2}}} - \frac{2}{\sqrt{k+\frac{1}{2}}}$，代入后可得

$$\beta_k \leqslant \frac{1}{\alpha_k}\left(\frac{2}{\sqrt{k-\frac{1}{2}}} - \frac{2}{\sqrt{n+\frac{1}{2}}}\right) < \frac{2}{\alpha_k\sqrt{k-\frac{1}{2}}} = \frac{2(\sqrt{k}-\sqrt{k-1})}{\sqrt{k-\frac{1}{2}}} < 4.$$

所需结论便得到了证明．

注 本题的本质是哈代（Hardy）不等式，离散形式可表述为：

设 $\{x_n\}$ 是非负数列，部分和 $S_n = \sum_{i=1}^{n}x_i$，则对于任何 $p > 1$，$\sum_{n=1}^{\infty}\left(\frac{S_n}{n}\right)^p < \left(\frac{p}{p-1}\right)^p\left(\sum_{n=1}^{\infty}x_n^p\right)$，除非数列全部为 0．

离散形式的证明，只需将以上解法二中的柯西不等式换成对应的 holder 不等式即可．

积分形式可表述为：对于非负可积函数 $f(x)$，记 $F(x) = \int_{0}^{x}f(t)\mathrm{d}t$，则

$$\int_{0}^{\infty}\left(\frac{F(x)}{x}\right)^p\mathrm{d}x < \left(\frac{p}{p-1}\right)^p\int_{0}^{\infty}(f(x))^p\mathrm{d}x,$$

除非 $f(x) \equiv 0$．

13.（法一）由辗转相除法可知 $\gcd(k,n)$ 取决于 $k \pmod{n}$，所以

$$|A_n| - |B_n| = \sum_k (-1)^{s(k,n)},$$

其中 $s(k,n)$ 表示最大公约数 $\gcd(k,n)$ 中不同质因数的个数，k 遍历了 n 的完备剩余系中所有的元素. 接下来我们要证明上述和等于 $n\prod_{p|n}\left(1-\dfrac{2}{p}\right)$，其中 p 为质数，这样便证明了原题结论成立. 事实上，这个和表示的是满足 $k<n$，k 和 $k+1$ 均与 n 互质的正整数 k 的个数.

我们记 $e(k,n) = (-1)^{s(k,n)}$，$f(n) = \sum_k e(k,n)$，我们现在证明 $f(n)$ 的可乘性，即对任意互质的正整数 n_1、n_2，有 $f(n_1 n_2) = f(n_1)f(n_2)$. 注意到对于互质的正整数 n_1、n_2，有 $e(k, n_1 n_2) = e(k, n_1)e(k, n_2)$，进一步，当 k_i 遍历了 n_i 的完备剩余系时（其中 $i=1,2$），$k = k_1 n_2 + k_2 n_1$ 遍历了 $n_1 n_2$ 的完备剩余系，且 $e(k, n_i) = e(k_i, n_i)$. 因此，$e(k, n_1 n_2) = e(k, n_1)e(k, n_2) = e(k_1, n_1)e(k_2, n_2)$. 所以，$f(n_1 n_2) = \sum_k e(k,n) = \sum_{k_1}\sum_{k_2} e(k_1, n_1)e(k_2, n_2) = f(n_1)f(n_2)$. 有了可乘性之后，我们只需对一个质因数考察就行了. 对于质数 p 及正整数 m，$f(p^m)$ 等于与 p 互质的整数 k 的数目减去是 p 的倍数的整数 k 的数目，前者是 $p^m - p^{m-1}$，后者是 p^{m-1}，所以 $f(p^m) = p^m\left(1-\dfrac{2}{p}\right)$，这便完成了证明.

（法二）我们定义 $f(n) = |A_n| - |B_n|$，显然 $f(1) = 1$. 注意到一个事实，若质数 p 整除正整数 n，则对任意正整数 x 与 k，$\gcd(x,n)$ 与 $\gcd(x+nk, pn)$ 的有相同的质因子. 这意味着，若 $x \in A_n$，则 $\{x, x+n, x+2n, \cdots, x+(p-1)n\} \in A_{pn}$，所以 $|A_{pn}| = p|A_n|$. 同理，$|B_{pn}| = p|B_n|$. 所以，当质数 p 整除 n 时，$f(np) = pf(n)$. 所以本题只需对 $n = p_1 p_2 \cdots p_s$ 的情形证明即可，其中 $p_1, p_2, \cdots, p_s$ 为 s 个不同的质数.

我们现在引入莫比乌斯（Möbius）函数及反转定理.

Möbius 函数

$$\mu(n) = \begin{cases} 1, & n=1; \\ 0, & p>1, p^2 \mid n; \\ (-1)^k, & n = p_1 p_2 \cdots p_k. \end{cases}$$

其中 n 为正整数，第 2 种情况里 p 为质数，第三种情况里 $p_1, \cdots, p_k$ 两两不同.

显然 Möbius 函数为可乘函数，即 $\mu(mn) = \mu(n)\mu(m)$（其中 m、n 为正整数）.

若 f 是一个定义在正整数上，值域为复数的函数，则称它为算术函数. 我们定义它的和函数 $F(n) = \sum_{d|n} f(d)$.

Möbius 反演公式 若 f 为算术函数，则 $f(n) = \sum_{d|n}\mu(d)F\left(\dfrac{n}{d}\right)$.

证明 注意到集合关系 $\left\{(d,c)\,\Big|\,d\mid n, c\mid \dfrac{n}{d}\right\} = \left\{(d,c)\,\Big|\,c\mid n, d\mid \dfrac{n}{c}\right\}$，所以我们有

$$\sum_{d\mid n}\mu(d)F\left(\frac{n}{d}\right)=\sum_{d\mid n}\mu(d)\left(\sum_{c\mid\frac{n}{d}}f(c)\right)=\sum_{d\mid n}\left(\sum_{c\mid\frac{n}{d}}\mu(d)f(c)\right)$$

$$=\sum_{c\mid n}\left(\sum_{d\mid\frac{n}{c}}\mu(d)f(c)\right)=\sum_{c\mid n}\mu(d)\left(\sum_{d\mid\frac{n}{c}}f(c)\right)=f(n)$$

最后一个等号需要证明一下：显然若 $n = p_1^{m_1} \cdots p_r^{m_r}$，$n_0 = p_1 \cdots p_r$ 为 n 的不含平方的极大因子，则 $\sum_{d\mid n}\mu(d) = \sum_{d\mid n_0}\mu(d)$. 对固定的 s，n_0 的因子 $d = p_{i_1} \cdots p_{i_s}$ 的个数为 C_r^s，所以当 $n > 1$ 时，

$$\sum_{d\mid n}\mu(d) = \sum_{d\mid n_0}\mu(d) = \sum_{s=0}^{r}C_r^s(-1)^s = (1-1)^r = 0.$$

所以前面最后一个等号成立是由于当 $\frac{n}{c} > 1$ 时，$\sum_{d\mid\frac{n}{c}}\mu(d) = 0$.

回到原题. 正整数 x 在 $f(n)$ 中计算的个数是 $\mu(d)$，其中 $d = \gcd(n, x)$，而对固定 d 满足 $d = \gcd(n, x)$ 的正整数 x 的个数是 $\varphi\left(\frac{n}{d}\right)$，（这是因为此时 $n = p_1 p_2 \cdots p_s$ 是没有平方因子的，其中 $\varphi(n)$ 是欧拉函数，其值等于小于 n 并且与 n 互质的正整数个数，由容斥原理可得 $\varphi(n) = n\left(1 - \frac{1}{p_1}\right)\left(1 - \frac{1}{p_2}\right)\cdots\left(1 - \frac{1}{p_s}\right)$），所以 $f(n) = \sum_{d\mid n}\mu(d)\varphi\left(\frac{n}{d}\right)$，由 Möbius 函数反转定理我们知道 $\varphi(n) = \sum_{d\mid n}f(d)$.

下面我们由归纳法证明 $f(p_1 p_2 \cdots p_s) = (p_1 - 2)(p_2 - 2)\cdots(p_s - 2)$. 这便证明了原题结论，因为当有质因子 2 时，$f(n) = 0$. 当所有质因子均为奇数时，$f(n) > 0$. 显然 $s = 1$ 时，$f(p_1) = \varphi(p_1) - f(1) = p_1 - 2$，假设对 $s - 1$ 成立. 对于 s，

$$\varphi(p_1 p_2 \cdots p_s) = (p_1 - 1)(p_2 - 1)\cdots(p_s - 1),$$

右边 $= f(p_1 p_2 \cdots p_s) + \sum_{i\text{有}s-1\text{个质因子}}f(i) + \sum_{i\text{有}s-2\text{个质因子}}f(i) + \cdots + \sum_{i\text{有}1\text{个质因子}}f(i) + f(1)$,

所以

$$f(p_1 p_2 \cdots p_s) = (p_1 - 1)(p_2 - 1)\cdots(p_s - 1) - \Big(\sum_{i\text{有}s-1\text{个质因子}}f(i)$$

$$+ \sum_{i\text{有}s-2\text{个质因子}}f(i) + \cdots + \sum_{i\text{有}1\text{个质因子}}f(i) + f(1)\Big)$$

$$= (p_1 - 1)(p_2 - 1)\cdots(p_s - 1) - (p_1 - 2)(p_2 - 2)\cdots(p_s - 2)$$

$$\cdot \Big(\sum_{1\leqslant i\leqslant s}\frac{1}{p_i - 2} + \sum_{1\leqslant i<j\leqslant s}\frac{1}{p_i - 2}\cdot\frac{1}{p_j - 2} + \cdots + \sum_{1\leqslant i_1<\cdots<i_{s-1}\leqslant s}\frac{1}{p_{i_1} - 2}$$

$$\cdots\cdot\frac{1}{p_{i_{s-1}} - 2} + 1\Big)$$

$$= (p_1 - 1)(p_2 - 1)\cdots(p_s - 1) - (p_1 - 2)(p_2 - 2)\cdots(p_s - 2)$$

$$\cdot\left(\left(1+\frac{1}{p_1-2}\right)\left(1+\frac{1}{p_2-2}\right)\cdots\left(1+\frac{1}{p_s-2}\right)-1\right)$$
$$=(p_1-2)(p_2-2)\cdots(p_s-2).$$

14. 如图9,设直线 AB 与圆 P(PB 为半径,P 为圆心的圆)的另一个交点为点 R. 由弦切角可知 $\angle PBC=\angle CAB$,而圆周角 $\angle CRA=\frac{1}{2}\angle CPB$,由 $\triangle PBC$ 是等腰三角形可知 $\angle CRA+\angle CAB=90°$,所以 $\angle ACR=90°$. 由于 $QE\perp AC$,故 $QE\parallel CR$,进而 $\angle CQE=\angle QCR$. 由于点 B、Q、C、R 四点共圆,故 $\angle QBF=\angle QCR$,所以 $\angle CQE=\angle QBF$,Rt$\triangle BQF\sim$Rt$\triangle CQE$,进而 $\frac{BQ}{QC}=\frac{BF}{QE}=\frac{QF}{CE}$. 注意到 AQ 是 $\angle CAB$ 的内角平分线,所以 $QE=QF$,代入前式可得 $\frac{BQ^2}{QC^2}=\frac{BF}{QE}\cdot\frac{QF}{CE}=\frac{BF}{CE}$.

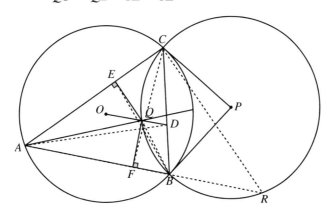

图 9

下面我们引入陪位中线的概念及性质并说明 QD 是 $\triangle QCB$ 的陪位中线.

定义 三角形的陪位中线为三角形的中线以该角角平分线为对称轴翻折后的直线.

引理 如图10,设点 B、C 对 $\triangle ABC$ 的外接圆切线的交点为点 D,则 AD 为三角形的一条陪位中线.

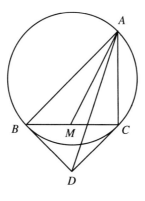

图 10

引理的证明 设 $\angle DAC = \angle BAM'$,则

$$\frac{BM'}{M'C} = \frac{AM' \cdot \dfrac{\sin\angle BAM'}{\sin\angle ABC}}{AM' \cdot \dfrac{\sin\angle CAM'}{\sin\angle ACB}} = \frac{\sin\angle BAM' \cdot \sin\angle ABD}{\sin\angle ACD \cdot \sin\angle CAM'}$$

$$= \frac{\sin\angle CAD \cdot \sin\angle ABD}{\sin\angle ACD \cdot \sin\angle BAD} = \frac{CD \cdot AD}{AD \cdot BD} = 1.$$

为了挖掘陪位中线更深刻的性质,我们引入非常有用的 Steiner 定理.

定理 如图 11,在 $\triangle ABC$ 中,若线段 BC 上的两点 D、E 满足 $\angle BAD = \angle CAE$,则 $\dfrac{BD}{DC} \cdot \dfrac{BE}{EC} = \dfrac{AB^2}{AC^2}$.

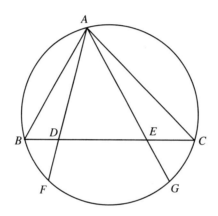

图 11

证明 延长 AD、AE 交外接圆于点 F、G. 因为 $\angle BAD = \angle CAE$,所以 $BF = CG$, 所以 $BC /\!/ FG$. 由相似三角形我们可以得到以下一些线段关系:

$$\frac{BD}{BF} = \frac{AD}{AC}, \quad \frac{CE}{CG} = \frac{AE}{AB}, \quad \frac{BE}{AB} = \frac{EG}{CG}, \quad \frac{CD}{AC} = \frac{DF}{FB}.$$

利用 $BF = CG$,我们有 $\dfrac{BD}{DC} \cdot \dfrac{BE}{EC} = \dfrac{AB^2}{AC^2} \cdot \dfrac{AD}{DF} \cdot \dfrac{EG}{AE}$. 因为 $BC /\!/ FG$,所以 $\dfrac{AD}{DF} = \dfrac{AE}{EG}$. 代入前式可得 $\dfrac{BD}{DC} \cdot \dfrac{BE}{EC} = \dfrac{AB^2}{AC^2}$.

特别地,当 D 为 BC 中点时,AE 为三角形的像位中线,此时有 $\dfrac{BE}{EC} = \dfrac{AB^2}{AC^2}$.

现在我们回到原题,由于 $OC \perp PC$,$OB \perp PB$,所以 OC、OB 为圆 P 的切线,所以 OD 为 $\triangle QBC$ 顶点 Q 的陪位中线,故 $\dfrac{BQ^2}{QC^2} = \dfrac{BD}{CD}$,注意到 AQ 为角平分线,故 $AE = AF$, 进而 $\dfrac{BD}{CD} \cdot \dfrac{CE}{AE} \cdot \dfrac{AF}{BF} = \dfrac{BD}{CD} \cdot \dfrac{CE}{BF} = 1$, 由塞瓦定理的逆定理便得到 AD、BE、CF 三线共点.

15.(法一)我们解决更一般的情形. 对于正整数 $k \geq 1$ 及至多 $k-2$ 次的整系数多项

式 P，所有满足 $f(g(x)) = x^k + x^{k-1} + P(x)$ 的整系数多项式 f、g 为：
$$f(x) = (\pm x \mp a)^k + (\pm x \mp a)^{k-1} + P(\pm x \mp a), \quad g(x) = \pm x + a,$$
其中 a 是整数；$f(x) \pm x + b$，$g(x) = \pm x^k \pm x^{k-1} \pm P(x) \mp b$，其中 b 是整数. 这里需要说明的是，每一种情形下的符号是对应的，即 $f(x) = (-x+a)^k + (-x+a)^{k-1} + P(-x+a)$，$g(x) = -x + a$ 是可行的，但 $f(x) = (-x+a)^k + (-x+a)^{k-1} + P(-x+a)$，$g(x) = x + a$ 不可行.

显然 $\deg f \geqslant 1$，$\deg g \geqslant 1$，f、g 的最高次的系数为 1. 若 $\deg g = 1$，则我们立即知道上述答案的第一对便为所求. 若 $\deg g > 1$，记 $f = \sum_{i=0}^{m} a_i x^i, g = \sum_{i=0}^{n} b_i x^i$，所以 $f(g(x)) = a_m b_n^m x^{mn} + m a_m b_n^{m-1} b_{n-1} x^{mn-1} + \cdots$，比较系数得 $a_m b_n^m = 1, m a_m b_n^{m-1} b_{n-1} = 1$，所以 $m = 1$，这便是上述答案的第二对答案.

（法二）我们证明若 $\deg g > 1$，则 $\deg g = p - 1$，剩余的细节就很显然了.

记分圆多项式 $\Phi_p(x) = \sum_{k=0}^{p-1} x^k$，我们利用 p 次单位根 $\zeta = \cos\frac{2\pi}{p} + i\sin\frac{2\pi}{p}$. 令 α 是 f 的复根，β 是 $g - \alpha$ 的复根. 因为 $\Phi_p(\beta) = f(g(\beta)) = f(\alpha) = 0$，所以 β 是 ζ^j 之一，其中 $j = 1, 2, \cdots, p-1$. 由于 $\Phi_p(x)$ 只有这 $p-1$ 个根，所以 $g - \alpha$ 只有这类型的根. 设 $n = \deg g$，$\zeta^{k_1}, \cdots, \zeta^{k_n}$ 是 $g - \alpha$ 的根，其中 $1 \leqslant k_1 < k_2 < \cdots < k_n \leqslant p - 1$. 由于 g 是一个整系数多项式，所以由韦达定理知所有根之和 $\sum_{j=1}^{n} \zeta^{k_j} = a$ 是一个整数，进而 $h(x) = \sum_{j=1}^{n} x^{k_j} - a$ 是一个首一的非常值的整系数多项式. 由于分圆多项式 $\Phi_p(x)$ 不可约，即是 ζ 的最小多项式，而 $h(\zeta) = 0$，故 $\Phi_p(x) \mid h(x)$，所以 $\deg h \geqslant \deg \Phi_p = p - 1$. 另一方面，$\deg h = k_n \leqslant p - 1$，所以只能 $\deg h = p - 1$. 另一方面，$h(x)$ 是首一的，所以只能 $\Phi_p(x) = h(x)$. 因此 $a = -1$，$k_j = j$，其中 $j = 1, 2, \cdots, p-1$，所以 $\zeta^j, j = 1, 2, \cdots, p-1$ 是 $g - \alpha$ 的所有的根，所以 $\deg g = p - 1$.

注 解法二中，有关分圆多项式的性质可以参考武炳杰的文章《谈谈分圆多项式》，刊登在《数学奥林匹克与数学文化》第五辑第 622～627 页，哈尔滨工业大学出版社.

16. 考虑 S_n 的一个映射，将排列 σ 映成排列 σ^*，排列 σ^* 的定义为 $\sigma^*(i) = j$ 当且仅当 $\sigma(n-j+1) = n-i+1$. 下面我们构造一个从 $I(\sigma)$ 到 $I(\sigma^*)$ 的双射：对于每个 $\sigma \in S_n$，将 i 映为 $n - \sigma(i) + 1$，其逆射将 j 映为 $n - \sigma^*(j) + 1$. 下面我们验证以上双射是良定义的，对于任意 $i \in I(\sigma)$，由 $\sigma(i) \leqslant i$，我们便能知道 $\sigma^*(n - \sigma(i) + 1) = n - i + 1 \leqslant n - \sigma(i) + 1$，这便能说明 $n - \sigma(i) + 1 \in I(\sigma^*)$；对于任意 $j \in I(\sigma^*)$，由 $\sigma^*(j) \leqslant j$，我们便能知道 $\sigma(n - \sigma^*(j) + 1) = n - j + 1 \leqslant n - \sigma^*(j) + 1$，这便能说明 $n - \sigma^*(j) + 1 \in I(\sigma)$.

因此，
$$\sum_{\sigma \in S_n} \frac{1}{|I(\sigma)|} \sum_{i \in I(\sigma)} (\sigma(i) + i)$$

$$= \frac{1}{2} \sum_{\sigma \in S_n} \Big(\frac{1}{|I(\sigma)|} \sum_{i \in I(\sigma)} (\sigma(i)+i) + \frac{1}{|I(\sigma^*)|} \sum_{i \in I(\sigma^*)} (\sigma^*(i)+i) \Big)$$

$$= \frac{1}{2} \sum_{\sigma \in S_n} \frac{1}{|I(\sigma)|} \sum_{i \in I(\sigma)} (\sigma(i) + i + (n - \sigma(i) + 1) + (n - i + 1))$$

$$= \sum_{\sigma \in S_n} (n+1) = (n+1)!.$$

17. (法一)如图12,记点 A_k 与 A_{k+1} 处的切线相交于点 A'_{k+2}. 我们将证明三条 $A'_k B_k$ 共点,这样便能由迪沙格定理推出原题中共线的结论. 现在我们证明 $A'_k B_k (k=1,2,3)$ 共点于 $\triangle A'_0 A'_1 A'_2$ 的重心,更精确地是证明直线 $A'_k B_k$ 通过线段 $A'_{k+1} A'_{k+2}$ 的中点. 为了证明此结论,我们过点 B_k 作 $A'_{k+1} A'_{k+2}$ 的平行线,分别交切线 $A'_k A'_{k+1}$、$A'_k A'_{k+2}$ 于点 X_k、Y_k. 注意到点 A_{k+2}、B_k、O、X_k 共圆于以 OX_k 为直径的圆上,所以 $\angle O X_k B_k = \angle O A_{k+2} B_k$. 类似地,点 A_{k+1}、B_k、O、Y_k 共圆于以 OY_k 为直径的圆上,所以 $\angle O A_{k+1} A_{k+2} = \angle O Y_k B_k$. 注意到半径 $OA_{k+1} = OA_{k+2}$,所以 $\angle O A_{k+2} B_k = \angle O A_{k+1} A_{k+2}$,进而 $\angle O X_k B_k = \angle O Y_k B_k$. 既然 $X_k Y_k \parallel A'_{k+1} A'_{k+2}$,而 $A'_{k+1} A'_{k+2} \perp OA_k$,所以 $X_k Y_k \perp OB_k$,进而点 B_k 为线段 $X_k Y_k$ 的中点,这便说明了直线 $A'_k B_k$ 通过线段 $A'_{k+1} A'_{k+2}$ 的中点(图12中标出的仅为 $k=0$ 的情形).

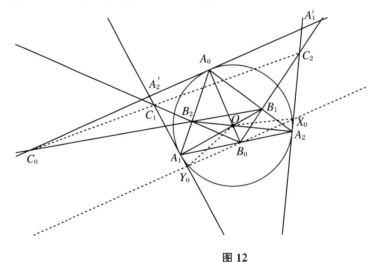

图 12

(法二)由梅涅劳斯定理的逆定理知,我们只需证明 $\prod_{k=0}^{2} \frac{C_k B_{k+1}}{C_k B_{k+2}} = 1$. 下面我们证明 $\frac{C_k B_{k+1}}{C_k B_{k+2}} = \frac{A_k A_{k+1}}{A_k A_{k+2}} \cdot \frac{A_k B_{k+1}}{A_k B_{k+2}}$,这样结合塞瓦定理得到的 $\prod_{k=0}^{2} \frac{A_k B_{k+1}}{A_k B_{k+2}} = 1$,累乘后便可得前面要证的式子. 不妨设 $\triangle A_0 A_1 A_2$ 是锐角三角形,且对一个固定的 k,$A_k A_{k+1} \leqslant A_k A_{k+2}$. 对 $\triangle A_k B_{k+1} C_k$ 与 $\triangle A_k B_{k+2} C_k$ 运用正弦定理,可得

$$\frac{C_k B_{k+1}}{C_k B_{k+2}} = \frac{A_k B_{k+1}}{A_k B_{k+2}} \cdot \frac{\sin \angle C_k A_k B_{k+1}}{\sin \angle C_k A_k B_{k+2}}.$$

由弦切角知 $\angle C_k A_k B_{k+1}$ 与 $\angle A_k A_{k+1} A_{k+2}$ 互补,$\angle C_k A_k B_{k+2}$ 与 $\angle A_k A_{k+2} A_{k+1}$ 相等,所以

再结合$\triangle A_0A_1A_2$中的正弦定理便可知$\dfrac{\sin\angle C_kA_kB_{k+1}}{\sin\angle C_kA_kB_{k+2}}=\dfrac{A_kA_{k+1}}{A_kA_{k+2}}$,这便得到了前面需要的式子.

18. (法一)所求答案是2^{n-m}. 我们用集合A^n、B^n分别表示符合题意中所叙述的单词构成的集合,则$a_n=|A^n|$,$b_n=|B^n|$. 我们记字母表$A=\{a_1,\cdots,a_m\}$,并且视字母表B是字母表A的延拓,延拓的部分记为$\overline{A}=\{\overline{a_1},\cdots,\overline{a_m}\}$.

对于集合B^n的单词,只需将每个字母上方(如果有)的"上划线"去掉后,便得到了A^n中的单词,所以集合B^n的每个单词都能通过映射(去掉上划线)后变成了A^n中的单词,接下来我们证明每个A^n中的单词在集合B^n的原像有2^{n-m}个. 假设$\alpha\in A^n$,α中字母a_i出现k_i次,其中k_i是一个正偶数,且$\sum\limits_{i=1}^{m}k_i=n$. 对于每个$a_i$,从正偶数$k_i$中选取奇数个的可能性有$C_{k_i}^1+C_{k_i}^3+\cdots+C_{k_i}^{k_i-1}$种,注意到组合恒等式$C_n^r=C_{n-1}^r+C_{n-1}^{r-1}$,所以
$$C_{k_i}^1+C_{k_i}^3+\cdots+C_{k_i}^{k_i-1}=C_{k_i-1}^0+C_{k_i-1}^1+C_{k_i-1}^2+C_{k_i-1}^3+\cdots+C_{k_i-1}^{k_i-2}+C_{k_i-1}^{k_i-1}=2^{k_i-1}.$$
进一步,α所对的原像有2^{n-m}个. 所以我们得到了开始时的答案.

(法二)我们利用母函数方法来计数. a_n是$A(x)$中$\dfrac{x^n}{n!}$前的系数,其中
$$A(x)=\left(\sum_{k\geqslant 1}\dfrac{x^{2k}}{(2k)!}\right)^m=\left(\dfrac{e^x+e^{-x}}{2}-1\right)^m=2^{-m}(e^{\frac{x}{2}}-e^{-\frac{x}{2}})^{2m}.$$
类似地,b_n是$B(x)$中$\dfrac{x^n}{n!}$前的系数,其中
$$B(x)=\left(\sum_{k\geqslant 1}\dfrac{x^{2k-1}}{(2k-1)!}\right)^{2m}=2^{-2m}(e^x-e^{-x})^{2m}.$$
最后,注意到$A(2x)=2^mB(x)$,比较系数可得$\dfrac{a_n}{b_n}=2^{n-m}$.

注 本题的解法二中运用了e^x的泰勒展开:$e^x=\sum\limits_{i=0}^{\infty}\dfrac{x^i}{i!}$.

19. 记$a_k=\dfrac{2k-1}{2n}$,其中$k=1,2,\cdots,n$. 我们所求的最大值为$\sum\limits_{k=1}^{n}f(a_k)$,当$x_1=x_2=\cdots=x_n=1$或$x_1=x_2=\cdots=x_n=0$时取到最大值.

为了证明$\sum\limits_{k=1}^{n}f(a_k)$是在给定条件下的最大值,我们固定一组满足$0\leqslant x_1\leqslant x_2\leqslant\cdots\leqslant x_n\leqslant 1$的$(x_1,x_2,\cdots,x_n)$,记$S_n=\{1,2,\cdots,n\}$,定义一个递增函数$\varphi:S_n\to S_n$,$\varphi(k)=\max\left\{j\Big|a_j-\dfrac{1}{2n}\leqslant x_k\right\}$. 注意到
$$|x_k-a_k|\leqslant|x_k-a_{\varphi(k)}|+|a_{\varphi(k)}-a_k|\leqslant\dfrac{1}{2n}+\dfrac{|\varphi(k)-k|}{n}=a_{|\varphi(k)-k|+1},$$
我们现在证明S_n中存在一个排列σ,使得对所有的k有$|\varphi(k)-k|+1\leqslant\sigma(k)$,这样便可以得到$a_{|\varphi(k)-k|+1}\leqslant a_{\sigma(k)}$,进而可以得出我们之前的结论:

$$\sum_{k=1}^n f(|x_k - a_k|) \leq \sum_{k=1}^n f(a_{|\varphi(k)-k|+1}) \leq \sum_{k=1}^n f(a_{\sigma(k)}) \leq \sum_{k=1}^n f(a_k).$$

下面我们对 n 用归纳法，来证明对任何递增函数 $\psi: S_n \to S_n$，均存在 S_n 中存在一个排列 σ，使得对所有的 k 有 $|\psi(k)-k|+1 \leq \sigma(k)$. $n=1$ 时结论显然成立，对于 $n>1$ 的情形，我们分 2 种情况讨论：若 $\psi(n) < n$，那么将 ψ 限制在 S_{n-1} 上便可得到一个从 S_{n-1} 到 S_{n-1} 的递增函数，所以我们仍用针对 S_{n-1} 时的 σ，便能知道 $|\psi(k)-k|+1 \leq \sigma(k)$ 在 $k=1,2,\cdots,n-1$ 时均成立. 另一方面，我们取 $\sigma(n) = n$，而

$$|\psi(n)-n|+1 \leq n-\psi(n)+1 \leq n,$$

所以我们构造的排列 σ 对 S_n 成立；若 $\psi(n) = n$，我们考虑递增的函数

$$\psi': S_{n-1} \to S_{n-1}, \quad \psi'(k) = \begin{cases} k, & \text{若 } \psi(k) < n; \\ n-1, & \text{若 } \psi(k) = n. \end{cases}$$

由归纳假设知存在一个 S_{n-1} 的排列 π，使得 $|\psi'(k)-k|+1 \leq \pi(k)$ 在 $k=1,2,\cdots,n-1$ 时均成立，进而

$$|\psi(k)-k|+1 \leq |\psi'(k)-k|+2 \leq \pi(k)+1.$$

最后，因为 $|\psi(n)-n|+1 = 1$，所以我们只需取

$$\sigma(k) = \begin{cases} \pi(k), & k=1,2,\cdots,n-1; \\ 1, & k=n \end{cases}$$

即可构造出满足要求的排列.

武炳杰　翻译
复旦大学数学科学学院

2014年波罗的海数学竞赛

试 题

1. 证明：$\prod\limits_{k=0}^{23} \cos(56° \cdot 2^k) = \dfrac{1}{2^{24}}$.

2. 实数 $a_0, a_1, \cdots, a_N$ 满足 $a_0 = a_N = 0$，且对任意 $i = 1, 2, \cdots, N-1$ 均有 $a_{i+1} - 2a_i + a_{i-1} = a_i^2$，求证：$a_i \leqslant 0$ 对任意 $i = 1, 2, \cdots, N-1$ 均成立.

3. 正实数 x、y、z 满足 $\dfrac{1}{x} + \dfrac{1}{y} + \dfrac{1}{z} = 3$，证明：$\dfrac{1}{\sqrt{x^3 + y}} + \dfrac{1}{\sqrt{y^3 + z}} + \dfrac{1}{\sqrt{z^3 + x}} \leqslant \dfrac{3}{\sqrt{2}}$.

4. 设 $\mathbf{R}$ 表示实数集，且函数 $f: \mathbf{R} \to \mathbf{R}$ 满足：对任意 x、$y \in \mathbf{R}$，均有
$$f(f(y)) + f(x-y) = f(xf(y) - x)$$
恒成立，试确定所有满足要求的函数 f.

5. 设 a、b、c、$d > 0$ 且满足 $a^2 + d^2 - ad = b^2 + c^2 + bc$，$a^2 + b^2 = c^2 + d^2$，试求 $\dfrac{ab + cd}{ad + bc}$ 的所有可能值.

6. 将一排共 16 个座位染成红色或绿色，要求任意连续且颜色相同的座位数目都是奇数，试问有多少种不同的染法？

7. 设 $p_1, p_2, \cdots, p_{30}$ 是 $1, 2, \cdots, 30$ 的任意排列，试问满足 $\sum\limits_{k=1}^{30} |p_k - k| = 450$ 的排列方式共有多少种？

8. 红碗中有 100 个蓝球，蓝碗中有 100 个红球，艾伯特和贝蒂轮流从碗中取球(艾伯特先取)，且每次只能采取以下三种取法之一：

(a) 从蓝碗中取出 2 个红球放入红碗之中；

(b) 从红碗中取出 2 个蓝球放入蓝碗之中；

(c) 从任意一个碗中取出一个红球和一个蓝球并移走. 规定取走蓝碗中最后一个红球或红碗中最后一个蓝球的一方获胜，试问谁有必胜策略.

9. 给定由 $n \times n$ 个单元格组成的表格，对其中的单元格进行标记，试问：至少需要标记多少个单元格，才能使得任意 $m \times m$ 子表格的两条主对角线都至少包含一个被标记的单元格，其中 m 是大于 $\dfrac{n}{2}$ 的任意整数.

10. 某国有 100 个机场，S 航空公司在一些机场之间开通了往返直飞航线. 对任意一

个机场,定义从其出发且由 S 航空公司开通的直飞航线数目为该机场的"运输量". 新成立的 C 航空公司,在任意两个"运输量"之和不小于100的机场之间开通往返直飞航线后,恰存在一条 C 航空公司运营的往返航线且该航线在所有机场都只降落一次. 证明:亦存在一条 S 航空公司运营的往返航线且该航线在所有机场都只降落一次.

11. 设锐角 $\triangle ABC$ 的外接圆是 Γ,过 C 作 AB 的垂线与 AB 和 Γ 分别相交于点 D 和点 E,$\angle C$ 的平分线与 AB 和 Γ 分别相交于点 F 和点 G,延长 GD、HF 且与 Γ 分别相交于点 H 和点 I,证明:$AI = EB$.

12. 在 $\triangle ABC$ 中,M 是线段 AB 的中点,T 是 $\triangle ABC$ 外接圆上的劣弧 $\overset{\frown}{BC}$ 的中点,K 在 $\triangle ABC$ 内且满足 $AT \parallel MK$,四边形 $MATK$ 是等腰梯形,证明:$AK = KC$.

13. 正方形 $ABCD$ 内接于圆 ω,P 是 ω 上劣弧 $\overset{\frown}{AB}$ 的中点,$CP \cap BD = R$,$DP \cap AC = S$,证明:$\triangle ARB$ 和 $\triangle DSR$ 的面积相等.

14. 在凸四边形 $ABCD$ 中,BD 平分 $\angle ABC$,$\triangle ABC$ 的外接圆与 AD、CD 分别相交于点 P 和点 Q,过 D 点的平行线与 BC 和 BA 分别相交于点 R 和点 S,证明:P、Q、R、S 四点共圆.

15. 凸四边形 $ABCD$ 中,$\angle A + \angle C < \pi$,证明:$AB \cdot CD + AD \cdot BC < AC(AB + AD)$.

16. 判断 $712! + 1$ 是否为素数.

17. 是否存在两两不同的有理数 x、y、z 满足 $\dfrac{1}{(x-y)^2} + \dfrac{1}{(y-z)^2} + \dfrac{1}{(z-x)^2} = 2014$?

18. 给定素数 p 和正整数 n,且 $p^n \mid a_1 a_2 + a_3 a_4 + 1$,其中 $a_i \in \{0, 1, \cdots, p^n - 1\}$($i = 1, 2, 3, 4$),试问满足条件的四元数组 (a_1, a_2, a_3, a_4) 共有多少个?

19. 设正整数 m、n 互素,试确定 $\gcd(2^m - 2^n, 2^{m^2 + mn + n^2} - 1)$ 的所有可能值.

20. 定义无穷正整数数列 $\{a_n\}$ 满足对任意 $k \geq 2$ 有 $a_{k+1} = \dfrac{a_k + a_{k-1}}{2015^i}$,其中 i 是使得 a_{k+1} 为正整数的最大数,证明:若 $\{a_n\}$ 是周期数列,则其周期一定是3的倍数.

参 考 答 案

1.

$$\prod_{k=0}^{23} \cos(56° \cdot 2^k) = \dfrac{2^{24} \sin 56° \prod_{k=0}^{23} \cos(56° \cdot 2^k)}{2^{24} \sin 56°}$$

$$= \dfrac{2^{23} \sin(56° \cdot 2) \prod_{k=1}^{23} \cos(56° \cdot 2^k)}{2^{24} \sin 56°} = \cdots = \dfrac{\sin(56° \cdot 2^{24})}{2^{24} \sin 56°}.$$

故只需证明 $\sin(56° \cdot 2^{24}) = \sin 56°$. 根据欧拉定理,$2^{24} = 2^{\varphi(45)} \equiv 1 \pmod{45}$,即

$45|(2^{24}-1)$，故 $360|56\times(2^{24}-1)$，所以 $\sin(56°\cdot 2^{24})=\sin 56°$，问题得证.

2. 记 $a_K=\max\{a_0,a_1,\cdots,a_N\}$，若结论不成立，则一定有 $a_K>0$ 且 $K\neq 0$、1，从而 $a_{K-1}\leq a_K$ 且 $a_{K+1}\leq a_K$，所以 $0<a_K^2=(a_{K+1}-a_K)+(a_{K-1}+a_K)\leq 0$，矛盾，故假设不成立，问题得证.

3. 多次使用均值不等式并结合 $\dfrac{1}{x}+\dfrac{1}{y}+\dfrac{1}{z}=3$ 可知，

$$\dfrac{1}{\sqrt{x^3+y}}+\dfrac{1}{\sqrt{y^3+z}}+\dfrac{1}{\sqrt{z^3+x}}\leq\dfrac{1}{\sqrt{2x\sqrt{xy}}}+\dfrac{1}{\sqrt{2y\sqrt{yz}}}+\dfrac{1}{\sqrt{2z\sqrt{zx}}}$$

$$=\dfrac{1}{\sqrt{2}}\left(\dfrac{\sqrt{x\sqrt{xy}}}{x\sqrt{xy}}+\dfrac{\sqrt{y\sqrt{yz}}}{y\sqrt{yz}}+\dfrac{\sqrt{z\sqrt{zx}}}{z\sqrt{zx}}\right)\leq\dfrac{1}{2\sqrt{2}}\left(\dfrac{x+\sqrt{xy}}{x\sqrt{xy}}+\dfrac{y+\sqrt{yz}}{y\sqrt{yz}}+\dfrac{z+\sqrt{zx}}{z\sqrt{zx}}\right)$$

$$=\dfrac{1}{2\sqrt{2}}\left(3+\dfrac{1}{\sqrt{xy}}+\dfrac{1}{\sqrt{yz}}+\dfrac{1}{\sqrt{zx}}\right)=\dfrac{1}{2\sqrt{2}}\left(3+\dfrac{\sqrt{xy}}{xy}+\dfrac{\sqrt{yz}}{yz}+\dfrac{\sqrt{zx}}{zx}\right)$$

$$\leq\dfrac{1}{2\sqrt{2}}\left(3+\dfrac{x+y}{2xy}+\dfrac{y+z}{2yz}+\dfrac{z+x}{2zx}\right)=\dfrac{3}{\sqrt{2}}.$$

4. 令 $x=y=0\Rightarrow f(f(0))=0$，再令 $x=\dfrac{f(0)}{2}$，$y=f(0)$ 并结合 $f(f(0))=0$ 可知 $f(0)=0$.

在原式中再令 $y=0$ 并结合 $f(0)=0$ 可知 $f(x)=f(-x)$，在原式中令 $x=0$ 得到 $f(f(y))=-f(y)$.

综上，$f(y)=-f(f(y))=f(f(f(y)))=f(-f(y))=f(f(y))=-f(y)$ 即 $f(y)=0$，所以符合条件的唯一函数为 $f(x)=0$.

5.（法一）构造四边形 $ABCD$，其中
$AB=b$，$BC=c$，$CD=b$，$DA=a$，$\angle ABC=120°$，$\angle ADC=60°$.
则 $AC^2=a^2+d^2-ad=b^2+c^2+bc$，且 $\angle BAD+\angle BCD=360°-(120°+60°)=180°$，下面证明 $\angle BAD=\angle BCD=90°$. 若 $\angle BAD>90°$，$\angle BCD<90°$，易知 $a^2+b^2<BD^2<c^2+d^2$，这与已知条件矛盾；同理，若 $\angle BAD<90°$，$\angle BCD>90°$，也能导致矛盾. 所以 $\angle BAD=\angle BCD=90°$.

而

$$S_{\triangle ABC}+S_{\triangle ADC}=S_{\triangle BAD}+S_{\triangle BCD}, \quad S_{\triangle ABC}=\dfrac{\sqrt{3}}{4}bc,$$

$$S_{\triangle ADC}=\dfrac{\sqrt{3}}{4}ad, \quad S_{\triangle BAD}=\dfrac{1}{2}ab, \quad S_{\triangle BCD}=\dfrac{1}{2}cd,$$

所以 $\dfrac{\sqrt{3}}{4}(bc+ad)=\dfrac{1}{2}(ab+cd)$ 即 $\dfrac{ab+cd}{ad+bc}=\dfrac{\sqrt{3}}{2}$.

（法二）作如下三角换元：$a=T\sin\alpha$，$b=\cos\alpha$，$c=T\sin\beta$，$d=\cos\beta$，其中 α、$\beta\in\left(0,\dfrac{\pi}{2}\right)$，$T>0$，代入 $a^2+d^2-ad=b^2+c^2+bc$ 中可得 $\cos 2\beta-\cos 2\alpha=\sin(\alpha+\beta)$.

又 $\cos2\beta - \cos2\alpha = 2\sin(\alpha-\beta)\sin(\alpha+\beta)$ 且 $\sin(\alpha+\beta) \neq 0$，从而

$$\sin(\alpha-\beta) = \frac{1}{2}, \quad \cos(\alpha-\beta) = \frac{\sqrt{3}}{2},$$

所以，

$$\frac{ab+cd}{ad+bc} = \frac{\frac{T^2}{2}(\sin2\alpha+\sin2\beta)}{T^2\sin(\alpha+\beta)} = \frac{T^2\sin(\alpha+\beta)\cos(\alpha-\beta)}{T^2\sin(\alpha+\beta)} = \cos(\alpha-\beta) = \frac{\sqrt{3}}{2}.$$

6. 显然，对 k 个座位，在所有符合要求的染法中，有第一个座位染成红色或绿色两种情况，记对应的染法分别为 r_k、g_k，显然有 $r_k = g_k(k \geq 1)$ 且 $g_k = r_{k-1} + g_{k-2} = g_{k-1} + g_{k-2}(k \geq 3)$，而 $g_1 = g_2 = 1$，易得 $g_{16} = 987$，所以符合要求的染法共有 $987 \times 2 = 1974$ 种.

7. 令 $a_i = \max\{p_i, i\}$，$b_i = \min\{p_i, i\}$，则 $|p_i - i| = a_i - b_i$，故

$$\sum_{k=1}^{30}|p_k - k| = \sum_{i=1}^{30}a_i - \sum_{i=1}^{30}b_i,$$

注意到 $\sum_{k=1}^{30}a_i - \sum_{k=1}^{30}b_i$ 的最大值为 $2\left(\sum_{i=16}^{30}i - \sum_{i=1}^{15}i\right) = 450$，故满足 $\sum_{k=1}^{30}|p_k - k| = 450$ 的排列方式共有 $(15!)^2$ 种.

8. 贝蒂有必胜策略，事实上，贝蒂可以采取如下策略取胜：

(1) 若艾伯特采用取法(a)，则贝蒂采用取法(b)，反之亦然；

(2) 若艾伯特从一个碗中使用取法(c)，则贝蒂从另一个碗中采用取法(c)；

(3) 若艾伯特取完后，贝蒂有机会取走蓝碗中最后一个红球或红碗中最后一个篮球，则她取走对应的最后一颗球便获得胜利.

下面我们证明上述策略是贝蒂的必胜策略. 考虑平面上一点 B，其横坐标代表蓝碗中红球数量，纵坐标代表蓝碗中蓝球数量，以及另一点 R，其横坐标代表红碗中蓝球数量，纵坐标代表红碗中红球数量，则开始时 $B(100,0)$，$R(100,0)$. 若艾伯特采用取法(a)，则贝蒂采用取法(b)后，仍有 $B = R$，反之亦然；若艾伯特从一个碗中使用取法(c)，则贝蒂从另一个碗中采用取法(c)，仍然有 $B = R$. 注意到任意一次操作后，两个碗中的球的数量总是偶数，若艾伯特获胜，则在他最后一次取球前，一定有 $B = R = (1, s)$ 且 $s \geq 1$，或者 $B = R = (2, t)$ 且 $t \geq 0$，而每次取球只能改变 B、R 中一个点的横坐标，故贝蒂在最后一次取球前，B、R 中必有一个点的横坐标是 1 或 2，此时贝蒂只需取走蓝碗中最后一个红球或红碗中最后一个蓝球，其已获胜，这与前述假设矛盾. 综上，贝蒂有必胜策略.

9. 将第 $\left[\frac{n}{2}\right]$ 行的 n 个单元格全部标记，显然符合要求，下面证明 n 是符合题意的最小值.

当 n 是奇数时，经过多于 $n/2$ 个单元格的对角线共有 $2n$ 个 (共线的对角线算一条)，由于每个被标记的单元格最多被 2 条对角线经过，故至少需要标记 n 个单元格才能使得每

条对角线都经过至少一个单元格.

当 n 是偶数时,经过多于 $n/2$ 个单元格的对角线共有 $2n-2$ 条(共线的对角线算一条),在这些对角线上任取一点且其坐标为 (x,y),若 $2\mid x-y$ 则定义其为偶对角线,否则定义为奇对角线. 易知, 共有 n 条奇对角线和 $n-2$ 条偶对角线. 由于每个被标记的单元格最多被 2 条"奇偶性"不同的对角线经过,故至少也需要标记 n 个单元格才能使得每条对角线都经过至少一个单元格.

10. 用点表示机场,开通直达航线的机场之间用边相连,记 S 航空公司和 C 航空公司运营的航线图分别为 G 和 G',则每个机场的"运输量"等同于图 G 中相应顶点的度数,即要证明在图 G 中存在一个哈密顿圈.

引理 设具有 100 个顶点的图 H 中存在一条哈密顿路径(非闭合),且该路径的起点 A、终点 B 的度数之和不小于 100,则图 H 中一定存在一个哈密顿圈.

引理的证明 设 $\deg A = N$,哈密顿路径的顶点依次为 $C_1(=A), C_2, \cdots, C_{100}(=B)$,与 A 相邻的顶点为 $C_{p_1}, C_{p_2}, \cdots, C_{p_N}$,注意到 $\deg B \geq 100 - N$,根据抽屉原理可知,$C_{p_1-1}, C_{p_2-1}, \cdots, C_{p_N-1}$ 中至少有一个顶点不妨设为 C_{p_1-1} 与 B 相邻,故 $(A=)C_1 \to C_2 \to \cdots \to C_{p_1-1} \to (B=)C_{100} \to C_{99} \to \cdots \to C_{p_1} \to A$ 是哈密顿圈.

回到原题,若 G 中不存在哈密顿圈,则可以找到 G' 中相邻而在 G 中不相邻的两点 A 和 B,注意到在图 G 中有 $\deg A + \deg B \geq 100$,根据引理,图 G 中没有从 A 到 B 的哈密顿路径,故连接 AB 后,图 G 中也没有从 A 到 B 的哈密顿圈,这样的操作进行多次后,可以使得 G' 中所有相邻的顶点在 G 中也相邻,且保持 G 中没有哈密顿圈,这与 G' 中存在哈密顿圈矛盾.

11. 注意到 $\angle AHG = \angle ACG = \angle GCB$,故 $\angle HDB = \angle HAB + \angle AHG = \angle HCB + \angle GCB = \angle GCH$,从而 C、F、D、H 四点共圆,故 $\angle GCE = \angle FCD = \angle FHD = \angle IHG = \angle ICG$,又 $\angle ACG = \angle BCG$,所以 $\angle ACI = \angle ECB$ 即 $AI = EB$.

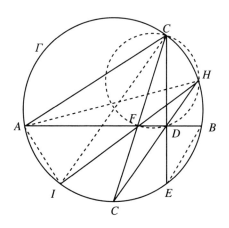

图 1

12. 延长 TK 与△ABC 外接圆相交于点 S，易知∠ABS = ∠ATS = ∠BAT，故四边形 ASBT 是梯形，故 MK ∥ AT ∥ SB 且 M 是 AB 的中点，故 K 是 TS 的中点，而∠TAC = ∠BAT = ∠ATS，故四边形 ACTS 是圆内接梯形，故四边形 ACTS 是等腰梯形，又 K 是 TS 中点，所以 AK = KC．

13. 设 PC 与 AB 相交于点 T，则∠BTC = 90° − ∠PCB = 90° − ∠PDB = 90° − ∠SBD = ∠BSC，所以 B、S、T、C 四点共圆，故∠TSC = 90°，TS ∥ BD，所以，
$S_{\triangle DSR} = S_{\triangle DTR} = S_{\triangle DTB} − S_{\triangle TBR} = S_{\triangle CTB} − S_{\triangle TBR} = S_{\triangle CRB} = S_{\triangle ARB}$．

14. （法一）如图 2，由∠SDP = ∠CAP = ∠RBP，故 B、R、D、P 四点共圆，同理可知，B、S、D、Q 四点共圆，设 BD 与△ABC 的外接圆的另一个交点为 X，则∠AXB = ∠ACB = ∠DRB，又∠ABX = ∠DBR，从而△ABX ∽ △DRB，故∠RPB = ∠RDB = ∠XAB = ∠XPB，R、X、P 三点共线，同理可知 S、X、Q 三点共线．所以 RX · XP = DX · XB = SX · XQ，从而 P、Q、R、S 四点共圆．

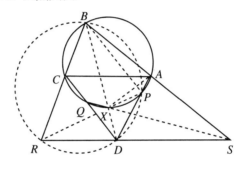

图 2

（法二）若 AB = CB，则 R、S 和 P、Q 分别关于直线 BD 对称，故四边形 RSPQ 是等腰梯形，四个顶点共圆．当 AB ≠ CB 时，记△ABC、△SBR、△DPQ 的外接圆分别是 ω、$ω_1$、$ω_2$．如图 3，由 AC ∥ RS 可知，ω、$ω_1$ 位似且位似中心是 B 点，而∠RDQ = ∠DCA = ∠DPQ，故 RS 与 $ω_2$ 相切于点 D，过点 B 作 ω、$ω_1$ 的公切线与直线 RS 相交于点 K，可以得到∠KBD = ∠KBR + ∠CBD = ∠DSB + ∠SBD = ∠KDB，从而 KB = KD，即 K 对 ω、$ω_1$ 等幂，所以 K 在 ω、$ω_1$ 的根轴 PQ 上，KR · KS = KB^2 = KD^2 = KP · KQ，即 P、Q、R、S 四点共圆．

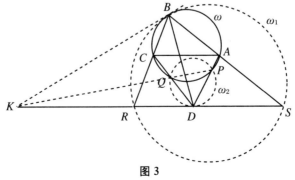

图 3

（法三）如图 4，以 B 为反演中心做反演变换，记 X 的反点是 X'. 注意到 $\triangle ABC$、$\triangle SBR$ 的外接圆相切于点 B，故它们的反形为两条平行直线 $A'C'$ 和 $S'R'$，而 D 的反点 D' 是 $\triangle R'BS'$ 的外接圆与 $\angle A'BC'$ 的角平分线的交点，点 P、Q 的反点 P'、Q' 分别是 $\triangle A'BD$、$\triangle C'BD'$ 的外接圆与直线 $A'C'$ 的交点. 所以，我们有 $\angle D'Q'P' = \angle C'BD' = \angle A'BD' = \angle D'P'Q'$ 和 $\angle D'R'S' = \angle S'BD' = \angle R'BD' = \angle R'S'D'$，这意味着 P'、Q' 和 S'、R' 分别关于 $R'S'$ 经过 D' 的垂线对称，即四边形 $P'S'R'Q'$ 是等腰梯形，其四个顶点共圆，根据反演变换的性质可知，P、Q、R、S 四点共圆.

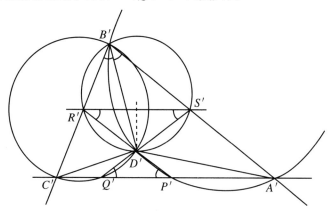

图 4

15.（法一）记 $\triangle ABD$ 的外接圆为 ω，则 C 点在 ω 外且在 $\angle BAD$ 内，以 A 为反演中心、以 1 为反演半径做反演变换，记 X 的反点是 X'. 故 ω 的反形是直线 $B'D'$，且 C 点的反点 C' 在 $\angle B'D'$ 内部，$B'C' + C'D' < AB' + AD'$，又 $B'C' = \dfrac{BC}{AB \cdot AC}$，$C'D' = \dfrac{CD}{AC \cdot AD}$，$AB' = \dfrac{1}{AB}$，$AD' = \dfrac{1}{AD}$，代入上式化简即得证.

（法二）考虑圆内接四边形 $A'B'C'D'$，其四边与四边形 $ABCD$ 的四条边分别相等，$\angle B' + \angle D' = \pi < \angle B + \angle D$，故 $\angle B' < \angle B$ 或 $\angle D' < \angle D$，由余弦定理可知 $A'C' < AC$，结合托勒密定理可知

$$AB \cdot CD + AD \cdot BC = A'C' \cdot B'D' < A'C' \cdot (A'B' + A'D')$$
$$< AC \cdot (AB + AD).$$

16. $712! + 1$ 不是质数，事实上可以证明 $719 \mid (712! + 1)$. 下文出现的同余式皆以 719 为模. 根据威尔逊定理 $718! \equiv -1$，而 $713 \times 714 \times 715 \times 716 \times 717 \times 718 \equiv 720 \equiv 1$，故 $712! \equiv -1$，即 $719 \mid (712! + 1)$.

17. 设 $a = x - y$，$b = y - z$，则 $a + b = x - z$，所以

$$\dfrac{1}{(x-y)^2} + \dfrac{1}{(y-z)^2} + \dfrac{1}{(z-x)^2} = \dfrac{1}{a^2} + \dfrac{1}{b^2} + \dfrac{1}{(a+b)^2} = \left(\dfrac{a^2+b^2+ab}{ab(a+b)}\right)^2,$$

其中 $\dfrac{a^2+b^2+ab}{ab(a+b)}$ 是有理数. 另一方面，注意到 2014 不能表示为有理数的平方，矛盾. 所

以，不存在符合要求的有理数.

18. 当 $p \nmid a_1$ 时，对任意的 a_3、a_4，均只有唯一的 a_2，且 $a_2 \equiv a_1^{-1}(-1-a_3 a_4)$ $(\bmod\ p^n)$，使得 $p^n \mid a_1 a_2 + a_3 a_4 + 1$，对应的 (a_1, a_2, a_3, a_4) 有 $(p^n - p^{n-1}) \cdot p^n \cdot p^n = p^{3n} - p^{3n-1}$ 个.

当 $p \mid a_1$ 时，显然 $p \nmid a_3$，此时，对任意的 a_2，均存在唯一的 a_4，且 $a_4 \equiv a_3^{-1}$ $(-1-a_1 a_2)(\bmod\ p^n)$，使得 $p^n \mid a_1 a_2 + a_3 a_4 + 1$. 而被 p 整除的 a_1 有 p^{n-1} 种选法，不能被 p 整除的 a_3 有 $p^n - p^{n-1}$ 种选法，a_2 有 p^n 种选法，故对应的 (a_1, a_2, a_3, a_4) 有 $p^{n-1} \cdot (p^n - p^{n-1}) \cdot p^n = p^{3n-1} - p^{3n-2}$ 个.

综上，符合要求的四元数组共有 $(p^{3n} - p^{3n-1}) + (p^{3n-1} - p^{3n-2}) = p^{3n} - p^{3n-2}$ 个.

19. 不失一般性，可假设 $m \geqslant n$. 由 $\gcd(2^p - 1, 2^q - 1) = 2^{\gcd(p,q)} - 1$ 可知，
$$\gcd(2^m - 2^n, 2^{m^2+mn+n^2} - 1) = \gcd(2^{m-n} - 1, 2^{m^2+mn+n^2} - 1)$$
$$= 2^{\gcd(m-n, m^2+mn+n^2)} - 1.$$

设 $\gcd(m-n, m^2+mn+n^2) = d$，则 $d \mid m-n$ 且 $d \mid m^2+mn+n^2$，而
$$m^2 + mn + n^2 = m^2 + n(m-n) + 2n^2,$$
故 $d \mid m^2 + 2n^2$，易知 $d \mid m^2 - n^2$，所以 $d \mid 3m^2$. 又由 m、n 互素可知 m、d 互素，所以 $d \mid 3$，即 $d = 1$ 或 3. 显然，当 $(m, n) = (2, 1)$ 时 $d = 1$，当 $(m, n) = (1, 1)$ 时 $d = 3$. 所以，$\gcd(2^m - 2^n, 2^{m^2+mn+n^2} - 1)$ 只可以等于 1 或 7.

20. 不妨设 $\{a_n\}$ 中至少有一项为奇数，否则，可将 $\{a_n\}$ 各项均除以 2，这个过程可一直进行下去，直到出现一个奇数，且得到的新数列与原数列拥有相同的递推公式和周期. 而 $a_{k+1} = \dfrac{a_k + a_{k-1}}{2015^i} \equiv a_k + a_{k-1} (\bmod\ 2)$，由于 $\{a_n\}$ 中至少有一项奇数，故其模数列中必然出现 $\cdots, 1, 1, 0, 1, 1, 0, 1, 1, 0, \cdots$ 的形式，所以，若 $\{a_n\}$ 是周期数列，则其周期一定是 3 的倍数.

注 满足题设递推公式的周期数列是否存在，目前尚未可知，甚至此类问题的解决看起来仍是遥不可及的. 有兴趣的读者可以进一步参考 http://arxiv.org/pdf/1403.4614v1.pdf（本题是这篇论文中的引理 28，且题目中的 2015 可以替换为任意大于 1 的奇数）.

吕海柱　翻译
江苏省宝应中学

1. $\triangle ABC$ 满足，$AB+AC=2R$，R 是外接圆半径，$\angle A$ 是钝角. A 与三角形外接圆圆心的连线交 BC 于点 D. $\triangle ABD$ 的内切圆半径为 1，求 $\triangle ADC$ 的内切圆半径.

2. 证明:若 a、b 是正整数，则 $((a+2)^2+3b^2)((a-2)^2+3b^2)$ 不是完全平方数.

3. 已知 a_i、b_i、c_i 是实数，$i=1,2,3,4$，且
$$\sum_{i=1}^{4} a_i^2 = 1, \quad \sum_{i=1}^{4} b_i^2 = 1, \quad \sum_{i=1}^{4} c_i^2 = 1,$$
$$\sum_{i=1}^{4} a_i b_i = 0, \quad \sum_{i=1}^{4} b_i c_i = 0, \quad \sum_{i=1}^{4} c_i a_i = 0.$$
求证:$a_1^2+b_1^2+c_1^2 \le 1$.

4. 令 $f(n)=n^{n^{n^n}}+n^{n^n}+n^n-1$. 求所有的正整数 n，使得 $f(n)$ 是素数.

5. 对正整数 n，称数组 $\{\lambda_1,\lambda_2,\cdots,\lambda_s\}$ 为 n 的一个(无序的)分拆，如果 $\lambda_1+\lambda_2+\cdots+\lambda_s=n$，$\lambda_1 \ge \lambda_2 \ge \cdots \ge \lambda_s$. 称每个 λ_i 为分拆的项. 记 $P_o(n)$ 为项全为奇数的 n 的分拆的集合，$P_d(n)$ 为项两两不等的 n 的分拆的集合. 试在 $P_d(n)$ 与 $P_o(d)$ 之间建立一个双射.

6. d 是一个大于 100 的整数，M 是所有在 10 进制下数码和为 d 的倍数的正整数的集合，a_n 是将 M 中的数从小到大排列的第 n 个数，求证:存在无穷多个 n，使得 $a_n - nd > \sqrt{n}$.

参考答案

1. 延长 AD 交外接圆于点 E，联结 BE、CE. 为方便起见，记 $\angle ABC=\alpha$，$\angle ACB=\beta$. 由 $AB+AC=2R$ 可得 $2R\sin\beta+2R\sin\alpha=2R$，即
$$\sin\alpha + \sin\beta = 1. \qquad ①$$

显然
$$\frac{S_{\triangle ABD}}{S_{\triangle ACD}} = \frac{C_{\triangle ABD} r_{\triangle ABD}}{C_{\triangle ACD} r_{\triangle ACD}} = \frac{BD}{CD}. \qquad ②$$

这里，$C_{\triangle ABD}$、$C_{\triangle ACD}$ 分别表示 $\triangle ABD$、$\triangle ACD$ 的周长.

下面我们证明 $\dfrac{C_{\triangle ABD}}{C_{\triangle ACD}} = \dfrac{BD}{CD}$，即 $\dfrac{AB+AD}{AC+AD} = \dfrac{BD}{CD}$. 因为 $\angle ABE=\angle ACE=90°$，所以
$$\sin\angle BAD = \sin\angle BCE = \cos\beta, \quad \sin\angle CAD = \sin\angle CBE = \cos\alpha.$$
由正弦定理得

$$\frac{AD}{\sin\alpha} = \frac{BD}{\cos\beta} = \frac{AB}{\sin\angle ADB},$$

$$\frac{AD}{\sin\beta} = \frac{CD}{\cos\alpha} = \frac{AC}{\sin\angle ADC},$$

则

$$\frac{BD}{CD} = \frac{\frac{AD\cos\beta}{\sin\alpha}}{\frac{AD\cos\alpha}{\sin\beta}} = \frac{\sin\beta\cos\beta}{\sin\alpha\cos\alpha},$$

$$\frac{AD+AB}{AD+AC} = \frac{1+\frac{AB}{AD}}{1+\frac{AC}{AD}} = \frac{1+\frac{\sin\angle ADB}{\sin\alpha}}{1+\frac{\sin\angle ADC}{\sin\beta}} = \frac{1+\frac{\cos\alpha\cos\beta+\sin\alpha\sin\beta}{\sin\alpha}}{1+\frac{\cos\alpha\cos\beta+\sin\alpha\sin\beta}{\sin\beta}}.$$

因此我们只要证明

$$\frac{1+\frac{\cos\alpha\cos\beta+\sin\alpha\sin\beta}{\sin\alpha}}{1+\frac{\cos\alpha\cos\beta+\sin\alpha\sin\beta}{\sin\beta}} = \frac{\sin\beta\cos\beta}{\sin\alpha\cos\alpha},$$

即

$$\sin\alpha\cos\alpha + \cos^2\alpha\cos\beta + \sin\alpha\cos\alpha\sin\beta$$
$$= \sin\beta\cos\beta + \cos^2\beta\cos\alpha + \sin\alpha\sin\beta\cos\beta. \qquad ③$$

由式①得

$$\sin\alpha\cos\alpha + \sin\alpha\cos\alpha\sin\beta = \cos\alpha\sin\alpha(1+\sin\beta)$$
$$= \cos\alpha(1-\sin\beta)(1+\sin\beta) = \cos\alpha\cos^2\beta, \qquad ④$$

$$\cos^2\alpha\cos\beta = (1+\sin\alpha)(1-\sin\alpha)\cos\beta$$
$$= (1+\sin\alpha)\sin\beta\cos\beta = \sin\beta\cos\beta + \sin\alpha\sin\beta\cos\beta. \qquad ⑤$$

④+⑤即得式③成立. 故 $\frac{AB+AD}{AC+AD} = \frac{BD}{CD}$, 即 $\frac{C_{\triangle ABD}}{C_{\triangle ACD}} = \frac{BD}{CD}$.

因此, 再由式②得 $r_{\triangle ACD} = r_{\triangle ABD} = 1$.

2. 令 $T = ((a+2)^2 + 3b^2)((a-2)^2 + 3b^2) = (a^2+3b^2+4)^2 - 16a^2$. 由于

$$(a^2+3b^2+4)^2 - (a^2+3b^2-4)^2 = 16(a^2+3b^2) > 16a^2,$$

故

$$(a^2+3b^2-4)^2 < T < (a^2+3b^2+4)^2.$$

假设 T 为完全平方数, 则 $T = (a^2+3b^2-4+\delta)^2$, 其中 $1 \leq \delta \leq 7$. 化简得

$$2\Delta a^2 - 6(8-\delta)b^2 + \delta^2 - 8\delta = 0. \qquad ①$$

由式①得 δ 为偶数.

若 $\delta = 2$, 则式①为 $a^2 - 9b^2 = 3$. 因此, $3 \mid a$, 从而 $9 \mid a^2$. 因此, $9 \mid 3$, 矛盾.

若 $\delta = 4$, 则式①为 $3b^2 + 2 = a^2$. 因此, $a^2 \equiv 2 \pmod{3}$, 矛盾.

若 $\delta = 6$, 则式①为 $a^2 - b^2 = 1$, 即 $(a+b)(a-b) = 1$, 显然无正整数解.

因此，$((a+2)^2+3b^2)((a-2)^2+3b^2)$ 不是完全平方数.

3. 根据题目中的条件可得如下等式

$$(a_1^2+b_1^2+c_1^2-1)^2+\sum_{i=2}^{4}(a_1a_i+b_1b_i+c_1c_i)^2$$

$$= a_1^2\sum_{i=1}^{4}a_i^2+b_1^2\sum_{i=1}^{4}b_i^2+c_1^2\sum_{i=1}^{4}c_i^2+2a_1b_1\sum_{i=1}^{4}a_ib_i+2a_1c_1\sum_{i=1}^{4}a_ic_i$$

$$+2c_1b_1\sum_{i=1}^{4}c_ib_i-2(a_1^2+b_1^2+c_1^2)+1$$

$$=1-(a_1^2+b_1^2+c_1^2).$$

因此，$a_1^2+b_1^2+c_1^2 \leqslant 1$.

4. 当 $n=1$ 时，$f(n)=2$ 为素数. 下面假设 $n \geqslant 2$. 若 n 为奇数，则 $f(n)$ 为偶数，且大于 2，故为合数. 若 n 为偶数，则

$$f(n) \equiv 1+1-1-1 \equiv 0 (\bmod\ n^n+1),$$

故 $f(n)$ 为合数.

因此，1 是唯一的正整数 n 使得 $f(n)$ 是素数.

5. n 分拆成奇数的和可写成

$$n = l_1 \cdot 1 + l_2 \cdot 3 + l_3 \cdot 5 + \cdots$$

$$= (2^{a_1}+2^{b_1}+\cdots) \cdot 1 + (2^{a_2}+2^{b_2}+\cdots) \cdot 3 + (2^{a_3}+\cdots) \cdot 5 + \cdots,$$

这与互不相等的分拆

$$2^{a_1}, 2^{b_1}, \cdots, 2^{a_2} \cdot 3, 2^{b_2} \cdot 3, \cdots, 2^{a_3} \cdot 5, 2^{b_3} \cdot 5, \cdots$$

一一对应.

6. 设 a_n 为大于 10^m 的最小的数字和为 d 的倍数的数，则 $a_n \geqslant 10^m$. 因为不超过 m 位且数字和为 t 的数的个数为 $f(x)=(1+x+x^2+\cdots+x^9)^m$ 中 x^t 的系数，再由

$$\frac{1}{d}\sum_{x^d=1}x^t = \begin{cases} 0, & \text{若 } d \nmid t, \\ 1, & \text{若 } d \mid t, \end{cases}$$

我们可得不超过 m 位，数字和为 d 的倍数的数的个数为 $\frac{1}{d}\sum_{x^d=1}f(x)$. 因此，

$$n-1 = \frac{1}{d}\sum_{x^d=1}f(x) = \frac{1}{d}\left(10^m + \sum_{x^d=1, x\neq 1}\left(\frac{x^{10}-1}{x-1}\right)^m\right). \qquad ①$$

故

$$a_n - nd \geqslant 10^m - nd \geqslant -d - \sum_{x^d=1, x\neq 1}\left(\frac{x^{10}-1}{x-1}\right)^m := -d - S. \qquad ②$$

记 $\max\limits_{\substack{x^d=1 \\ x\neq 1}}\left|\frac{x^{10}-1}{x-1}\right| = R$. 下面我们证明 $R > 5$，且当且仅当 $x = e^{\frac{2\pi i}{d}}, e^{-\frac{2\pi i}{d}}$ 时取最大值 R.

记 $\theta = \frac{1}{2}\arg x$，则

$$\left|\frac{x^{10}-1}{x-1}\right| = \left|\frac{(\cos 20\theta - 1)+\mathrm{i}\sin 20\theta}{(\cos 2\theta - 1)+\mathrm{i}\sin 2\theta}\right| = \frac{\sqrt{(\cos 20\theta-1)^2+\sin^2 20\theta}}{\sqrt{(\cos 2\theta-1)^2+\sin^2 2\theta}} = \left|\frac{\sin 10\theta}{\sin\theta}\right|.$$

设 $f(\theta)=\dfrac{\sin 10\theta}{\sin\theta}$，则

$$f'(\theta) = \frac{10\cos 10\theta\sin\theta - \sin 10\theta\cos\theta}{\sin^2\theta}.$$

令

$$g(\theta) = 10\cos 10\theta\sin\theta - \sin 10\theta\cos\theta,$$

则 $g'(\theta) = -99\sin 10\theta\sin\theta$. 当 $\theta\in\left[0,\dfrac{\pi}{10}\right]$ 时，$g'(\theta)\leqslant 0$，$g(0)=0$，从而，$g(\theta)\leqslant 0$，即 $f'(\theta)\leqslant 0$. 因此，$f\left(\dfrac{\pi}{d}\right) > f\left(\dfrac{\pi}{100}\right) > 5$. 当 $\theta\in\left[\dfrac{\pi}{10},\dfrac{\pi}{2}\right]$ 时，$|f(\theta)|\leqslant \dfrac{1}{\sin\dfrac{\pi}{10}} < 5$. 注意到

$$f(\theta) = -f(\pi-\theta),\quad 0\leqslant\theta\leqslant\pi,$$

以及 $\theta = k\dfrac{\pi}{d}(k\in\mathbf{Z})$，故 $|f(\theta)|$ 当且仅当 $\theta = \mathrm{e}^{\frac{\pi\mathrm{i}}{d}}$ 或 $\mathrm{e}^{-\frac{\pi\mathrm{i}}{d}}$ 时取最大值 R，即 $x = \mathrm{e}^{\frac{2\pi\mathrm{i}}{d}}$ 或 $\mathrm{e}^{-\frac{2\pi\mathrm{i}}{d}}$ 时取最大值 R.

令 $\xi = \mathrm{e}^{\frac{2\pi\mathrm{i}}{d}}$，则 $\arg\left(\dfrac{\xi^{10}-1}{\xi-1}\right) = \dfrac{9\pi}{d}$，$\arg\left(\dfrac{\overline{\xi}^{10}-1}{\overline{\xi}-1}\right) = 2\pi - \dfrac{9\pi}{d}$. 取 $m=(2t+1)d$，t 为待定的正整数. 则

$$\arg\left(\left(\frac{\xi^{10}-1}{\xi-1}\right)^m\right) = \arg\left(\left[\frac{\overline{\xi}^{10}-1}{\overline{\xi}-1}\right]^m\right) = \pi.$$

因此，

$$\frac{S+(\sqrt{10})^m}{R^m} = -2 + \sum_{\substack{x^d=1\\ x\neq 1,\xi,\overline{\xi}}}\left(\frac{\frac{x^{10}-1}{x-1}}{R}\right)^m + \left(\frac{\sqrt{10}}{R}\right)^m.$$

从而，存在正整数 T_1 使得，当 $t\geqslant T_1$ 时，$\left|\dfrac{S+(\sqrt{10})^m}{R^m}+2\right|<1$，即 $S+(\sqrt{10})^m < -R^m$. 显然存在正整数 T_2 使得，当 $t\geqslant T_2$ 时，$R^m\geqslant d$. 故当 $t\geqslant\max\{T_1,T_2\}$ 时有 $-S > (\sqrt{10})^m + d$.

因此，由式①得

$$-S-d > (\sqrt{10})^m > \sqrt{1+10^m+S} \geqslant \sqrt{1+\frac{10^m+S}{d}} = \sqrt{n}.$$

再根据式②可得 $a_n > nd + \sqrt{n}$.

杨全会　整理
南京信息工程大学数学与统计学院

2014年清华大学金秋数学体验营试题

1. 证明:当正整数 $n \geq 4$ 时,不存在一个正 n 边形,其所有边及对角线的长度均为整数.

2. 给定 $n \geq 2$,$r(k)$ 表示 n 除以 k 的余数,$\sigma(k)$ 表示 k 的正因子之和. 求 $r(1) + r(2) + \cdots + r(n) + \sigma(1) + \sigma(2) + \cdots + \sigma(n)$.

3. 求最大的整数 k 使 $\left[\dfrac{n}{\sqrt{3}}+1\right] > \dfrac{n^2}{\sqrt{3n^2-k}}$ 对所有整数 $n \geq 2$ 都成立.

4. 记 $f(x,y,z) = x^l y^m z^n + \sum\limits_{s=1}^{t} A_s x^{p_s} y^{q_s} z^{r_s}$,其中 l、m、n 是正整数,A_s 是实数,p_s、q_s、r_s 是非负整数,且 $\min\{p_s - l, q_s - m, r_s - n\} < 0$,$\forall 1 \leq s \leq t$. 给定三组实数 $a_0 < a_1 < \cdots < a_l$,$b_0 < b_1 < \cdots < b_m$,$c_0 < c_1 < \cdots < c_n$. 令

$$N(a_i, b_j, c_k) = \prod_{\substack{0 \leq i' \leq l \\ i' \neq i}} (a_i - a_{i'}) \prod_{\substack{0 \leq j' \leq m \\ j' \neq j}} (b_j - b_{j'}) \prod_{\substack{0 \leq k' \leq n \\ k' \neq k}} (c_k - c_{k'}).$$

求

$$\sum_{\substack{0 \leq i \leq l \\ 0 \leq j \leq m \\ 0 \leq k \leq n}} \dfrac{f(a_i, b_j, c_k)}{N(a_i, b_j, c_k)}.$$

5. f 是 $\{1, 2, \cdots, n\}$ 到自身的一个映射,定义 $f(A) = \{b \mid$ 存在 $a \in A$,$f(a) = b\}$,若非空子集 A 满足 $f(A) = A$,称其为不动子集. 求证:有奇数个不动子集.

6. 考虑所有 $\{0, 1, \cdots, n-1\}$ 到 $\{1, 2, \cdots, a\}$ 的映射. 将其分成一些旋转等价类,满足 f、g 属于同一旋转等价类当且仅当存在 $k \in \{1, 2, \cdots, n\}$,使得 $g(i) = f((i+k)_n)$,其中 $(i+k)_n$ 是 $i+k$ 除以 n 的余数. 记共分为 $M(n, a)$ 个旋转等价类.

(1) 求 $M(p, a)$,其中 p 是一个素数.

(2) 求 $M(p^2, a)$,其中 p 是一个素数.

参 考 答 案

1. 设正 n 边形中心到顶点的距离为 R,则该正多边形的边长为 $2R\sin\dfrac{\pi}{n}$,最短的对角线长为 $2R\sin\dfrac{2\pi}{n}$. 若边和对角线的长度均为整数,则

$$\frac{2R\sin\frac{2\pi}{n}}{2R\sin\frac{\pi}{n}} = 2\cos\frac{\pi}{n}$$

为有理数. 因此,我们只要证明对任意整数 $n \geq 4$,$2\cos\frac{\pi}{n}$ 都不可能为有理数.

下面我们证明如下命题:对任给正整数 n,必有首项系数为 1 的整系数多项式 $f_n(x)$,使 $2\cos n\alpha = f_n(2\cos\alpha)$,$\alpha$ 为任意实数.

我们用归纳法证明该命题. 当 $n=1$ 时该结论显然成立. 假设当 $n \leq k$ 时结论成立,当 $n = k+1$ 时,由

$$2\cos(k+1)\alpha = 4\cos k\alpha \cos\alpha - 2\cos(k-1)\alpha$$
$$= 2\cos\alpha((2\cos\alpha)^k + a_{k-1}(2\cos\alpha)^{k-1} + \cdots + a_0)$$
$$- ((2\cos\alpha)^{k-1} + b_{k-2}(2\cos\alpha)^{k-2} + \cdots + b_0)$$
$$= (2\cos\alpha)^{k+1} + d_k(2\cos\alpha)^k + \cdots + d_0,$$

可得上述命题对 $n = k+1$ 也成立. 根据上述命题,存在整系数 $c_0, \cdots, c_{n-1}$ 使得

$$-2 = 2\cos\pi = \left(2\cos\frac{\pi}{n}\right)^n + c_{n-1}\left(2\cos\frac{\pi}{n}\right)^{n-1} + \cdots + c_0.$$

若 $2\cos\frac{\pi}{n} = \frac{s}{t}$ 为有理数,其中 t、s 为整数且 $(t,s) = 1$. 则

$$-2t^n = s^n + c_{n-1}s^{n-1}t + \cdots + c_0 t^n,$$

从而 $t \mid s^n$,故 $t = 1$. 因此,$2\cos\frac{\pi}{n}$ 为整数. 然而,当 $n \geq 4$ 时,$\sqrt{2} \leq 2\cos\frac{\pi}{n} < 2$,不可能为整数. 因此,对任意整数 $n \geq 4$,$2\cos\frac{\pi}{n}$ 都不可能为有理数.

所以,$n \geq 4$ 时,不存在一个正 n 边形,其所有边及对角线的长度均为整数.

2. 由 $r(k) = n - \left[\frac{n}{k}\right] \cdot k$,可得 $\sum_{k=1}^{n} r(k) = n^2 - \sum_{k=1}^{n}\left[\frac{n}{k}\right] \cdot k$. 因为

$$\sum_{k=1}^{n} \sigma(k) = \sum_{k=1}^{n}\sum_{d \mid k} d = \sum_{d=1}^{n} d \cdot \sum_{\substack{k=1 \\ d \mid k}}^{n} 1 = \sum_{d=1}^{n} d \cdot \left[\frac{n}{d}\right],$$

所以 $r(1) + r(2) + \cdots + r(n) + \sigma(1) + \sigma(2) + \cdots + \sigma(n) = n^2$.

3. 由 $\left[\frac{n}{\sqrt{3}} + 1\right] > \frac{n}{\sqrt{3}}$,得 $3\left[\frac{n}{\sqrt{3}} + 1\right]^2 > n^2$. 因此,

$$3\left[\frac{n}{\sqrt{3}} + 1\right]^2 \geq n^2 + 1.$$

若 $3\left[\frac{n}{\sqrt{3}} + 1\right]^2 = n^2 + 1$,则 $n^2 \equiv 2 \pmod{3}$,矛盾. 因此,$3\left[\frac{n}{\sqrt{3}} + 1\right]^2 \geq n^2 + 2$. 从而,若

$$\sqrt{\frac{n^2+2}{3}} > \frac{n^2}{\sqrt{3n^2 - k}},$$

①

则题目中的不等式成立. 式①等价于 $(6-k)n^2 > 2k$. 当 $k=5$ 时，该不等式对 $n \geq 4$ 成立. 容易验证 $k=5$ 时题中的原不等式对 $n=2,3$ 也成立. 因此，当 $k=5$ 时，原不等式对所有整数 $n \geq 2$ 成立. 另一方面，原不等式对 $n=5$ 成立可得 $k \leq 5$. 因此 k 最大为 5.

4. 我们先证明如下引理：对任意 $a_0 < a_1 < \cdots < a_l$，有

$$\sum_{0 \leq i \leq l} \frac{a_i^u}{\prod_{\substack{0 \leq i' \leq l \\ i' \neq i}} (a_i - a_{i'})} = \begin{cases} 0, & 若\ 0 \leq u \leq l-1, u\ 为整数; \\ 1, & 若\ u = l. \end{cases}$$

我们对 x^u 关于点 $a_0, a_1, \cdots, a_l$ 进行拉格朗日插值，得到

$$x^u \equiv \sum_{0 \leq i \leq l} \frac{a_i^u \prod_{\substack{0 \leq i' \leq l \\ i' \neq i}}(x - a_{i'})}{\prod_{\substack{0 \leq i' \leq l \\ i' \neq i}} (a_i - a_{i'})}.$$

比较两边的 x^l 的系数，即可得上述引理成立.

下面我们回到原题. 记 $f_0(x,y,z) = x^l y^m z^n$，$f_s(x,y,z) = A_s x^{p_s} y^{q_s} z^{r_s}$，$1 \leq s \leq t$，且记

$$T_s = \sum_{\substack{0 \leq i \leq l \\ 0 \leq j \leq m \\ 0 \leq k \leq n}} \frac{f_s(a_i, b_j, c_k)}{N(a_i, b_j, c_k)}, \forall 0 \leq s \leq t.$$

则所求的表达式 $T = T_0 + T_1 + \cdots + T_t$. 下面我们证明：$T_s = 0 (1 \leq s \leq t)$ 以及 $T_0 = 1$.

因 $\min\{p_s - l, q_s - m, r_s - n\} < 0$，不妨设 $p_s < l$，则由引理可得

$$T_s = A_s \sum_{\substack{0 \leq i \leq l \\ 0 \leq j \leq m \\ 0 \leq k \leq n}} \frac{a_i^{p_s} b_j^{q_s} c_k^{r_s}}{\prod_{\substack{0 \leq i' \leq l \\ i' \neq i}}(a_i - a_{i'}) \prod_{\substack{0 \leq j' \leq m \\ j' \neq j}}(b_j - b_{j'}) \prod_{\substack{0 \leq k' \leq n \\ k' \neq k}}(c_k - c_{k'})}$$

$$= A_s \left(\sum_{0 \leq i \leq l} \frac{a_i^{p_s}}{\prod_{\substack{0 \leq i' \leq l \\ i' \neq i}}(a_i - a_{i'})} \right) \left(\sum_{0 \leq j \leq m} \frac{b_j^{q_s}}{\prod_{\substack{0 \leq j' \leq m \\ j' \neq j}}(b_j - b_{j'})} \right) \left(\sum_{0 \leq k \leq n} \frac{c_k^{r_s}}{\prod_{\substack{0 \leq k' \leq n \\ k' \neq k}}(c_k - c_{k'})} \right)$$

$$= 0.$$

根据引理，类似可得

$$T_0 = \left(\sum_{0 \leq i \leq l} \frac{a_i^l}{\prod_{\substack{0 \leq i' \leq l \\ i' \neq i}}(a_i - a_{i'})} \right) \left(\sum_{0 \leq j \leq m} \frac{b_j^m}{\prod_{\substack{0 \leq j' \leq m \\ j' \neq j}}(b_j - b_{j'})} \right) \left(\sum_{0 \leq k \leq n} \frac{c_k^n}{\prod_{\substack{0 \leq k' \leq n \\ k' \neq k}}(c_k - c_{k'})} \right) = 1.$$

故 $T = T_0 + T_1 + \cdots + T_s = 1$.

5. 我们作一个有向图，将 $1, 2, \cdots, n$ 作为顶点集. 若 $f(x) = y$，则从点 x 到点 y 连一条边. 这样的有向图显然包含若干个互不相交的圈，且圈的个数 k 至少为 1，因此边的条数和顶点数相等. 由于每个不动子集都必须完整地包含若干个圈，而不能包含不在圈里的顶点，故有 $2^k - 1$ 个不动子集. 因此，不动子集的个数为奇数.

6. 对 $1 \leq i \leq a$，记 I_i 为将 $0, 1, \cdots, n-1$ 全部映到 i 的映射. 记映射 f 所在的等价类

为 $\bar{f}$. 则显然 $\bar{I_i} = \{I_i\}$. 对于映射 f 和 $1 \leq i \leq n$, 定义映射 f_i 满足对所有的整数 $0 \leq j \leq n-1$ 均有 $f_i(j) = f(j+i)$. 显然我们有 $f_n = f$.

(1) 当 $n = p$ 时, 我们证明除了 I_i 之外其他映射所在的等价类均恰好有 p 个元素. 对 $f (f \neq I_i (1 \leq i \leq a))$, 显然 $f_i \in \bar{f} (1 \leq i \leq n)$. 下面我们证明 $f_i \neq f_j (1 \leq i < j \leq n)$. 若 $f_i = f_j$, 则对 $0 \leq t \leq n-1$ 均有 $f_i(t) = f_i(t+j-i)$. 由于 $(j-i, p) = 1$, 故 $0, j-i, 2(j-i), \cdots, (p-1)(j-i)$ 为模 p 的完全剩余系. 因此, f_i 为常数映射. 从而, $f = I_i (1 \leq i \leq a)$, 矛盾. 因此, 若 $f \neq I_i (1 \leq i \leq a)$, 则 $|\bar{f}| = p$. 从而, 我们可得 $M(p, a) = \dfrac{a^p - a}{p} + a$.

(2) 若映射 f 满足对所有的 $0 \leq t \leq p^2 - 1$, 都有 $f(t) = f(t+p)$, 则我们称 f 为周期 p 的. 显然 $I_i (1 \leq i \leq a)$ 为周期 p 的. 类似于(1)的讨论可得, 若 f 不是周期 p 的, 则 $|\bar{f}| = p^2$. 若 f 为周期 p 的, 且 $f \neq I_i (1 \leq i \leq a)$, 则 $|\bar{f}| = p$. 周期 p 的映射的个数为 a^p. 因此, $M(p^2, a) = \dfrac{a^{p^2} - a^p}{p^2} + \dfrac{a^p - a}{p} + a$.

杨全会　整理
南京信息工程大学数学与统计学院

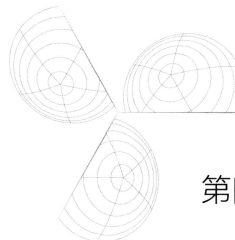

第四篇　模拟训练

《学数学》高中数学竞赛训练题（1）

《学数学》高中数学竞赛训练题（2）

《学数学》高考数学模拟训练题

《学数学》高校自主招生训练题

《学数学》高中数学竞赛训练题(1)

一 试

一、填空题(每小题8分,共64分)

1. 若正数 a、b、c、d 满足 $a^2 = b^2 + c^2 + d^2 + 1$,则 $4a - 3b - 2c - d$ 的取值范围为_____.

2. 化简 $\sqrt{9 - 8\sin 10°} - \csc 10° =$ _____.

3. 设正数列 $\{a_n\}$ 的前 n 项和为 S_n,且 $a_n = \dfrac{1}{4^n S_n}$,则 $a_n =$ _____.

4. 从 $1, 2, \cdots, 2014$ 中取 k 个不同的数,任意2个数的商不等于 $\dfrac{3}{2}$,则 k 的最大值为_____.

5. 从 $m \times n$ 的方格表中取出 k 个方格,要求任意2个方格既不同行不同列,也不在相邻的两行或两列,其中 m、$n \geq 2k - 1$,则不同的取法种数为_____.

6. 四面体 $ABCD$ 中,$\angle ABC = \angle BAD = 90°$,$AB = 1$,$CD = 2$,$AD$ 与 BC 所成的角为 $30°$,则四面体外接球的体积为_____.

7. 化简 $\displaystyle\sum_{i=0}^{n} \dfrac{1}{2^i} \cdot C_{n+i}^{n} =$ _____.

8. 已知与圆 $x^2 + y^2 = 4$ 相切的直线 l 与曲线 $C: x^2 - \dfrac{y^2}{4} = 1 (x > 0)$ 交于两个不同的点 M、N. 则曲线 C 在点 M、N 处的切线的交点轨迹方程为_____.

二、解答题(共56分)

9. (16分)复数 z 满足 $2014z^{2014} + z^{2013} + z + 2014 = 0$,求 $|z|$ 的所有可能值.

10. (20分)设 x、y、$z > 0$. 求证:
$$\dfrac{xy}{(3x+z)(3y+z)} + \dfrac{yz}{(3y+x)(3z+x)} + \dfrac{zx}{(3z+y)(3x+y)} \leq \dfrac{3}{16}.$$

11. (20分)点 P 为椭圆 $\dfrac{x^2}{a^2} + \dfrac{y^2}{b^2} = 1 (a > b > 0)$ 外两点,过 P 作椭圆两条切线 PA、PB,切点分别为 A、B,联结 AB,点 M、N 分别为 PA、AB 中点,联结 MN 并延长交椭圆于点 C,联结 PC 交椭圆于另一点 D,联结 ND 并延长交 PB 于点 Q. 证明:Q 为 PB 中点.

加 试

一、(40分)如图1,以 $\mathrm{Rt}\triangle ABC$ 的直角边 AB 为直径作 $\odot O$,交斜边 AC 于点 E,联

结 CO 并延长, 交 $\odot O$ 于 F、D 两点, 联结 BD, $\triangle CEF$ 的外接圆交 BC 于另一点 G. 已知 $\angle BDC = \angle ACB$, 求证: $\angle BGF = \angle BAC$.

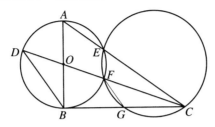

图 1

二、(40 分) 设 $x_i \geqslant 0\ (1 \leqslant i \leqslant n), \sum_{i=1}^{n} x_i = 1, n \geqslant 2$. 求 $\sum_{i=1}^{n} x_i^2 + 2\sum_{1 \leqslant j < k \leqslant n} \sqrt{\dfrac{k}{j}} x_k x_j$ 的最大值.

三、(50 分) 求 $(a^n - mb)(b^n - ma) = (a-b)^2$ 的所有正整数解.

四、(50 分) 求最大正常数 k, 使对任意正整数 n 和 n 阶简单图 G, 有 $x^2 \geqslant ky$, 其中 x 为 G 中边数, y 为 G 中 4 阶完全子图的个数.

参 考 答 案

一 试

一、填空题

1. $[\sqrt{2}, +\infty)$.

因为 $(4^2 - 3^2 - 2^2 - 1^2)(a^2 - b^2 - c^2 - d^2) \leqslant (4a - 3b - 2c - d)^2$, 故
$$(4a - 3b - 2c - d)^2 \geqslant 2,$$
又因为
$$(4a)^2 > (3^2 + 2^2 + 1^2 + 1^2)a^2 = (3^2 + 2^2 + 1^2 + 1^2)(b^2 + c^2 + d^2 + 1)$$
$$\geqslant (3b + 2c + d + 1)^2,$$
故 $4a > 3b + 2c + d$.

从而 $4a - 3b - 2c - d \geqslant \sqrt{2}$, 所求取值范围为 $[\sqrt{2}, +\infty)$.

2. -3.

由 $3\sin 10° - 4\sin^3 10° = \sin 30° = \dfrac{1}{2}$, 知 $9\sin^2 10° - 8\sin^3 10° = (1 - 3\sin 10°)^2$, 故
$$\sqrt{9 - 8\sin 10°} = \dfrac{1 - 3\sin 10°}{\sin 10°} = \csc 10° - 3.$$

3. $\dfrac{1}{2^n}\cot\dfrac{\pi}{2^{n+1}} - \dfrac{1}{2^{n-1}}\cot\dfrac{\pi}{2^n}$.

在 $4^n(S_n - S_{n-1})S_n = 1$ 中, 令 $2^n S_n = b_n$, 则 $b_n^2 - 2b_n b_{n-1} = 1$, 故 $b_{n-1} = \dfrac{b_n^2 - 1}{2b_n}$,

从而 $\dfrac{1}{b_{n-1}} = \dfrac{2\left(\dfrac{1}{b_n}\right)}{1-\left(\dfrac{1}{b_n}\right)^2}$.

显然 $b_n > 0$，故可设 $\dfrac{1}{b_n} = \tan\theta_n\left(0 < \theta_n < \dfrac{\pi}{2}\right)$，则 $\tan\theta_{n-1} = \tan 2\theta_n$，从而 $\theta_{n-1} = 2\theta_n$. 易知 $\theta_1 = \dfrac{\pi}{4}$，故 $\theta_n = \dfrac{\pi}{2^{n+1}}$.

从而，$b_n = \cot\dfrac{\pi}{2^{n+1}} \Rightarrow S_n = \dfrac{1}{2^n}\cot\dfrac{\pi}{2^{n+1}}$，故

$$a_n = S_n - S_{n-1} = \dfrac{1}{2^n}\cot\dfrac{\pi}{2^{n+1}} - \dfrac{1}{2^{n-1}}\cot\dfrac{\pi}{2^n}\ (n \geqslant 2).$$

又当 $n=1$ 时，上式也成立. 故

$$a_n = \dfrac{1}{2^n}\cot\dfrac{\pi}{2^{n+1}} - \dfrac{1}{2^{n-1}}\cot\dfrac{\pi}{2^n}\ (n \in \mathbf{N}^*).$$

4. 1510.

令 $A_i = \{x \mid 1 \leqslant x \leqslant 2014,\ 且\ 3^i \mid x,\ 3^{i+1} \nmid x,\ i = 0,1,2,\cdots,6\}$，则 $|A_0 \cup A_2 \cup A_4 \cup A_6| = 1510$，且 $A_0 \cup A_2 \cup A_4 \cup A_6$ 中任 2 数的商不等于 $\dfrac{3}{2}$.

又因为对任意 $a \in A_i\ (i = 1,3,5)$，必有 $\dfrac{2}{3}a \in A_{i-1}$，故 k 的最大值为 1510.

5. $\mathrm{C}_{m-k+1}^{k}\mathrm{C}_{n-k+1}^{k}\mathrm{A}_k^k$.

从 $1,2,\cdots,m$ 中取 k 个不相邻的正整数有 C_{m-k+1}^{k} 种取法.

6. $\dfrac{13\sqrt{13}}{6}\pi$.

如图 2，过 A 作 BC 的平行线 AE，且使得 $AE = BC$，则四边形 $ABCE$ 为矩形.

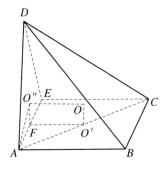

图 2

由 $BA \perp AD$、$BA \perp AE$ 可知 $AB \perp$ 面 ADE，所以 $DE \perp CE$.

设 O 为四面体 $ABCD$ 外接球球心，易知点 E 也在外接球上.

过 O 作面 $ABCD$ 和面 ADE 的投影，分别记为 O' 和 O''. 易知 O' 和 O'' 分别为矩形 $ABCD$ 和 $\triangle ADE$ 的外心，所以

$$AO'' = \frac{DE}{2\sin 30°} = \frac{\sqrt{2^2-1}}{2 \cdot \frac{1}{2}} = \sqrt{3}, \quad OO'' = FO' = \frac{1}{2}AB = \frac{1}{2}.$$

故外接球半径为 $OA = \sqrt{AO''^2 + O''O^2} = \frac{\sqrt{13}}{2}$.

所以外接球的体积为 $\frac{4}{3}\pi OA^3 = \frac{13\sqrt{13}}{6}\pi$.

7. 2^n.

设 $f(n) = \sum_{i=0}^{n} \frac{1}{2^i} \cdot C_{n+i}^n$，则 $f(0) = 1$，

$$f(n+1) = \sum_{i=0}^{n+1} C_{n+1+i}^i \cdot \frac{1}{2^i} = \sum_{i=0}^{n+1} C_{n+i}^i \cdot \frac{1}{2^i} + \sum_{i=1}^{n+1} C_{n+i}^{i-1} \cdot \frac{1}{2^i}$$

$$= f(n) + C_{2n+1}^{n+1} \cdot \frac{1}{2^{n+1}} + \sum_{i=1}^{n+1} C_{n+i}^{i-1} \cdot \frac{1}{2^i}$$

$$= f(n) + \frac{1}{2}\left(\frac{1}{2^{n+1}} C_{2n+2}^{n+1} + \sum_{i=0}^{n} C_{n+i+1}^i \cdot \frac{1}{2^i}\right)$$

$$= f(n) + \frac{1}{2} f(n+1).$$

即 $f(n+1) = 2f(n)$. 所以 $f(n) = 2^n$.

8. $16x^2 + y^2 = 4 \; (\frac{1}{2} \geqslant x > \frac{\sqrt{5}}{5})$.

如图 3，设过 M、N 的切线的交点为 $P(x_0, y_0)$，则 $MN: 4x_0 x - y_0 y = 4$，由 MN 与 $\odot O$ 相切，可知

$$\frac{4}{\sqrt{16x_0^2 + y_0^2}} = 2,$$

化简得 $16x_0^2 + y_0^2 = 4$，即所求方程为 $16x^2 + y^2 = 4$.

又直线 MN 与双曲线 C 交于两点，可知 $x_0 > 0$，$\left|\frac{4x_0}{y_0}\right| > 2$.

结合方程，可算得 $\frac{\sqrt{5}}{5} < x \leqslant \frac{1}{2}$.

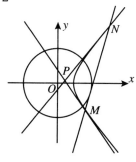

图 3

二、解答题

9. $z^{2013} = -\dfrac{z+2014}{2014z+1} \Rightarrow |z|^{2013} = \left|\dfrac{z+2014}{2014z+1}\right|$.

记 $z = a + bi$.

若 $|z| > 1$，则 $a^2 + b^2 > 1$，$\left|\dfrac{z+2014}{2014z+1}\right| = \dfrac{\sqrt{(a+2014)^2 + b^2}}{\sqrt{(2014a+1)^2 + (2014b)^2}} < 1$，矛盾.

若 $|z| < 1$，则 $a^2 + b^2 < 1$，同上可知 $\left|\dfrac{z+2014}{2014z+1}\right| > 1$，也矛盾.

综上，$|z| = 1$.

10.
$$\sum \dfrac{xy}{(3x+z)(3y+z)} \leq \sum \dfrac{xy}{2\sqrt{2x(x+z)} \cdot 2\sqrt{2y(y+z)}}$$
$$= \dfrac{1}{8} \sum \sqrt{\dfrac{xy}{(x+z)(y+z)}}$$
$$\leq \dfrac{1}{8} \sum \dfrac{1}{2}\left(\dfrac{x}{x+z} + \dfrac{y}{y+z}\right) = \dfrac{3}{16}.$$

11. 如图 4，设 PC 与 AB 交于点 K.

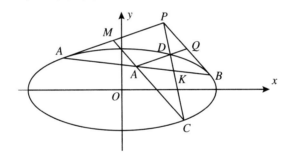

图 4

首先证明：P、D、K、C 为调和点列，即 $\dfrac{|PD|}{|PC|} = \dfrac{|KD|}{|KC|}$.

设 $P(x_0, y_0)$，则直线 AB 方程为 $\dfrac{x_0 x}{a^2} + \dfrac{y_0 y}{b^2} = 1$.

设 P、D、K'、C 为调和点列，且 $\dfrac{|PD|}{|PC|} = \dfrac{|K'D|}{|K'C|} = \lambda$.

设 $A(x_1, y_1)$、$B(x_2, y_2)$、$K'(x_3, y_3)$，则

$$\begin{cases} x_0 = \dfrac{x_1 - \lambda x_2}{1 - \lambda}, \\ y_0 = \dfrac{y_1 - \lambda y_2}{1 - \lambda}, \end{cases} \quad \begin{cases} x_3 = \dfrac{x_1 + \lambda x_2}{1 + \lambda}, \\ y_3 = \dfrac{y_1 + \lambda y_2}{1 + \lambda}. \end{cases}$$

故

$$\dfrac{x_0 x_3}{a^2} + \dfrac{y_0 y_3}{b^2} = \dfrac{1}{1-\lambda^2}\left(\dfrac{(x_1 - \lambda x_2)(x_1 + \lambda x_2)}{a^2} + \dfrac{(y_1 - \lambda y_2)(y_1 + \lambda y_2)}{b^2}\right)$$
$$= \dfrac{1}{1-\lambda^2}\left(\dfrac{x_1^2}{a^2} + \dfrac{y_1^2}{b^2} - \lambda^2\left(\dfrac{x_2^2}{a^2} + \dfrac{y_2^2}{b^2}\right)\right) = 1.$$

所以 K' 在直线 AB 上，即 K'、K 重合，结论成立.

下面证明原题. 由梅涅劳斯定理可知
$$\frac{CN}{NM} \cdot \frac{MA}{AP} \cdot \frac{PK}{KC} = 1.$$

又由 $AM = \frac{1}{2}AP$，可知
$$\frac{CN}{NM} = \frac{2KC}{PK}. \qquad ①$$

由直线上托勒密定理可知 $CD \cdot KP = CK \cdot PD + CP \cdot DK$.

由 P、D、K、C 是调和点列可知，$CK \cdot PD = CP \cdot DK$. 故 $CD \cdot KP = 2CK \cdot PD$，即
$$\frac{CD}{PD} = \frac{2CK}{KP}. \qquad ②$$

结合式①、式②可知，$\frac{CN}{NM} = \frac{CD}{PD}$. 故 $ND \parallel PM$.

又 N 为 AB 中点，所以 Q 为 PB 中点.

加 试

一、如图 5，联结 AF 并延长，交 BC 于点 G'，联结 BE、BF.

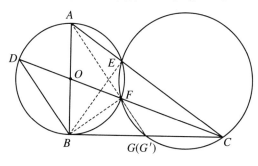

图 5

在 Rt$\triangle ABC$ 中，由 AB 是直径，知 $BE \perp AC$，故 $AB^2 = AE \cdot AC$.

同理，在 Rt$\triangle ABG'$ 中，$AB^2 = AF \cdot AG'$.

所以 $AE \cdot AC = AF \cdot AG'$，即 E、F、G'、C 四点共圆. 因此 G 与 G' 重合，即 A、F、G 三点共线.

又 $\angle BAC - \angle BDC = \angle FAC = \angle BGA - \angle BCA$，而 $\angle BDC = \angle BCA$，故 $\angle BAC = \angle BGF$.

二、用数学归纳法证明：
$$\sum_{i=1}^{n} x_i^2 + 2\sum_{1 \leqslant j < k \leqslant n} \sqrt{\frac{k}{j}} x_k x_j \leqslant \frac{\sqrt{n}+1}{2}. \qquad ①$$

当 $n = 2$ 时，

$$x_1^2 + x_2^2 + 2\sqrt{2}x_1x_2 = (x_1 + x_2)^2 + 2(\sqrt{2} - 1)x_1x_2$$
$$\leqslant 1 + 2(\sqrt{2} - 1)\left(\frac{x_1 + x_2}{2}\right)^2 = \frac{\sqrt{2} + 1}{2}.$$

假设当 $n = m$ 时式①成立，考虑 $n = m + 1$.

由 $x_1 + x_2 + \cdots + x_{m-1} + (x_m + x_{m+1}) = 1$ 得

$$\sum_{i=1}^{m-1} x_i^2 + (x_m + x_{m+1})^2 + 2\sum_{1 \leqslant j < k \leqslant m-1} \sqrt{\frac{k}{j}} x_k x_j + 2\sum_{k=1}^{m-1} \sqrt{\frac{m}{k}} x_k (x_m + x_{m+1}) \leqslant \frac{\sqrt{m} + 1}{2}.$$

为证

$$\sum_{i=1}^{m+1} x_i^2 + 2\sum_{1 \leqslant j < k \leqslant m+1} \sqrt{\frac{k}{j}} x_k x_j \leqslant \frac{\sqrt{m+1} + 1}{2},$$

只需证

$$2\left(\sqrt{\frac{m+1}{m}} - 1\right) x_m x_{m+1} + 2\sum_{k=1}^{m-1}\left(\sqrt{\frac{m+1}{k}} - \sqrt{\frac{m}{k}}\right) x_k x_{m+1} \leqslant \frac{\sqrt{m+1} - \sqrt{m}}{2},$$

即证

$$\sum_{k=1}^{m}\left(\sqrt{\frac{m+1}{k}} - \sqrt{\frac{m}{k}}\right) x_k x_{m+1} \leqslant \frac{\sqrt{m+1} - \sqrt{m}}{4},$$

也即证

$$\sum_{k=1}^{m} \frac{x_k}{\sqrt{k}} x_{m+1} \leqslant \frac{1}{4}.$$

注意到

$$\sum_{k=1}^{m} \frac{x_k}{\sqrt{k}} x_{m+1} \leqslant \left(\sum_{k=1}^{m} x_k\right) x_{m+1} \leqslant \left(\frac{\sum_{k=1}^{m} x_k + x_{m+1}}{2}\right)^2 = \frac{1}{4},$$

故当 $n = m + 1$ 时也成立.

又当 $x_1 = x_n = \frac{1}{2}$，$x_2 = x_3 = \cdots = x_{n-1} = 0$ 时，式①取等号.

故所求最大值为 $\frac{\sqrt{n} + 1}{2}$.

三、当 $a \neq b$ 时，令 $(a^n - mb, b^n - ma) = k$，则

$$\frac{a^n - mb}{k} \cdot \frac{b^n - ma}{k} = \left(\frac{a - b}{k}\right)^2.$$

假设 $\left|\frac{a-b}{k}\right| > 1$，则存在一个素数 p，满足 $p \mid \frac{a-b}{k}$，且 $p \mid \frac{a^n - mb}{k}$ 或 $p \mid \frac{b^n - ma}{k}$.

又 $\frac{a-b}{k} \mid \frac{a^n - mb}{k} - \frac{b^n - ma}{k}$，故 $p \mid \frac{a^n - mb}{k}$ 且 $p \mid \frac{b^n - ma}{k}$，矛盾.

从而 $\left|\frac{a-b}{k}\right| = 1$.

因此，$a^n - mb = b^n - ma = |a - b|$.

不妨设 $a^n - mb = b^n - ma = a - b$，则

$$a^n - a + b = mb, \quad b^n - a + b = ma$$
$$\Rightarrow (a^n - a + b)a = (b^n - a + b)b$$
$$\Rightarrow a^{n+1} - b^{n+1} = (a-b)^2$$
$$\Rightarrow a^n + a^{n-1}b + \cdots + b^n = a - b,$$

但左边 $> a > a - b =$ 右边，矛盾.

故 $a = b$，且 $a^n = ma$，即 $m = a^{n-1}$.

故方程的解为 $a = b = k$，$n = t$，$m = k^{t-1}$，其中 k、t 为任意正整数.

四、当 G 为完全图时，有 $(C_n^2)^2 \geq k C_n^4$，故
$$k \leq \frac{6n(n-1)}{(n-2)(n-3)}.$$

令 $n \to +\infty$，得 $k \leq 6$.

下面用数学归纳法证明：$x^2 \geq 6y$.

当 $n = 1$ 时，结论显然成立.

假设当 $n \leq m$ 时，结论成立，则当 $n = m+1$ 时，考虑图 G 中度数最小的点 A，设其度数为 a. 将 A 点以及与它相连的边都去掉，得到图 G'，设 G' 中共 b 条边，c 个 K_4，由归纳假设知 $b^2 \geq 6c$.

又由 A 度数最小得 $b + a \geq \frac{(m+1)a}{2} \geq \frac{a(a+1)}{2}$，故
$$b \geq \frac{a(a-1)}{2}.$$

因为 G' 中 c 个 K_4，而 A 点度数为 a，故 G 中至多 $c + C_a^3$ 个 K_4，于是只需证：
$$(b+a)^2 \geq 6(c + C_a^3).$$

由 $b^2 \geq 6c$ 知只需证
$$2ab \geq 6C_a^3,$$

而
$$2ab \geq 2a \cdot \frac{a(a-1)}{2} \geq 6C_a^3,$$

故当 $n = m+1$ 时，结论也成立.

综上，k 的最大值为 6.

龚　固　吴　鹏　编拟
郑州外国语学校

《学数学》高中数学竞赛训练题(2)

一 试

一、填空题(每小题8分,共64分)

1. 设 $f(x) = e^{2x} - 1$, $g(x) = \ln(x+1)$,则不等式 $f(g(x)) - g(f(x)) \leqslant 1$ 的解集为_____.

2. 设 a、b、c 是一个三角形的三边长,则 $\dfrac{a^2 + b^2 + c^2}{ab + bc + ca}$ 的取值范围为_____.

3. $y = \sin 2x + \sin x - \cos x$ 在 $\left[0, \dfrac{\pi}{2}\right]$ 上的最大值为_____.

4. 如果一个凸 n 边形的所有内角都是正整数且能构成公差非 0 的等差数列,则 n 的最大值为_____.

5. 在三棱锥 $P-ABC$ 中,$PA = PB = 4$,$PC = 3$,$\angle APB = \angle APC = 60°$,$\angle BPC = 90°$,则三棱锥 $P-ABC$ 的体积为_____.

6. 定义新运算 $m * n = \dfrac{mn+1}{m+n}$,则 $(\cdots((100 * 99) * 98) * \cdots * 3) * 2 =$_____.

7. 在 Rt$\triangle ABC$ 中,$\angle A = 90°$,$\angle B = 30°$. 随机选取 $\triangle ABC$ 内一点 P,则 $2PA < PB$ 的概率为_____.

8. 方程 $\dfrac{1}{2^{a_1}} + \dfrac{1}{2^{a_2}} + \dfrac{1}{2^{a_3}} + \dfrac{1}{2^{a_4}} + \dfrac{1}{2^{a_5}} + \dfrac{1}{2^{a_6}} = 1$ 的正整数解 $(a_1, a_2, a_3, a_4, a_5, a_6)$ 有_____组.

二、解答题(共56分)

9. (16 分)若关于 x 的方程 $x^4 + ax^3 + bx^2 + ax + 1 = 0$ 的根的模长均为 1,求正整数组 (a, b) 的个数.

10. (20 分)称联结椭圆上两个不同点的线段为椭圆的一条弦. 求椭圆 $\dfrac{x^2}{4} + y^2 = 1$ 的长为 $\sqrt{5}$ 的弦的中点的轨迹方程.

11. (20 分)设 n 是大于 1 的整数,非负实数 $x_1, x_2, \cdots, x_n$ 满足 $x_1 + x_2 + \cdots + x_n = 1$,求 $\max\{2x_1 + x_2, 2x_2 + x_3, \cdots, 2x_{n-1} + x_n\}$ 的最小值.

加 试

一、(40 分)如图 1,四边形 $ABCD$ 是圆外切四边形,内切圆圆心为 O. H_1、H_2、

H_3、H_4 分别是 $\triangle AOB$、$\triangle BOC$、$\triangle COD$、$\triangle DOA$ 的垂心,求证:H_1、H_2、H_3、H_4 四点共线.

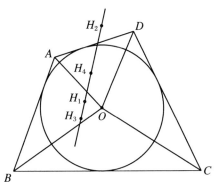

图 1

二、(40 分)问:$\{[n\sqrt{2}] \mid n = 1, 2, \cdots\}$ 中是否存在任意长的等差数列?这里,$[x]$ 表示不超过实数 x 的最大整数.

三、(50 分)设 $n(n \geq 2)$ 是给定的正整数,求最小的实数 $\lambda(n)$,使得只要实数 x_1,$x_2,\cdots,x_n$ 满足 $x_1 + 2x_2 + \cdots + nx_n = 0$,便有
$$(x_1 + x_2 + \cdots + x_n)^2 \leq \lambda(n)(x_1^2 + x_2^2 + \cdots + x_n^2).$$

四、(50 分)用 $T(n)$ 表示周长为 n 且边长都是正整数的梯形的个数,求证:当 n 为奇数时,$T(n) = T(n+3)$.

参考答案

一 试

一、填空题

1. $(-1, 1]$.

易知 $f(g(x)) = x^2 + 2x$,$g(f(x)) = 2x$,故 $f(g(x)) - g(f(x)) = x^2$. 再注意到定义域为 $(-1, +\infty)$,从而不等式的解集为 $(-1, 1]$.

2. $[1, 2)$.

一方面,熟知 $a^2 + b^2 + c^2 \geq ab + bc + ca$ 且当 $a = b = c$ 时取到等号.

另一方面,当 $a = 1$,$b = c$ 时,$\dfrac{a^2 + b^2 + c^2}{ab + bc + ca} = \dfrac{1 + 2c^2}{2c + c^2} \to 2 (c \to +\infty)$. 还需证明对任意三角形的三边长 a、b、c,均有
$$\dfrac{a^2 + b^2 + c^2}{ab + bc + ca} < 2. \qquad ①$$

事实上,不妨设 $a \leq b \leq c < a + b$. 注意到式①等价于 $c^2 - 2(a+b)c + (a-b)^2 < 0$,于是只需证明 c 在两个端点 b、$a + b$ 处取值时上式成立即可.

当 $c = a + b$ 时，$c^2 - 2(a+b)c + (a-b)^2 = -4ab < 0$ 成立；

当 $c = b$ 时，$c^2 - 2(a+b)c + (a-b)^2 = a(a-4b) < 0$ 亦成立.

故 $1 \leqslant \dfrac{a^2 + b^2 + c^2}{ab + bc + ca} < 2$.

3. $\dfrac{5}{4}$.

令 $t = \sin x - \cos x = \sqrt{2}\sin\left(x - \dfrac{\pi}{4}\right) \in [-1, 1]$，则

$$y = \sin 2x + \sin x - \cos x = -t^2 + t + 1 = -\left(t - \dfrac{1}{2}\right)^2 + \dfrac{5}{4} \leqslant \dfrac{5}{4},$$

当 $t = \dfrac{1}{2}$ 时取到等号.

4. 18.

外角也构成等差数列，设度数分别为 $k, k+d, \cdots, k+(n-1)d$，其中 k、d 是正整数. 由外角和为 $360°$ 得，$(2k + (n-1)d)n = 720$，这说明 n 是 720 的约数. 注意到 $2k + (n-1)d > n$，因此 n 的可能值从大至小为：$24, 20, 18, \cdots$. 易验证 $n = 24, 20$ 时无解，当 $n = 18$ 时，$d = 2, k = 3$.

5. $4\sqrt{2}$.

如图 2，过 A 作 $AH \perp$ 平面 PBC，垂足为 H，过 H 作 $HD \perp PB$、$HE \perp PC$，垂足分别为 D、E. 由 $\angle APB = \angle APC = 60°$ 及 $PA = 4$，知 $PD = PE = 2$，从而 PH 是 $\angle BPC$ 的平分线，即 $\angle DPH = 45°$. 这样 $PH = \sqrt{2}PD = 2\sqrt{2}$，$AH = \sqrt{PA^2 - PH^2} = 2\sqrt{2}$. 所以三棱锥 $P - ABC$ 的体积为 $\dfrac{1}{3} \cdot PH \cdot S_{\triangle BPC} = 4\sqrt{2}$.

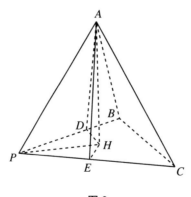

图 2

6. $\dfrac{5051}{5049}$.

注意到 $\dfrac{m * n + 1}{m * n - 1} = \dfrac{m+1}{m-1} \cdot \dfrac{n+1}{n-1}$，故 $\dfrac{\text{所求} + 1}{\text{所求} - 1} = \dfrac{101}{99} \cdot \dfrac{100}{98} \cdot \dfrac{99}{97} \cdot \cdots \cdot \dfrac{4}{2} \cdot \dfrac{3}{1} = 5050$，

于是所求 $=\dfrac{5051}{5049}$.

7. $\dfrac{4\sqrt{3}}{27}\pi - \dfrac{1}{3}$.

如图 3, 在直线 AB 上取点 D、E, 使得 $\dfrac{DA}{DB}=\dfrac{EA}{EB}=\dfrac{1}{2}$, 则由阿波罗尼斯圆的性质知, 满足 $\dfrac{PA}{PB}=\dfrac{1}{2}$ 的点 P 的轨迹即是以 DE 为直径的圆. 注意到 $\dfrac{CA}{CB}=\dfrac{1}{2}$, 因此点 C 也在该圆上. 于是满足条件的点 P 的范围即为图 3 中阴影部分的内部, 容易算出它占整个三角形面积的 $\dfrac{4\sqrt{3}}{27}\pi - \dfrac{1}{3}$.

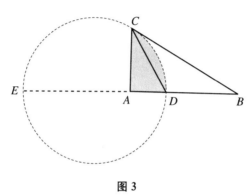

图 3

8. 525.

称方程 $\dfrac{1}{2^{a_1}}+\dfrac{1}{2^{a_2}}+\cdots+\dfrac{1}{2^{a_n}}=1$ 的一组解为"n-解". 先讨论 n-解与 $n+1$-解的关系.

若 $(a_1,a_2,\cdots,a_n)$ 是 n-解, 则 $(a_1,a_2,\cdots,a_{n-1},a_n+1,a_n+1)$ 是一个 $n+1$-解. 反过来, 若 $(a_1,a_2,\cdots,a_{n+1})$ 是 $n+1$-解, 则易知 $a_1,a_2,\cdots,a_{n+1}$ 不可能两两不同. 不妨设 $a_n=a_{n+1}$, 则 $(a_1,a_2,\cdots,a_{n-1},a_n-1)$ 是一个 n-解.

这说明 $n+1$-解都是通过将某个 n-解中的一项拆成两个相同的项而得到. 从而我们可以归纳得到 $n=6$ 的情况:

$$0\to 1,\ 1\to 1,2,2\begin{cases}2,2,2,2\\1,2,3,3\end{cases}\to\begin{cases}2,2,2,3,3\\1,3,3,3,3\\1,2,3,4,4\end{cases}\to\begin{cases}2,2,2,3,3,3\\2,2,2,3,4,4\\1,3,3,3,4,4\\1,2,4,4,4,4\\1,2,3,4,5,5\end{cases}.$$

再考虑顺序的不同, 所求个数为

$$\dfrac{6!}{2!\ 4!}+\dfrac{6!}{3!\ 2!}+\dfrac{6!}{3!\ 2!}+\dfrac{6!}{4!}+\dfrac{6!}{2!}=525.$$

二、解答题

9. 显然 $x=0$ 不是方程的解,两边同除以 x^2 得 $x^2+ax+b+\dfrac{a}{x}+\dfrac{1}{x^2}=0$. 令 $y=x+\dfrac{1}{x}$ 得到关于 y 的一元二次方程 $y^2+ay+(b-2)=0$.

因为 x 是模长为 1 的复数,故 $y=x+\dfrac{1}{x}=2\operatorname{Re}x$ 是 $[-2,2]$ 中的实数. 反过来,如果 $x+\dfrac{1}{x}$ 是 $[-2,2]$ 中的实数,可设 $x+\dfrac{1}{x}=2\cos\theta(\theta\in[0,2\pi))$,则 $x=\cos\theta\pm\mathrm{i}\sin\theta$ 是模长为 1 的复数.

这样,问题转化成求正整数组 (a,b) 使得关于 y 的方程 $y^2+ay+(b-2)=0$ 的两个实根都在 -2 与 2 之间.

令 $f(y)=y^2+ay+(b-2)$,则易知

$$\begin{cases} f(2)=2a+b+2\geqslant 0,\\ f(-2)=-2a+b+2\geqslant 0,\\ -2\leqslant -\dfrac{a}{2}\leqslant 2,\\ \Delta=a^2-4(b-2)\geqslant 0.\end{cases}$$

对 $a=1,2,3,4$ 分别讨论知,满足要求的正整数组有 $(1,1)$,$(1,2)$,$(2,2)$,$(2,3)$,$(3,4)$,$(4,6)$,共 6 组.

10. 设弦的两个端点为 $A(2\cos\theta,\sin\theta)$、$B(2\cos\varphi,\sin\varphi)$,它们的中点为 $C(x_0,y_0)$. 则

$$\begin{cases} x_0=\cos\theta+\cos\varphi=2\cos\dfrac{\theta+\varphi}{2}\cos\dfrac{\theta-\varphi}{2},\\ y_0=\dfrac{1}{2}(\sin\theta+\sin\varphi)=\sin\dfrac{\theta+\varphi}{2}\cos\dfrac{\theta-\varphi}{2},\end{cases}$$

两式相除得 $\tan\dfrac{\theta+\varphi}{2}=\dfrac{2y_0}{x_0}$,再由万能公式得

$$\cos(\theta+\varphi)=\dfrac{1-\tan^2\dfrac{\theta+\varphi}{2}}{1+\tan^2\dfrac{\theta+\varphi}{2}}=\dfrac{x_0^2-4y_0^2}{x_0^2+4y_0^2}.$$

另一方面,计算两式的平方和得 $x_0^2+4y_0^2=2+2\cos(\theta-\varphi)$,即

$$\cos(\theta-\varphi)=\dfrac{1}{2}(x_0^2+4y_0^2)-1.$$

这样

$$\begin{cases} \cos\theta\cos\varphi=\dfrac{1}{4}(x_0^2+4y_0^2)-\dfrac{1}{2}+\dfrac{x_0^2-4y_0^2}{2(x_0^2+4y_0^2)},\\ \sin\theta\sin\varphi=\dfrac{1}{4}(x_0^2+4y_0^2)-\dfrac{1}{2}-\dfrac{x_0^2-4y_0^2}{2(x_0^2+4y_0^2)}.\end{cases}$$

从而
$$5 = (2\cos\theta - 2\cos\varphi)^2 + (\sin\theta - \sin\varphi)^2$$
$$= 4(\cos\theta + \cos\varphi)^2 - 16\cos\theta\cos\varphi + (\sin\theta + \sin\varphi)^2 - 4\sin\theta\sin\varphi$$
$$= -x_0^2 - 16y_0^2 + 10 - \frac{6(x_0^2 - 4y_0^2)}{x_0^2 + 4y_0^2}.$$

故 (x_0, y_0) 满足的方程为 $x^4 + 20x^2y^2 + 64y^4 + x^2 - 44y^2 = 0$.

11. 记 $A = \max\{2x_1 + x_2, 2x_2 + x_3, \cdots, 2x_{n-1} + x_n\}$，并设数列 $\{a_n\}$ 满足 $a_1 = 1$，$a_{k+1} = 1 - \frac{1}{2}a_k (k \geq 1)$. 则

$$(a_1 + a_2 + \cdots + a_{n-2} + 2)A$$
$$\geq a_1(2x_1 + x_2) + a_2(2x_2 + x_3) + \cdots + a_{n-2}(2x_{n-2} + x_{n-1}) + 2(2x_{n-1} + x_n)$$
$$= 2(a_1 + a_2 + \cdots + a_n) + (a_{n-2} + 2)a_{n-1} \geq 2.$$

容易求得 $a_k = \frac{2}{3} + \frac{1}{3}\left(-\frac{1}{2}\right)^{k-1}$，故可知 $A \geq \dfrac{2}{\frac{2}{3}n + \frac{8}{9} + \frac{1}{9}\left(-\frac{1}{2}\right)^{n-3}}$.

记 $t = \dfrac{2}{\frac{2}{3}n + \frac{8}{9} + \frac{1}{9}\left(-\frac{1}{2}\right)^{n-3}}$，当 $x_1 = \frac{1}{2}a_{n-2}t$，$x_2 = \frac{1}{2}a_{n-3}t$，$\cdots$，$x_{n-2} = \frac{1}{2}a_1 t$，$x_{n-1} = 0$，$x_n = t$，$\max\{2x_1 + x_2, 2x_2 + x_3, \cdots, 2x_{n-1} + x_n\}$ 恰为 t.

故所求最小值为 $\dfrac{2}{\frac{2}{3}n + \frac{8}{9} + \frac{1}{9}\left(-\frac{1}{2}\right)^{n-3}}$.

加　试

一、如图 4，设对角线 AC 与 BD 交于点 P，我们证明 H_1、H_2、H_3、H_4、P 五点共线. 这只需证明 H_1、H_4、P 共线，因为同理会有 H_1、H_2、P 和 H_3、H_4、P 分别共线.

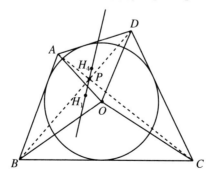

图 4

因为 $DH_4 \perp AO$，$BH_1 \perp AO$，所以 H_1、H_4、P 共线等价于 $\dfrac{DH_4}{BH_1} = \dfrac{DP}{BP}$. 记 $\angle OAB = \alpha$，$\angle OBC = \beta$，$\angle OCD = \gamma$，$\angle ODA = \delta$，并不妨设 $\odot O$ 半径为 1. 则由垂心的性质，

$$DH_4 = 2R_4\cos\delta = \frac{AO}{\tan\delta} = \frac{1}{\sin\alpha\tan\delta},$$

其中 R_4 是 $\triangle DOA$ 外接圆的半径.

同理 $BH_1 = \dfrac{1}{\sin\alpha\tan\beta}$,这样 $\dfrac{DH_4}{BH_1} = \dfrac{\tan\beta}{\tan\delta}$.

熟知 $AB = \dfrac{1}{\tan\alpha} + \dfrac{1}{\tan\beta} = \dfrac{\sin(\alpha+\beta)}{\sin\alpha\sin\beta}$,再注意到 $\alpha+\beta+\gamma+\delta=\pi$,我们有

$$\frac{DP}{BP} = \frac{S_{\triangle ADC}}{S_{\triangle ABC}} = \frac{AD\cdot DC\cdot\sin 2\delta}{AB\cdot BC\cdot\sin 2\beta} = \frac{\dfrac{\sin(\alpha+\delta)}{\sin\alpha\sin\delta}\cdot\dfrac{\sin(\gamma+\delta)}{\sin\gamma\sin\delta}\cdot 2\sin\delta\cos\delta}{\dfrac{\sin(\alpha+\beta)}{\sin\alpha\sin\beta}\cdot\dfrac{\sin(\beta+\gamma)}{\sin\beta\sin\gamma}\cdot 2\sin\beta\cos\beta} = \frac{\tan\beta}{\tan\delta},$$

故 $\dfrac{DH_4}{BH_1} = \dfrac{DP}{BP}$ 成立.

二、存在.

对于任意正整数 k,我们证明 $\{[n\sqrt{2}]\mid n=1,2,\cdots\}$ 中存在项数为 k 的等差数列.

先证明存在 $n_0 \in \mathbf{N}$,使得 $\{n_0\sqrt{2}\} < \dfrac{1}{k}$.

事实上,熟知 Pell 方程 $2x^2 - y^2 = 1$ 有无穷多组正整数解,其中的 x 满足

$$\{x\sqrt{2}\} = \sqrt{1+y^2} - y = \frac{1}{\sqrt{1+y^2}+y}.$$

当 y 充分大时,$\dfrac{1}{\sqrt{1+y^2}+y} < \dfrac{1}{k}$,取相应的 x 为 n_0 即可.

这样 $[2n_0\sqrt{2}] = 2[n_0\sqrt{2}],\cdots,[kn_0\sqrt{2}] = k[n_0\sqrt{2}]$,即 $[n_0\sqrt{2}],[2n_0\sqrt{2}],\cdots,$
$[kn_0\sqrt{2}]$ 是一个项数为 k 的等差数列.

三、先将条件变形为
$$\alpha(x_1 + x_2 + \cdots + x_n) = (\alpha-1)x_1 + (\alpha-2)x_2 + \cdots + (\alpha-n)x_n,$$
其中 α 是待定常数. 两边平方后对右边用柯西不等式得

$$(x_1 + x_2 + \cdots + x_n)^2 \leqslant \left(\frac{n(n+1)(2n+1)}{6\alpha^2} - \frac{n(n+1)}{2\alpha} + n\right)(x_1^2 + x_2^2 + \cdots + x_n^2).$$

配方知 $\dfrac{n(n+1)(2n+1)}{6\alpha^2} - \dfrac{n(n+1)}{2\alpha} + n$ 的最小值为 $\dfrac{n^2-n}{4n+2}$,且当 $\alpha = \dfrac{2n+1}{3}$ 时取到.

由柯西不等式的取等条件易知,当 $x_i = \dfrac{2n+1}{3} - i,i=1,2,\cdots,n$ 时 $\lambda(n) \geqslant \dfrac{n^2-n}{4n+2}$.

从而所求最小的 $\lambda(n)$ 为 $\dfrac{n^2-n}{4n+2}$.

四、当 $n=1,3,5$ 时,容易知道 $T(1)=T(4)=0$,$T(3)=T(6)=0$,$T(5)=T(8)=1$. 下设当 $n=2k-1$ 时结论成立,来说明 $n=2k+1$ 时结论也成立. 这只需证明
$$T(2k+1) - T(2k-1) = T(2k+4) - T(2k+2).$$

用 $S(n)$ 表示周长为 n 且边长都是正整数的三角形的个数. 注意到 $T(n)$ 的计算可以转化到 $S(n)$ 的计算, 这是因为, 如果过梯形上底的一个顶点作一条腰的平行线, 则这条平行线与另一条腰及下底围成一个三角形(如图 5 所示).

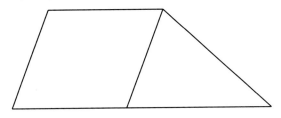

图 5

如果梯形周长为 n, 上底长为 a, 则这个三角形的周长便为 $n-2a$. 反过来, 当有一个周长为 $n-2a$ 的三角形时, 如果三角形的三边长相等, 则对应到一个上底为 a、周长为 n 的梯形; 如果三角形有两边相等, 第三边不等, 则对应到两个上底为 a、周长为 n 的梯形; 如果三角形三边互不相等, 则对应到三个上底为 a、周长为 n 的梯形. 这样, 如果用 $S'(n)$ 表示考虑了这种加权的周长为 n 且边长都是正整数的三角形的个数, 则按上底的长分类, 便有

$$T(n) = S'(n-2) + S'(n-4) + \cdots + S'\left(n - 2\left[\frac{n}{2}\right]\right),$$

从而 $T(n) - T(n-2) = S'(n-2)$. 于是只需证明 $S'(2k-1) = S'(2k+2)$.

我们可以在周长为 $2k-1$ 和周长为 $2k+2$ 的三角形之间建立一个映射:

$$(a,b,c) \mapsto (a+1, b+1, c+1),$$

其中 $a \leq b \leq c$, $a+b > c$, $a+b+c = 2k-1$. 容易验证这确定是一个映射且是双射 (关键在于逆映射是存在的, 这需要用到 $2k+2$ 是偶数). 从而 $S(2k-1) = S(2k+2)$. 又显然在上述对应下, 每个三角形加的权也是相同的, 故 $S'(2k-1) = S'(2k+2)$. 这样命题得证.

张端阳　编拟
人大附中

《学数学》高考数学模拟训练题

一、选择题(每小题5分,共60分)

1. 设集合 $A = \{x \in \mathbf{R} | x+1 \geq 2\}$,集合 $\{-2,-1,0,1,2\}$,则 $A \cap B = ($ $)$.

   A. $\{2\}$ B. $\{1,2\}$ C. $\{0,1,2\}$ D. $\{-1,0,1,2\}$

2. 在复平面内,复数 $\dfrac{2}{1-i} - i^3$ 对应的点位于( ).

   A. 第一象限   B. 第二象限
   C. 第三象限   D. 第四象限

3. 阅读如图1所示的程序框图,如果输出的函数值在区间 $\left[\dfrac{1}{4}, \dfrac{1}{2}\right]$ 内,则输入的实数 x 的取值范围是(   ).

   A. $(-\infty, -2]$ B. $[-2, -1]$
   C. $[-1, 2]$ D. $[2, +\infty)$

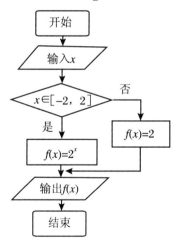

图1

4. 若不等式组
$$\begin{cases} x \geq 0, \\ x + 3y \geq 4, \\ 3x + y \leq 4 \end{cases}$$
所表示的平面区域被直线 $y = kx + \dfrac{4}{3}$ 分为面积相等的两部分,则 $k = ($ $)$.

A. $\dfrac{7}{3}$ B. $\dfrac{3}{7}$ C. $\dfrac{4}{3}$ D. $\dfrac{3}{4}$

5. 在样本的频率分布直方图中,共有 11 个小长方形,若中间一个小长方形的面积等于其他 10 个小长方形的面积和的 $\dfrac{1}{4}$,且样本容量为 160,则中间一组的频数为(   ).

A. 32 B. 0.2 C. 40 D. 0.25

6. 设 S_n 为等差数列 $\{a_n\}$ 的前 n 项和,若 $a_1=1$,公差 $d=2$,$S_{n+2}-S_n=36$,则 $n=(\ \ )$.

A. 5 B. 6 C. 7 D. 8

7. 6 个人站成一排,其中甲、乙必须站在两端,且丙、丁相邻,则不同站法的种数为(   ).

A. 12 B. 18 C. 24 D. 36

8. 若直线 $\begin{cases}x=1+t,\\ y=a-t\end{cases}$($t$ 为参数)被圆 $\begin{cases}x=2+2\cos\alpha,\\ y=2+2\sin\alpha\end{cases}$($\alpha$ 为参数)所截得的弦长为 $2\sqrt{2}$,则 $a=(\ \ )$.

A. 1 或 5 B. -1 或 5

C. 1 或 -5 D. -1 或 -5

9. 若 $0<x<\dfrac{\pi}{2}$,则"$x\sin^2<1$"是"$x\sin x<1$"的(   ).

A. 充分而不必要条件 B. 必要而不充分条件

C. 充分必要条件 D. 既不充分也不必要条件

10. 如图 2 所示,边长为 1 的正方形 $ABCD$ 的顶点 A、D 分别在 x 轴、y 轴正半轴上移动,则 $\overrightarrow{OB}\cdot\overrightarrow{OC}$ 的最大值是(   ).

A. 2 B. $1+\sqrt{2}$

C. π D. 4

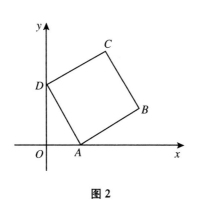

图 2

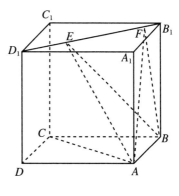

图 3

11. 如图 3 所示,正方体 $ABCD-A_1B_1C_1D_1$ 的棱长为 1,线段 B_1D_1 上有两个动点

E、F，且 $EF = \dfrac{\sqrt{2}}{2}$，则下列结论中错误的是（   ）．

A．$AC \perp BE$ B．EF∥平面 $ABCD$

C．三棱锥 $A-BEF$ 的体积为定值   D．异面直线 AE、BF 所成的角为定值

12．对任意实数 a、b 定义运算"⊙"：$a \odot b = \begin{cases} b, & a-b \geq 1, \\ a, & a-b < 1. \end{cases}$ 设 $f(x) = (x^2-1) \odot (4+x) + k$，若函数 $f(x)$ 的图像与 x 轴恰有三个公共点，则 k 的取值范围是（   ）．

A．$(-2,1)$ B．$[0,1]$

C．$[-2,0)$ D．$[-2,1)$

二、填空题（每小题 4 分，共 16 分；最后一题每空 2 分）

13．若一个底面是正三角形的三棱柱的正视图如图 4 所示，则其表面积的最小值为_____．

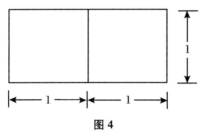

图 4

14．若过抛物线 $y^2 = 4x$ 的焦点 F 的直线与该抛物线交于 A、B 两点，且 $|AF|=2$，则 $|BF|=$ _____．

15．设 $A=\{(a,c)\mid 0<a<2, 0<c<2, a、c \in \mathbf{R}\}$，则任取 $(a,c) \in A$，关于 x 的方程 $ax^2+2x+c=0$ 有实根的概率为_____．

16．在棱长为 1 的正方体 $ABCD-A_1B_1C_1D_1$ 中，点 P 是正方体棱上一点（不包括棱的端点），$|PA|+|PC_1|=m$．

（1）若 $m=2$，则满足条件的点 P 的个数为_____；

（2）若满足 $|PA|+|PC_1|=m$ 的点 P 的个数为 6，则 m 的取值范围是_____．

三、解答题（共 74 分）

17．（12 分）在锐角 $\triangle ABC$ 中，$a=2b\sin A$．

（1）求 B 的大小；

（2）求 $\cos A+\sin B$ 的取值范围．

18．（12 分）"你低碳了吗？"这是某市为倡导建设资源节约型社会而发布的公益广告里的一句话．活动组织者为了解这则广告的宣传效果，随机抽取了 100 名年龄段在 $[10, 20)$，$[20,30)$，$\cdots$，$[50,60)$ 的市民进行问卷调查，由此得到样本的频率分布直方图如图 5 所示．

（1）求随机抽取的市民中年龄段在 $[30,40)$ 的人数；

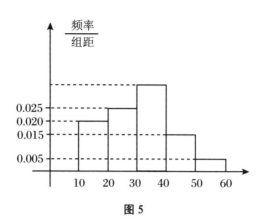

图5

(2)从不小于40岁的人中按年龄段分层抽样的方法随机抽取8人,求[50,60)年龄段抽取的人数;

(3)从按(2)中方式得到的8人中再抽取3人作为本次活动的获奖者,记 X 为年龄在[50,60)年龄段的人数,求 X 的分布列及数学期望.

19. (12分)如图6,四棱锥 $E-ABCD$ 中,平面 $EAD\perp$ 平面 $ABCD$,DC // AB,$BC\perp CD$,$EA\perp ED$,且 $AB=4$,$BC=CD=EA=ED=2$.

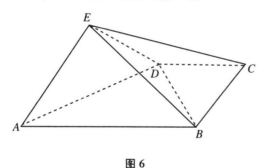

图6

(1) 求证:$BD\perp$ 平面 ADE;

(2) 求直线 BE 和平面 CDE 所成角的正弦值;

(3) 在线段 CE 上是否存在一点 F 使得平面 $BDF\perp$ 平面 CDE,请说明理由.

20. (12分)已知函数 $f(x)=2a\ln x-x^2+1$.

(1)若 $a>0$,求函数 $f(x)$ 在区间 $[1,+\infty)$ 上的最大值;

(2)若 $f(x)\leqslant 0(x\geqslant 1)$ 恒成立,求 a 的最大值.

21. (12分)已知椭圆 $\dfrac{x^2}{a^2}+\dfrac{y^2}{b^2}=1$ 的一个焦点为 $F(2,0)$,且离心率为 $\dfrac{\sqrt{6}}{3}$.

(1)求椭圆方程;

(2)斜率为 k 的直线 l 过点 F,且与椭圆交于 A、B 两点,P 为直线 $x=3$ 上的一点,若 $\triangle ABP$ 为等边三角形,求直线 l 的方程.

22. (14分)(1)设数列 $\{a_n\}$ 由 $a_1=5$,$a_2=23$,$a_{n+2}=5a_{n+1}-a_n(n\in\mathbf{N}^*)$ 确定.

(i)求证:$\left\{a_{n+1}-\dfrac{5-\sqrt{21}}{2}a_n\right\}$是等比数列;

(ii)求数列$\{a_n\}$的通项公式.

(2)若把无理数$\left(\dfrac{5+\sqrt{21}}{2}\right)^{2011}$写成小数,求其个位数字及十分位、百分位上的数字.

参 考 答 案

一、选择题

1.B. **2**.A. **3**.B. **4**.A. **5**.A. **6**.D.

7.C. **8**.A. **9**.B. **10**.A. **11**.C. **12**.A.

二、填空题

13.$6+2\sqrt{3}$. **14**.2. **15**.$(2,2)$,$(8,-4)$. **16**.$(1)6$;$(2)(\sqrt{3},\sqrt{5})$.

三、解答题

17.(1)由$a=2b\sin A$及正弦定理得$\sin A=2\sin B\sin A$,所以$\sin B=\dfrac{1}{2}$.再由$\triangle ABC$为锐角三角形得$B=\dfrac{\pi}{6}$.

(2)

$$\cos A+\sin C=\cos A+\sin\left(\pi-\dfrac{\pi}{6}-A\right)=\cos A+\sin\left(\dfrac{\pi}{6}+A\right),$$

$$\cos A+\dfrac{1}{2}\cos A+\dfrac{\sqrt{3}}{2}\sin A=\sqrt{3}\sin\left(A+\dfrac{\pi}{3}\right).$$

由$\triangle ABC$为锐角三角形知,$\dfrac{\pi}{2}-A>\dfrac{\pi}{2}-B$,$\dfrac{\pi}{2}-B=\dfrac{\pi}{2}-\dfrac{\pi}{6}=\dfrac{\pi}{3}$,$\dfrac{2\pi}{3}<A+\dfrac{\pi}{3}<\dfrac{\pi}{6}$,所以$\dfrac{1}{2}\sin\left(A+\dfrac{\pi}{3}\right)<\dfrac{\sqrt{3}}{2}$.

由此有$\dfrac{\sqrt{3}}{2}<\sqrt{3}\sin\left(A+\dfrac{\pi}{3}\right)<\dfrac{\sqrt{3}}{2}\times\sqrt{3}$,所以$\cos A+\sin C$的取值范围为$\left(\dfrac{\sqrt{3}}{2},\dfrac{3}{2}\right)$.

18.(1)$1-10\times(0.020+0.025+0.015+0.005)=0.35$,$100\times0.35=35$,即随机抽取的市民中年龄段在$[30,40)$的人数为35.

(2)$100\times0.15=15$,$100\times0.05=5$,所以$5\times\dfrac{8}{20}=2$,即抽取的8人中$[50,60)$年龄段的人数为2.

(3)X的所有可能取值为0,1,2.

$$P(X=0)=\dfrac{C_6^3}{C_8^3}=\dfrac{5}{14};\quad P(X=1)=\dfrac{C_2^1C_6^2}{C_8^3}=\dfrac{15}{28};\quad P(X=2)=\dfrac{C_2^2C_6^1}{C_8^3}=\dfrac{3}{28}.$$

所以X的分布列如下表:

X	0	1	2
P	$\dfrac{5}{14}$	$\dfrac{15}{28}$	$\dfrac{3}{28}$

X 的数学期望为 $E(X)=0\times\dfrac{5}{14}+1\times\dfrac{15}{28}+2\times\dfrac{3}{28}=\dfrac{3}{4}$.

19. (1) 由 $BC\perp CD$，$BC=CD=2$，可得 $BD=2\sqrt{2}$.

由 $EA\perp ED$，且 $EA=ED=2$，可得 $AD=2\sqrt{2}$.

又 $AB=4$，所以 $BD\perp AD$.

又平面 $EAD\perp$ 平面 $ABCD$，平面 $ADE\cap$ 平面 $ABCD=AD$，$BD\subset$ 平面 $ABCD$，所以 $BD\perp$ 平面 ADE.

(2) 如图 7，建立空间直角坐标系 $D-xyz$.

得 $D(0,0,0)$，$B(0,2\sqrt{2},0)$，$C(-\sqrt{2},\sqrt{2},0)$，$E(\sqrt{2},0,\sqrt{2})$，所以 $\overrightarrow{BE}=(\sqrt{2},-2\sqrt{2},\sqrt{2})$，$\overrightarrow{DE}=(\sqrt{2},0,\sqrt{2})$，$\overrightarrow{DC}=(-\sqrt{2},\sqrt{2},0)$.

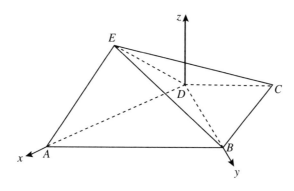

图 7

可求得平面 CDE 的一个法向量是 $\boldsymbol{n}=(1,1,-1)$.

设直线 BE 与平面 CDE 所成的角为 α，得

$$\sin\alpha=|\cos<\overrightarrow{BE},\boldsymbol{n}>|=\dfrac{|\overrightarrow{BE}\cdot\boldsymbol{n}|}{|\overrightarrow{BE}|\cdot|\boldsymbol{n}|}=\dfrac{|\sqrt{2}-2\sqrt{2}-\sqrt{2}|}{2\sqrt{3}\cdot\sqrt{3}}=\dfrac{\sqrt{2}}{3},$$

即直线 BE 和平面 CDE 所成的角的正弦值为 $\dfrac{\sqrt{2}}{3}$.

(3) 设 $\overrightarrow{CF}=\lambda\overrightarrow{CE}$，$\lambda\in[0,1]$，得

$$\overrightarrow{DC}=(-\sqrt{2},\sqrt{2},0),\quad \overrightarrow{CE}=(2\sqrt{2},-\sqrt{2},\sqrt{2}),\quad \overrightarrow{DB}=(0,2\sqrt{2},0),$$

所以 $\overrightarrow{DF}=\overrightarrow{DC}+\overrightarrow{CF}=\overrightarrow{DC}+\lambda\overrightarrow{CE}=\sqrt{2}(2\lambda-1,-\lambda+1,\lambda)$.

可求得平面 BEF 的一个法向量是 $\boldsymbol{m}=\left(1,0,-\dfrac{2\lambda-1}{\lambda}\right)$.

若平面 $BEF \perp$ 平面 CDE，则 $\boldsymbol{m} \cdot \boldsymbol{n} = 0$，即 $1 + \dfrac{2\lambda - 1}{\lambda} = 0$，$\lambda = \dfrac{1}{3}$，得 $\lambda \in [0, 1]$.

所以在线段 CE 上存在一点 F 使得平面 $BEF \perp$ 平面 CDE.

20. (1) $f'(x) = \dfrac{2a}{x} - 2x = \dfrac{-2(x^2 - a)}{x}$，$x > 0$.

当 $\sqrt{a} \leqslant 1$，即 $0 < a \leqslant 1$ 时，在区间 $[1, +\infty)$ 上 $f'(x) \leqslant 0$，函数 $f(x)$ 是减函数.

所以函数 $f(x)$ 在区间 $[1, +\infty)$ 上的最大值为 $f(1) = 0$.

当 $\sqrt{a} > 1$，即 $a > 1$ 时，x 在 $[1, +\infty)$ 上变化时，$f'(x)$、$f(x)$ 的变化情况如表 1 所示.

表1

x	1	$(1, \sqrt{a})$	$\sqrt{a}$	$(\sqrt{a}, +\infty)$
$f'(x)$		$+$	0	$-$
$f(x)$	0	↗	$a\ln a - a + 1$	↘

所以函数 $f(x)$ 在区间 $[1, +\infty)$ 上的最大值为 $f(\sqrt{a}) = a\ln a - a + 1$.

综上所述：当 $0 < a \leqslant 1$ 时，函数 $f(x)$ 在区间 $[1, +\infty)$ 上的最大值为 $f(1) = 0$；当 $a > 1$ 时，函数 $f(x)$ 在区间 $[1, +\infty)$ 上的最大值为 $f(\sqrt{a}) = a\ln a - a + 1$.

(2) 当 $a \leqslant 0$ 时，可证函数 $f(x)$ 是减函数，所以函数 $f(x)$ 在区间 $[1, +\infty)$ 上的最大值为 $f(1) = 0$，即 $a \leqslant 0$ 满足题设.

当 $0 < a \leqslant 1$ 时，由(1)的解法可知，$f(x) \leqslant f(1) = 0$ 在区间 $[1, +\infty)$ 上恒成立，即 $a \leqslant 0$ 满足题设.

当 $a > 1$ 时，由于 $f(x)$ 在区间 $[1, \sqrt{a}]$ 上是增函数，所以 $f(\sqrt{a}) > f(1) = 0$，即在区间 $[1, +\infty)$ 上存在 $x = \sqrt{a}$ 使得 $f(x) > 0$.

综上所述，a 的最大值为 1.

21. (1) 依题意有 $c = 2$，$\dfrac{c}{a} = \dfrac{\sqrt{6}}{3}$，可得 $a^2 = 6$，$b^2 = 2$. 所以所求椭圆的方程为 $\dfrac{x^2}{6} + \dfrac{y^2}{2} = 1$.

(2) 直线 l 的方程为 $y = k(x - 2)$. 联立方程组

$$\begin{cases} y = k(x-2), \\ \dfrac{x^2}{6} + \dfrac{y^2}{2} = 1. \end{cases}$$

消去 y 并整理得 $(3k^2 + 1)x^2 - 12k^2 x + 12k^2 - 6 = 0$.

设 $A(x_1, y_1)$、$B(x_2, y_2)$，得 $x_1 + x_2 = \dfrac{12k^2}{3k^2 + 1}$，$x_1 x_2 = \dfrac{12k^2 - 6}{3k^2 + 1}$，所以

$$|AB| = \sqrt{1 + k^2}\, |x_1 - x_2| = \dfrac{2\sqrt{6}(k^2 + 1)}{3k^2 + 1}.$$

设 AB 的中点为 $M(x_0, y_0)$，得 $x_0 = \dfrac{6k^2}{3k^2+1}$，$y_0 = -\dfrac{2k}{3k^2+1}$.

易知直线 MP 的斜率为 $-\dfrac{1}{k}$，又 $x_P = 3$，所以

$$|MP| = \sqrt{1+\dfrac{1}{k^2}} \cdot |x_0 - x_P| = \sqrt{\dfrac{k^2+1}{k^2}} \cdot \dfrac{3(k^2+1)}{(3k^2+1)}.$$

当 $\triangle ABP$ 为正三角形时，$|MP| = \dfrac{\sqrt{3}}{2}|AB|$，即

$$\sqrt{\dfrac{k^2+1}{k^2}} \cdot \dfrac{3(k^2+1)}{(3k^2+1)} = \dfrac{\sqrt{3}}{2} \cdot \dfrac{2\sqrt{6}(k^2+1)}{3k^2+1},$$

解得 $k = \pm 1$.

即直线 l 的方程为 $x - y - 2 = 0$ 或 $x + y - 2 = 0$.

22．（1）(i)对于任意的实数 $x(x \neq 5)$，有

$$a_{n+2} - x a_{n+1} = (5-x)\left(a_{n+1} - \dfrac{1}{5-x} a_n\right).$$

令 $x = \dfrac{1}{5-x}$，得 $x = \dfrac{5 \pm \sqrt{21}}{2}$．所以，当 $x = \dfrac{5 \pm \sqrt{21}}{2}$ 时，有

$$a_{n+2} - x a_{n+1} = (5-x)(a_{n+1} - x a_n),$$

进而可得 $\{a_{n+1} - x a_n\}$ 是首项为 $23 - 5x$、公比为 $5 - x$ 的等比数列，得欲证成立．

(ii)由以上解答，得

$$\begin{cases} a_{n+1} - \dfrac{5-\sqrt{21}}{2} a_n = \dfrac{21+5\sqrt{21}}{2}\left(\dfrac{5+\sqrt{21}}{2}\right)^{n-1} = \sqrt{21}\left(\dfrac{5+\sqrt{21}}{2}\right)^n, \\ a_{n+1} - \dfrac{5+\sqrt{21}}{2} a_n = \dfrac{21-5\sqrt{21}}{2}\left(\dfrac{5-\sqrt{21}}{2}\right)^{n-1} = -\sqrt{21}\left(\dfrac{5-\sqrt{21}}{2}\right)^n, \end{cases}$$

解这个关于 a_{n+1}、a_n 的方程组，得

$$a_n = \left(\dfrac{5+\sqrt{21}}{2}\right)^n + \left(\dfrac{5-\sqrt{21}}{2}\right)^n.$$

(2)因为数列 $\{a_n\}$ 由 $a_1 = 5$，$a_2 = 23$，$a_{n+2} = 5a_{n+1} - a_n (n \in \mathbf{N}^*)$ 确定，所以由数学归纳法可证数列 $\{a_n\}$ 是递增数列且各项均是正整数．

又因为 $0 < \dfrac{5-\sqrt{21}}{2} < 1$，所以 a_{2011} 是大于 $\left(\dfrac{5+\sqrt{21}}{2}\right)^{2011}$ 的最小整数，即

$$a_{2011} = \left[\left(\dfrac{5+\sqrt{21}}{2}\right)^{2011}\right] + 1.$$

这里 $[a]$ 表示实数 a 的整数部分．

$\left(\dfrac{5+\sqrt{21}}{2}\right)^{2011}$ 的个位数字即 $\left[\left(\dfrac{5+\sqrt{21}}{2}\right)^{2011}\right]$ 也即 $a_{2011} - 1$ 被 10 除所得的余数．由数列 $\{a_n\}$ 由 $a_1 = 5$，$a_2 = 23$，$a_{n+2} = 5a_{n+1} - a_n (n \in \mathbf{N}^*)$ 确定，得 $\{a_n\}$ 的各项被 10 除所得

的余数依次是
$$5,3,0,7,5,8,5,7,0,3,5,2,5,3,\cdots$$
所以该数列是以 12 为周期的周期数列,又 2011 被 12 除所得的余数是 7(因为 2004 是 12 的倍数),所以即 a_{2011} 被 10 除所得的余数即 a_7 被 10 除所得的余数为 5,得 $\left(\dfrac{5+\sqrt{21}}{2}\right)^{2011}$ 的个位数字是 $5-1=4$.

因为 $0<\dfrac{5-\sqrt{21}}{2}<\dfrac{1}{4}$,所以
$$0<\left(\dfrac{5-\sqrt{21}}{2}\right)^{2011}<\left(\dfrac{1}{4}\right)^{2011}<\dfrac{1}{100},\quad 0.99<1-\left(\dfrac{5-\sqrt{21}}{2}\right)^{2011}<1,$$
即 $1-\left(\dfrac{5-\sqrt{21}}{2}\right)^{2011}=0.99\cdots$.

又 $a_{2011}=\left(\dfrac{5+\sqrt{21}}{2}\right)^{2011}+\left(\dfrac{5-\sqrt{21}}{2}\right)^{2011}$ 是正整数,所以
$$\left(\dfrac{5+\sqrt{21}}{2}\right)^{2011}=(a_{2011}-1)+\left(1-\left(\dfrac{5-\sqrt{21}}{2}\right)^{2011}\right)=(a_{2011}-1)+0.99\cdots,$$
即 $\left(\dfrac{5+\sqrt{21}}{2}\right)^{2011}$ 的个位数字是 4,十分位、百分位上的数字均是 9.

甘志国　编拟
北京丰台二中

《学数学》高校自主招生训练题

一、填空题

1. 如图1,点 E、F 分别为正方形 $ABCD$ 边 BC、CD 上的点,且 $\triangle ABE$、$\triangle ECF$、$\triangle FDA$ 的面积分别为 2、3、4. 则 $\triangle AEF$ 的面积为_____.

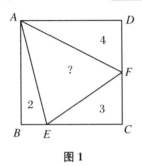

图1

2. 已知 $\triangle ABC$ 中, $\overrightarrow{BC}=\boldsymbol{a},\overrightarrow{CA}=\boldsymbol{b},\overrightarrow{AB}=\boldsymbol{c}$. 若 $(\boldsymbol{b}\cdot\boldsymbol{c}):(\boldsymbol{c}\cdot\boldsymbol{a}):(\boldsymbol{a}\cdot\boldsymbol{b})=1:3:2$,则 $\angle CAB=$ _____.

3. 已知实数 x 满足 $x^2-x-1=0$. 则 $x^{18}+\dfrac{323}{x^6}=$ _____.

4. 已知函数 $f(x)=\sin(x+\theta)\cos\left(x+\dfrac{\pi}{3}\right)$ 为偶函数,则 $\theta=$ _____.

5. 在 $\triangle ABC$ 中, $AB=AC=x$,$BC=y$,若 $x^3+y^3=3x^2y$. 则 $\angle BAC=$ _____.

6. 设非零实数 x、y 满足 $\dfrac{1}{x}+\dfrac{1}{y}=3$. 则二元函数 $F=\dfrac{1}{3x^2-3x+1}+\dfrac{1}{3y^2-3y+1}$ 的取值范围为_____.

7. 卢卡斯(Lucas)数列 $\{L_n\}$ 的通项公式为 $L_n=\left(\dfrac{1+\sqrt{5}}{2}\right)^n+\left(\dfrac{1-\sqrt{5}}{2}\right)^n$. 则其第 2015 项 L_{2015} 除以 5 所得的余数为_____.

8. 设 p、q 为不相等的正整数,且关于 x 的方程 $x^2-px+q=0$ 和 $x^2-qx+p=0$ 的根都是正整数. 则 $|p-q|=$ _____.

二、解答题

9. 设点 A 在函数 $y=\dfrac{2}{x}$ 上,点 B 在直线 $x+y=2$ 上,且 $\angle AOB=90°$. 是否存在圆始终与直线 AB 相切?若存在,求出圆方程,并给出证明;若不存在,试说明理由.

10. 求方程组

$$\begin{cases} x^3 - 3x = y, \\ y^3 - 3y = z, \\ z^3 - 3z = x \end{cases}$$

的所有实数解.

11．(1)设数列$\{a_n\}$满足$a_n = \left(1 + \dfrac{1}{n}\right)^n$，证明：$a_n$的极限存在,并定义$\mathrm{e} = \lim\limits_{n \to \infty} a_n$；

(2)若不使用导数,你能否证明$\mathrm{e}^\alpha > 1 + \alpha$？其中$\alpha$为非零实数.

参考答案

一、填空题

1．7.

设正方形边长为a，考察$\mathrm{Rt}\triangle ECF$，则有$\left(a - \dfrac{4}{a}\right)\left(a - \dfrac{8}{a}\right) = 6$，解得$a^2 - 9 = 7$即为所求.

2．$\arccos\dfrac{\sqrt{3}}{6}$.

注意到$\boldsymbol{b} \cdot \boldsymbol{c} = bc\cos(\pi - A) = -bc\cos A$，所以$\dfrac{bc\cos A}{1} = \dfrac{ca\cos B}{3} = \dfrac{ab\cos C}{2}$.

由余弦定理，得$\dfrac{b^2 + c^2 - a^2}{2} = \dfrac{c^2 + a^2 - b^2}{6} = \dfrac{a^2 + b^2 - c^2}{4}$. 令这个比值为$k$. 则可解得$a^2 = 5k, b^2 = 3k, c^2 = 4k$.

于是$\cos A = \dfrac{b^2 + c^2 - a^2}{2bc} = \dfrac{2k}{2\sqrt{12}k} = \dfrac{\sqrt{3}}{6}$，故$A = \arccos\dfrac{\sqrt{3}}{6}$.

3．5796.

由$x - \dfrac{1}{x} = 1$，从而$x^2 + \dfrac{1}{x^2} = 3, x^4 + \dfrac{1}{x^4} = 7$.

两式相乘得：$x^6 + \dfrac{1}{x^6} + x^2 + \dfrac{1}{x^2} = 21$，所以$x^6 + \dfrac{1}{x^6} = 18$.

注意到$323 = 18^2 - 1 = \left(x^6 + \dfrac{1}{x^6}\right)^2 - 1 = x^{12} + \dfrac{1}{x^{12}} + 1$.

所以$x^{18} + \dfrac{323}{x^6} = x^{18} + \dfrac{1}{x^{18}} + x^6 + \dfrac{1}{x^6} = \left(x^{12} + \dfrac{1}{x^{12}}\right)\left(x^6 + \dfrac{1}{x^6}\right) = 322 \times 18 = 5796$.

4．$k\pi + \dfrac{\pi}{6}(k \in \mathbf{Z})$.

首先，由$f\left(-\dfrac{\pi}{6}\right) = f\left(\dfrac{\pi}{6}\right) = 0$，得到$\sin\left(\theta - \dfrac{\pi}{6}\right) = 0$，故$\theta = k\pi + \dfrac{\pi}{6}, k \in \mathbf{Z}$.

其次，当$\theta = k\pi + \dfrac{\pi}{6}$时，

$$f(x) = (-1)^k \sin\left(x + \frac{\pi}{6}\right)\cos\left(x + \frac{\pi}{3}\right) = (-1)^k \cos\left(x - \frac{\pi}{3}\right)\cos\left(x + \frac{\pi}{3}\right)$$
$$= (-1)^k \left(\cos^2 x \cos^2 \frac{\pi}{3} - \sin^2 x \sin^2 \frac{\pi}{3}\right)$$

为偶函数.

5. $20°$[1].

如图2,点 D 为点 C 关于 AB 的对称点;点 E 为点 B 关于 AC 的对称点. 联结 DE 交 AB、AC 于 F、G.

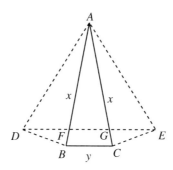

图2

易知 $DE \parallel BC$,从而 $\triangle BDF \backsim \triangle BAD$.

于是 $BD^2 = BF \cdot BA$,故 $BF = \dfrac{y^2}{x}$. 同理 $GE = \dfrac{y^2}{x}$.

又由 $\triangle AFG \backsim \triangle ABC$,所以

$$FG = \frac{AF}{AB} \cdot BC = \left(x - \frac{y^2}{x}\right) \cdot \frac{y}{x} = \frac{x^2 y - y^3}{x^2}.$$

于是,

$$DE = DF + FG + GE = y + \frac{x^2 y - y^3}{x^2} + y = \frac{3x^2 y - y^3}{x^2} = \frac{x^3}{x^2} = x.$$

从而,$AD = AE = DE (= x)$.

即 $\triangle ADE$ 为正三角形. 从而 $\angle BAC = \dfrac{1}{3} \angle DAE = 20°$.

6. $(2,3) \cup (3,6]$.

令 $\dfrac{1}{x} = a$,$\dfrac{1}{y} = b$. 则 a、$b \neq 0$ 且 $a + b = 3$. 于是

$$F = \frac{a^2}{a^2 - 3a + 3} + \frac{b^2}{b^2 - 3b + 3}.$$

令 $p = a - \dfrac{3}{2}$,$q = b - \dfrac{3}{2}$,则 $p + q = 0$,且 p、$q \neq -\dfrac{3}{2}$. 于是

---

[1] 本题经申强先生指出遗漏了一种情况,详见《学数学. 第3卷》中《从一道高校自主招生训练题的另解说起》一文.

$$F = \frac{\left(p+\frac{3}{2}\right)^2}{p^2+\frac{3}{4}} + \frac{\left(q+\frac{3}{2}\right)^2}{q^2+\frac{3}{4}} = \frac{2p^2+\frac{9}{2}}{p^2+\frac{3}{4}} = \frac{8p^2+18}{4p^2+3} = 2 + \frac{12}{4p^2+3}.$$

其中 $p^2 \geqslant 0$，且 $p^2 \neq \frac{9}{4}$，所以 $2 < F \leqslant 6$，且 $F \neq 3$.

7. 4.

注意到 $L_{n+2} = L_{n+1} + L_n$，$L_1 = 1, L_2 = 3, L_3 = 4, L_4 = 7, L_5 = 11, L_6 = 18, \cdots$.

注意到其除以 5 的余数依次为 $1, 3, 4, 2, 1, 3, \cdots$ 构成以 4 为周期的周期数列.

而 $2015 \equiv 3 \pmod{4}$，所以 $L_{2015} \equiv L_3 \equiv 4 \pmod{4}$.

8. 1.

设两方程的根分别 x_1、x_2 及 x_3、x_4，利用根与系数的关系，消去 p、q 可得到
$$(x_1-1)(x_2-1) + (x_3-1)(x_4-1) = 2,$$
其中 x_1、x_2、x_3、x_4 为正整数.

由此可得到 $p=5$，$q=6$ 或 $p=6$，$q=5 (p \neq q)$，故 $|p-q|=1$.

二、解答题

9. 显然直线 OA 的斜率存在且不为零及 1，设为 k.

联立 $y = kx$ 及 $y = \frac{2}{x}$，可得到 $|OA|^2 = x^2 + y^2 = \frac{2}{k} + 2k = \frac{2(k^2+1)}{k}$.

由于 $\angle AOB = 90°$，所以直线 OB 的斜率为 $-\frac{1}{k}$.

联立 $y = -\frac{1}{k}x$ 及 $x + y = 2$，可得到 $|OB|^2 = x^2 + y^2 = \frac{4(k^2+1)}{(k-1)^2}$.

于是 $\frac{1}{|OA|^2} + \frac{1}{|OB|^2} = \frac{k}{2(k^2+1)} + \frac{(k-1)^2}{4(k^2+1)} = \frac{1}{4}$ 为定值.

于是原点 O 到直线 AB 的距离 $d = \frac{|OA||OB|}{\sqrt{|OA|^2+|OB|^2}} = 2$ 为定值.

所以存在圆与直线 AB 始终相切，该圆方程为 $x^2 + y^2 = 4$.

10. 注意到 $\cos 3\theta = 4\cos^3\theta - 3\cos\theta$. 于是我们令
$$x = 2\cos\alpha, \quad y = 2\cos\beta, \quad z = 2\cos\gamma,$$
则原方程可化为
$$\begin{cases} \cos 3\alpha = \cos\beta, \\ \cos 3\beta = \cos\gamma, \\ \cos 3\gamma = \cos\alpha. \end{cases}$$

由此得 $\cos 27\alpha = \cos\alpha, \cos 27\beta = \cos\beta, \cos 27\gamma = \cos\gamma$.

于是 $27\alpha = 2k\pi \pm \alpha$，即 $\alpha = \frac{k\pi}{14}$，或 $\alpha = \frac{k\pi}{13}, k \in \mathbf{Z}$.

再注意到原方程共有 27 组解，结合 x、y、z 的关系，我们可以得到所有的解为：

$$x = 2\cos\frac{k\pi}{14},\quad y = 2\cos\frac{3k\pi}{14},\quad z = 2\cos\frac{9k\pi}{14},\quad k = 0,1,2,\cdots,14;$$

以及

$$x = 2\cos\frac{k\pi}{13},\quad y = 2\cos\frac{3k\pi}{13},\quad z = 2\cos\frac{9k\pi}{13},\quad k = 1,2,\cdots,12.$$

11．(1)注意到

$$\frac{a_{n+1}}{a_n} = \frac{\left(1+\frac{1}{n+1}\right)^{n+1}}{\left(1+\frac{1}{n}\right)^n} = \left(1 - \frac{1}{(n+1)^2}\right)^{n+1} \cdot \frac{n+1}{n} > \left(1 - \frac{1}{n+1}\right) \cdot \frac{n+1}{n} = 1,$$

所以数列 $\{a_n\}$ 为单调递增数列.

令数列 $\{b_n\}$ 满足 $b_n = \left(1+\frac{1}{n}\right)^{n+1}$，则

$$\frac{b_n}{b_{n-1}} = \frac{\frac{n+1}{n}}{\left(1+\frac{1}{n^2-1}\right)^n} < \frac{\frac{n+1}{n}}{1+\frac{n}{n^2-1}} = \frac{n^3+n^2-n-1}{n^3+n^2-n} < 1,$$

所以数列 $\{b_n\}$ 为单调递减数列.

再注意到 $0 < b_n - a_n = \left(1+\frac{1}{n}\right)^n \cdot \frac{1}{n} < \frac{3}{n}$，所以 $\lim\limits_{n\to\infty}(b_n - a_n) = 0$，于是数列 $\{a_n\}$ 和 $\{b_n\}$ 的极限都存在，且相等.

(2) 由(1)知

$$\left(1+\frac{1}{n}\right)^n < \mathrm{e} < \left(1+\frac{1}{n}\right)^{n+1},$$

从而

$$n\ln\left(1+\frac{1}{n}\right) < 1 < (n+1)\ln\left(1+\frac{1}{n}\right),$$

即

$$\frac{1}{n+1} < \ln\left(1+\frac{1}{n}\right) < \frac{1}{n}.$$

令 $r = \frac{m}{n}$，其中 m、n 为互质的正整数．则

$$\ln(1+r) = \ln\frac{m+n}{n} = \ln\left(\frac{n+1}{n} \cdot \frac{n+2}{n+1} \cdot \cdots \cdot \frac{n+m}{n+m-1}\right)$$

$$= \ln\left(1+\frac{1}{n}\right) + \ln\left(1+\frac{1}{n+1}\right) + \cdots + \ln\left(1+\frac{1}{n+m-1}\right)$$

$$< \frac{1}{n} + \frac{1}{n+1} + \cdots + \frac{1}{n+m-1} < \frac{m}{n} = r,$$

$$\ln(1+r) > \frac{1}{n+1} + \frac{1}{n+2} + \cdots + \frac{1}{n+m} > \frac{m}{n+m} = \frac{r}{1+r}.$$

于是当 r 为正有理数时，$\dfrac{r}{1+r} < \ln(1+r) < r$ 成立.

当 $-1 < r < 0$，且 r 为有理数时，
$$\ln(1+r) = \ln(1-(-r)) = -\ln\dfrac{1}{1-(-r)} = -\ln\left(1+\dfrac{-r}{1-(-r)}\right).$$

其中 $\dfrac{-r}{1-(-r)}$ 为正有理数，所以
$$-r = \dfrac{\dfrac{-r}{1-(-r)}}{1+\dfrac{-r}{1-(-r)}} < \ln\left(1+\dfrac{-r}{1-(-r)}\right) < \dfrac{-r}{1-(-r)} = \dfrac{-r}{1+r}.$$

所以当 $-1 < r < 0$，r 为有理数时也有 $\dfrac{r}{1+r} < \ln(1+r) < r$.

于是我们有 $\dfrac{r}{1+r} < \ln(1+r) < r$，其中 $r > -1$，r 为有理数，$r \neq 0$.

取 $\alpha > -1$，$\alpha \neq 0$，则存在有理数 r，使得 $\dfrac{r}{2} + \dfrac{r}{2+r} < \alpha < r$. 于是
$$\ln(1+\alpha) < \ln(1+r) = \ln\left(\dfrac{r+2}{2} \cdot \dfrac{2+2r}{2+r}\right)$$
$$= \ln\left(1+\dfrac{r}{2+r}\right) + \ln\left(1+\dfrac{r}{2}\right) < \dfrac{r}{2+r} + \dfrac{r}{2} < \alpha.$$

于是当 $\alpha > -1$，$\alpha \neq 0$ 时，$e^{\alpha} > 1+\alpha$；而当 $\alpha \leqslant -1$ 时，$e^{\alpha} > 1+\alpha$ 显然是成立的.

李　红　编拟
江苏省木渎高级中学

第五篇 探究问题与解答

自2015年起,《学数学》将以丛书的形式,由中国科学技术大学出版社正式出版发行,仍为每季度一册。为顺应这一变化,自2015年起,数学贴吧问题将在每季度初通过网络发布,解答将公布在当季的《学数学》中。欢迎读者提供解答,请将解答发送邮件至xsx@omaths.com,我们将择优发表。

《学数学》数学贴吧探究问题 2015 年第一季

1. 如图 1，点 A 是 $\odot O$ 内部一点，点 B、C、D 在 $\odot O$ 上，且满足 $AB = AC = CD$，DA 的延长线交 $\odot O$ 于点 E. 若 AE 等于 $\odot O$ 的半径，求证：$\triangle ABC$ 是正三角形.

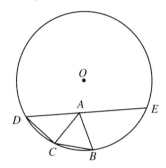

图 1

(上海科学技术出版社　田廷彦　供题)

2. 已知 x、y、$z > 0$，且 $x^2 + y^2 + z^2 + 2xyz = 1$. 求证：

$$\sqrt{\frac{1-x}{1+x}} + \sqrt{\frac{1-y}{1+y}} + \sqrt{\frac{1-z}{1+z}} \geqslant \sqrt{3}.$$

(陕西省咸阳师范学院基础教育课程研究中心　安振平　供题)

3. 如图 2，两圆相交于点 P、Q，过点 P 的两条直线分别交两圆于 A、D 及 C、B，

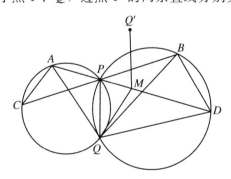

图 2

点 M 为线段 AD 的中点，点 Q' 为点 Q 关于直线 AD 的对称点. 证明：直线 CA、MQ'、DB 三线共点的充要条件是 $\angle PQM = \angle BQD$.

(西北师大附中　张嘉良　供题)

4. 设 p、q 是两个不相等的素数，整数 x、y、z、$w \in \{1, 2, \cdots, pq\}$. 如果 $xw + yz$

$\equiv 1 (\bmod pq)$,那么称有序数组(x,y,z,w)为"好数组".试求好数组的个数.

(南京师范大学数学科学学院 纪春岗 供题)

5. 设 $n \geq 2$ 为整数. 以任意方式将整数 $1, 2, \cdots, n^2$ 填入一个 $n \times n$ 方格表,每格一数. 考察每一行中最大数与最小数的差,也考察每一列中最大数与最小数的差,将这 $2n$ 个差数的最大值 d_n 称为数表的"极差". 试求极差的最小可能值.

(中国科学技术大学 苏 淳 供题)

6. 设正整数 $x_1, x_2, \cdots, x_n$ 满足 $x_1 \leq x_2 \leq \cdots \leq x_n$,且 $\prod_{i=1}^{n}\left(1+\dfrac{1}{x_i}\right) < 2$. 证明:

$$\prod_{i=1}^{n}\left(1+\dfrac{1}{x_i}\right) \leq \dfrac{2^{2^n}-1}{2^{2^n-1}},$$

其中等号成立当且仅当 $x_i = 2^{2^{i-1}}$, $i = 1, 2, \cdots, n$.

(南京信息工程大学数学与统计学院 杨全会 供题)

探究问题解答

1. 以下解答由江苏春雨教育集团顾冬华提供.

解答 如图 3,联结 OA、OB、OC、OD、BE. 由 $AB = AC$,$OB = OC$ 可知,射线 OA 平分 $\angle BAC$.

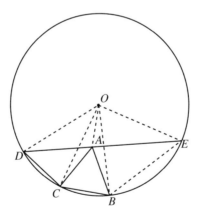

图 3

首先证明 $\triangle EAB \cong \triangle ODC$,这只需证明 $\angle BAE = \angle ODC$,即证 $\angle CAO + \angle AEO = 180° - \angle CAD - \angle CAB$,即 $2\angle CAO + \angle CAB + \angle AEO = 180°$,由 $\angle OAE = \angle CAD + \dfrac{1}{2}\angle CAB$ 可知该式显然成立. 故 $\triangle EAB \cong \triangle ODC$.

于是,$\angle DOC = \angle AEB \Rightarrow \overset{\frown}{BD} = 2\overset{\frown}{CD} \Rightarrow BC = CD$,即 $BC = CD = AB = AC$. 因此,$\triangle ABC$ 是正三角形.

以下解答由上海市晋元高级中学李不凡提供.

解答 如图 4，联结 OA 并延长交 $\odot O$ 与 F，联结 OC、OD、OE.

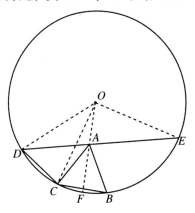

图 4

要证明 $\triangle ABC$ 是正三角形，只需证 $\angle CAF = 30°$. 不妨设 $OE = AE = 1$，设 $\angle ADC = \alpha$，$\angle ODC = \beta$，则 $\cos\beta = \dfrac{CD}{2}$，$DE = 2\cos(\beta - \alpha)$，$DA = 2CD\cos\alpha$，所以

$$2\cos(\beta - \alpha) = 2CD\cos\alpha + 1 = 4\cos\alpha\cos\beta + 1,$$

化简得 $\cos(\beta + \alpha) = -\dfrac{1}{2}$，即 $\alpha + \beta = 120°$. 从而 $\angle OEA = \beta - \alpha = 120° - 2\alpha$，$\angle OAD = \alpha + 30°$，因此 $\angle CAF = \angle OAE - \angle DAC = 30°$.

2. 以下解答由供题者提供.

解答 因为 $1 = x^2 + y^2 + z^2 + 2xyz$，所以

$$1 - x^2 - y^2 = z^2 + 2xyz,$$
$$1 - y^2 - z^2 = x^2 + 2xyz,$$
$$1 - z^2 - x^2 = y^2 + 2xyz.$$

于是，

$$\sqrt{\dfrac{(1-x)(1-y)}{(1+x)(1+y)}} + \sqrt{\dfrac{(1-y)(1-z)}{(1+y)(1+z)}} + \sqrt{\dfrac{(1-z)(1-x)}{(1+z)(1+x)}}$$

$$= \dfrac{\sqrt{(1-x^2)(1-y^2)}}{(1+x)(1+y)} + \dfrac{\sqrt{(1-y^2)(1-z^2)}}{(1+y)(1+z)} + \dfrac{\sqrt{(1-z^2)(1-x^2)}}{(1+z)(1+x)}$$

$$= \dfrac{\sqrt{1-x^2-y^2+x^2y^2}}{(1+x)(1+y)} + \dfrac{\sqrt{1-y^2-z^2+y^2z^2}}{(1+y)(1+z)} + \dfrac{\sqrt{1-z^2-x^2+z^2x^2}}{(1+z)(1+x)}$$

$$= \dfrac{\sqrt{z^2+2xyz+x^2y^2}}{(1+x)(1+y)} + \dfrac{\sqrt{x^2+2xyz+y^2z^2}}{(1+y)(1+z)} + \dfrac{\sqrt{y^2+2xyz+z^2x^2}}{(1+z)(1+x)}$$

$$= \dfrac{z+xy}{(1+x)(1+y)} + \dfrac{x+yz}{(1+y)(1+z)} + \dfrac{y+zx}{(1+z)(1+x)}$$

$$= \dfrac{(z+xy)(1+z) + (x+yz)(1+x) + (y+zx)(1+y)}{(1+x)(1+y)(1+z)}$$

$$= \frac{(x^2 + y^2 + z^2 + 2xyz) + x + y + z + xy + yz + zx + xyz}{1 + x + y + z + xy + yz + zx + xyz}$$

$$= \frac{1 + x + y + z + xy + yz + xyz}{1 + x + y + z + xy + zx + xyz}$$

$$= 1.$$

注意到$(a+b+c)^2 \geqslant 3(ab+bc+ca)$，令$a = \sqrt{\frac{1-x}{1+x}}$，$b = \sqrt{\frac{1-y}{1+y}}$，$c = \sqrt{\frac{1-z}{1+z}}$，即得

$$\left(\sqrt{\frac{1-x}{1+x}} + \sqrt{\frac{1-y}{1+y}} + \sqrt{\frac{1-z}{1+z}}\right)^2$$

$$\geqslant 3\left(\sqrt{\frac{(1-x)(1-y)}{(1+x)(1+y)}} + \sqrt{\frac{(1-y)(1-z)}{(1+y)(1+z)}} + \sqrt{\frac{(1-z)(1-x)}{(1+z)(1+x)}}\right)^2$$

$$= 3,$$

所以，

$$\sqrt{\frac{1-x}{1+x}} + \sqrt{\frac{1-y}{1+y}} + \sqrt{\frac{1-z}{1+z}} \geqslant \sqrt{3}.$$

以下解答由河北省石家庄外国语学校王正旭提供. 河南省郑州一中张锐、江苏省天一中学高二(2)班陈智康、浙江省海盐县元济高级中学张艳宗、上海市晋元高级中学李不凡也给出了类似解答.

解答 由已知可得$0 < x, y, z < 1$，构造$\triangle ABC$，使得$\cos B = y$，$\cos C = z$，其中B、C都是锐角. 将$y = \cos B$，$z = \cos C$代入$x^2 + y^2 + z^2 + 2xyz = 1$中，得

$$x^2 + \cos^2 B + \cos^2 C + 2x\cos B\cos C = 1,$$

配方，得

$$(x + \cos B\cos C)^2 = 1 - \cos^2 B - \cos^2 C + \cos^2 B\cos^2 C,$$

可化为

$$(x + \cos B\cos C)^2 = (1 - \cos^2 B)(1 - \cos^2 C),$$

即

$$(x + \cos B\cos C)^2 = \sin^2 B \sin^2 C,$$

因为$\sin B > 0$，$\sin C > 0$，所以

$$x = -\cos(B+C) = -\cos(\pi - A) = \cos A.$$

由$0 < x < 1$，知A也是锐角. 从而$\sqrt{\frac{1-x}{1+x}} = \sqrt{\frac{1-\cos A}{1+\cos A}} = \tan\frac{A}{2}$. 类似地，$\sqrt{\frac{1-y}{1+y}} = \tan\frac{B}{2}$，$\sqrt{\frac{1-z}{1+z}} = \tan\frac{C}{2}$.

于是问题转化为，在锐角$\triangle ABC$中，有

$$\tan\frac{A}{2} + \tan\frac{B}{2} + \tan\frac{C}{2} \geqslant \sqrt{3}. \qquad ①$$

因为 A、B、C 是 $\triangle ABC$ 的三内角，所以
$$\tan\frac{A}{2}\tan\frac{B}{2} + \tan\frac{B}{2}\tan\frac{C}{2} + \tan\frac{C}{2}\tan\frac{A}{2} = 1.$$

而
$$\left(\tan\frac{A}{2} + \tan\frac{B}{2} + \tan\frac{C}{2}\right)^3 \geqslant 3\left(\tan\frac{A}{2}\tan\frac{B}{2} + \tan\frac{B}{2}\tan\frac{C}{2} + \tan\frac{C}{2}\tan\frac{A}{2}\right) = 3.$$

从而易知式①成立.

注 式①也可由琴生不等式得出.

3. 以下解答由江苏春雨教育集团顾冬华提供.

解答 如图 5，设射线 CA 与 DB 相交于点 N. 作等腰梯形 $ADNN'$、$AQQ''D$. 由 $\angle CAQ = \angle CPQ = \angle BDQ$，得 A、Q、D、N 四点共圆，即 A、Q、Q''、D、N'、N 六点共圆.

首先，AC、BD、MQ' 三线共点等价于 $\angle QMP = \angle AMN \Leftrightarrow \angle QMA = \angle DMN'$，即等价于 Q、M、N' 三点共线，亦即等价于 Q''、M、N 三点共线.

其次，$\angle PQM = \angle BQD \Leftrightarrow \angle PMQ = \angle BDQ \Leftrightarrow \angle MQ''Q = \angle BDQ$，这等价于 Q''、M、N 三点共线.

综上所述，原命题成立.

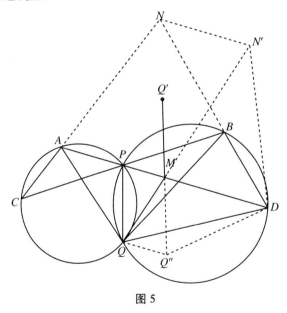

图 5

以下解答由湖北省武汉外国语学校高一(1)班张睿桐提供.

解答 **充分性** 如图 6，延长 CA、DB，分别与 MQ' 交于点 R_1、R_2. 注意到
$$\frac{BP}{CP} = \frac{BQ\sin\angle PQB}{CQ\sin\angle CQP} = \frac{DQ\sin\angle DQM}{AQ\sin\angle AQM} = \frac{DM}{AM} = 1,$$

又 $\angle AR_1M = 180° - \angle CQP - \angle AMQ = \angle QAM$，故

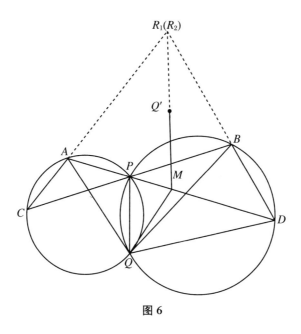

图 6

$$\frac{MR_1}{AM} = \frac{\sin\angle CAP}{\angle PAQ} = \frac{CP}{PQ}.$$

同理，$\frac{MR_2}{DM} = \frac{BP}{PQ}$。故 $MR_1 = MR_2$，即 AC、BD、MQ' 三线共点。

必要性 如图 7，设 AC、BD、MQ' 三线共点于 R，则 A、Q、D、R 四点共圆。延长 RM，交 $\triangle AQD$ 的外接圆 $\odot O$ 于 S。由 $OQ = OS$，$\angle OMQ = \angle OMS > 90°$，知 $\triangle OMQ \cong \triangle OMS$，于是 $MQ = MS \Rightarrow \triangle MSD \cong \triangle MQA \Rightarrow \angle MRD = \angle ADQ$，故

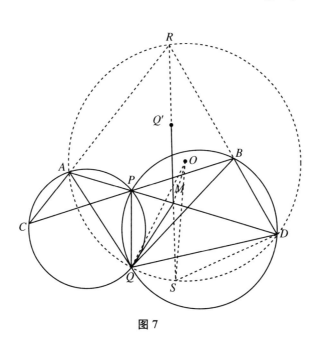

图 7

$\angle PMQ = \angle QMD - \angle QPD = 180° - \angle ADQ - \angle PDB - \angle QPD = \angle BQD$.

4. 以下解答由供题者提供.

解答 扩充定义:设 n 为大于1的正整数,如果整数 x、y、z、$w \in \{1, 2, \cdots, n\}$ 且 $xw + yz \equiv 1 \pmod{n}$,那么称有序数组 (x, y, z, w) 为模 n 的好数组.

(1) 先计算 $n = p$ (p 为素数)时的好数组的组数. 由于 $xw + yz \equiv 1 \pmod n$,因此 $xw \equiv 1 - yz \pmod p$.

若 $(x, p) = 1$,那么存在唯一的正整数 x',$1 \leqslant x' \leqslant p-1$,使得 $xx' \equiv 1 \pmod p$. 因此,$w \equiv x'(1-yz) \pmod p$. 这种好数组的组数为 $p^2(p-1)$.

若 $x = p$,那么 w 可以任选,而且 $yz \equiv 1 \pmod p$. 因此,这种好数组的组数为 $p(p-1)$.

综上所述,模 p 的好数组的组数为 $p^3 - p$.

(2) 考虑 $n = pq$ 的情形. 若 (x, y, z, w) 为模 n 的好数组. 对 n 的素因子 p 而言,令 $x_1, y_1, z_1, w_1 \in \{1, 2, \cdots, p\}$ 且

$$\begin{cases} x_1 \equiv x \pmod p, \\ y_1 \equiv y \pmod p, \\ z_1 \equiv z \pmod p, \\ w_1 \equiv w \pmod p, \end{cases}$$

那么 $x_1 w_1 + y_1 z_1 \equiv 1 \pmod p$. 因此,$(x_1, y_1, z_1, w_1)$ 是模 p 的好数组.

反过来,若 (x_1, y_1, z_1, w_1) 和 (x_2, y_2, z_2, w_2) 分别是模 p 和模 q 的好数组. 因此,$x_1 w_1 + y_1 z_1 \equiv 1 \pmod p$ 且 $x_2 w_2 + y_2 z_2 \equiv 1 \pmod p$. 利用中国剩余定理,同余方程组

$$\begin{cases} x \equiv x_1 \pmod p, \\ x \equiv x_2 \pmod p, \end{cases} \quad \begin{cases} y \equiv y_1 \pmod p, \\ y \equiv y_2 \pmod p, \end{cases}$$

$$\begin{cases} z \equiv z_1 \pmod p, \\ z \equiv z_2 \pmod p, \end{cases} \quad \begin{cases} w \equiv w_1 \pmod p, \\ w \equiv w_2 \pmod p, \end{cases}$$

存在唯一的整数解 (x, y, z, w) 满足 $x, y, z, w \in \{1, 2, \cdots, pq\}$. 因此,$xw + yz \equiv x_1 w_1 + y_1 z_1 \equiv 1 \pmod p$ 且 $xw + yz \equiv x_2 w_2 + y_2 z_2 \equiv 1 \pmod p$. 从而 $xw + yz \equiv 1 \pmod{pq}$,即 (x, y, z, w) 为模 pq 的好数组.

因此,模 pq 的好数组的组数为 $(p^3 - p)(q^3 - q)$.

注 如果 $n = p_1^{q_1} \cdots p_t^{q_t}$,那么模 n 的好数组的组数为 $n^3 \prod_{i=1}^{t} \left(1 - \frac{1}{p_i^2}\right)$.

5. 以下解答由供题者提供.

解答 本题的结论为

$$\min d_n = \begin{cases} 2k^2 + k - 1, & \text{若 } n = 2k \text{ 为偶数}; \\ 2k^2 + 3k, & \text{若 } n = 2k+1 \text{ 为奇数}. \end{cases}$$

如下的填法表明,当 $n = 2k$ 时,d_n 的值可以达到 $2k^2 + k - 1$:

1	2	$\cdots$	k	$2k^2+1$	$2k^2+2$	$\cdots$	$2k^2+k$
$k+1$	$k+2$	$\cdots$	$2k$	$2k^2+k+1$	$2k^2+k+2$	$\cdots$	$2k^2+2k$
$\vdots$	$\vdots$	$\vdots$	$\vdots$	$\vdots$	$\vdots$	$\vdots$	$\vdots$
$2k^2-k+1$	$2k^2-k+2$	$\cdots$	$2k^2$	$4k^2-k+1$	$4k^2-k+2$	$\cdots$	$4k^2$

如下的填法表明，当 $n=2k+1$ 时，d_n 的值可以达到 $2k^2+3k$：

1	2	$\cdots$	k	$k+1$	$2k^2+2k+2$	$\cdots$	$2k^2+3k+1$
$k+2$	$k+3$	$\cdots$	$2k+1$	$2k^2+3k+2$	$2k^2+3k+3$	$\cdots$	$2k^2+4k+2$
$2k+2$	$2k+3$	$\cdots$	$3k+1$	$3k+2$	$2k^2+4k+3$	$\cdots$	$2k^2+5k+2$
$3k+3$	$3k+4$	$\cdots$	$4k+2$	$2k^2+5k+3$	$2k^2+5k+4$	$\cdots$	$2k^2+6k+3$
$\vdots$	$\vdots$	$\vdots$	$\vdots$	$\vdots$	$\vdots$	$\vdots$	$\vdots$
$2k^2+k+1$	$2k^2+k+2$	$\cdots$	$2k^2+2k$	$2k^2+2k+1$	$4k^2+3k+2$	$\cdots$	$4k^2+4k+1$

为便于看清楚 $n=2k+1$ 时的填法，我们给出 $n=5$ 的具体例子：

1	2	3	14	15
4	5	16	17	18
6	7	8	19	20
9	10	21	22	23
11	12	13	24	25

下面证明，当 $n=2k$ 时，d_n 的值不可能小于 $2k^2+k-1$. 考察如下两个数集：
$$S_1=\{1,2,\cdots,k^2-k+1\},\quad S_2=\{3k^2,3k^2+1,\cdots,4k^2\},$$
显然，$|S_1|=k^2-k+1>(k-0.5)^2$，$|S_2|=k^2+1$，且 S_2 中的最小数与 S_1 中的最大数相差 $2k^2+k-1$.

将写有数集 S_1 的行和列都染为红色，将写有数集 S_2 的行和列都染为蓝色. 设共有 x_1 个红色的行和 y_1 个红色的列，有 x_2 个蓝色的行和 y_2 个蓝色的列.

由于数集 S_1 中的数只能出现在红色的行与红色的列的相交处，所以 $x_1y_1\geq|S_1|$，由此即得
$$x_1+y_1\geq 2\sqrt{x_1y_1}\geq 2\sqrt{|S_1|}>2\sqrt{k^2-k+1}>2k-1,$$
由于 x_1 和 y_1 都是正整数，故上式表明
$$x_1+y_1\geq 2k. \qquad ①$$
同理可得
$$x_2+y_2\geq 2\sqrt{x_2y_2}\geq 2\sqrt{|S_2|}=2\sqrt{k^2+1}>2k,$$
和
$$x_2+y_2\geq 2k+1. \qquad ②$$
①+②，得
$$x_1+x_2+y_1+y_2\geq 4k+1=2n+1,$$

该和数超过方格表中的行数与列数的和,这就表明,表中有一行或有一列既被染为红色,又被染为蓝色,亦即 S_1 中的数与 S_2 中的数必在某一行或某一列中同时出现,从而当 $n = 2k$ 时,$d_n \geqslant 2k^2 + k - 1$.

再证当 $n = 2k + 1$ 时,d_n 的值不可能小于 $2k^2 + 3k$. 定义数集:
$$S_1 = \{1, 2, \cdots, k^2 + k + 1\}, \quad S_2 = \{3k^2 + 4k + 1, 3k^2 + 4k + 2, \cdots, 4k^2 + 4k + 1\}.$$
于是 $|S_1| = k^2 + k + 1 > (k + 0.5)^2$,$|S_2| = k^2 + 1$,且 S_2 中的最小数与 S_1 中的最大数相差 $2k^2 + 3k$. 相应地,我们有
$$x_1 + y_1 \geqslant 2\sqrt{x_1 y_1} \geqslant 2\sqrt{|S_1|} = 2\sqrt{k^2 + k + 1} > 2(k + 0.5) = 2k + 1,$$
这表明
$$x_1 + y_1 \geqslant 2k + 2. \qquad ③$$
而
$$x_2 + y_2 \geqslant 2\sqrt{x_2 y_2} \geqslant 2\sqrt{|S_2|} = 2\sqrt{k^2 + 1} > 2k,$$
故又知
$$x_2 + y_2 \geqslant 2k + 1. \qquad ④$$
③ + ④,得
$$x_1 + x_2 + y_1 + y_2 \geqslant 4k + 3 = 2n + 1,$$
该和数超过方格表中的行数与列数的和. 从而当 $n = 2k + 1$ 时,$d_n \geqslant 2k^2 + 3k$.

综合上述两个方面,即得结论.

6. 以下解答由供题者提供.

解答 令 $m_i = 2^{2^{i-1}}$ ($i = 1, 2, \cdots, n$). 假设
$$\prod_{i=1}^{n}\left(1 + \frac{1}{m_i}\right) = 2 - \frac{1}{2^{2^n - 1}} = \frac{2^{2^n} - 1}{2^{2^n - 1}} < \prod_{i=1}^{n}\left(1 + \frac{1}{x_i}\right) < 2. \qquad ①$$
由
$$\prod_{i=1}^{n}\left(1 + \frac{1}{x_i}\right) \leqslant 2 - \frac{1}{\prod_{i=1}^{n} x_i},$$
可得
$$\prod_{i=1}^{n} x_i > 2^{2^n - 1} = \prod_{i=1}^{n} m_i.$$
下面我们证明如下命题:设 $m_1, m_2, \cdots, m_n$ 为正整数且 $1 \leqslant m_1 < \cdots < m_n$. 若实数 $x_1, \cdots, x_n$ 满足 $1 \leqslant x_1 \leqslant \cdots \leqslant x_n$ 及
$$\prod_{i=1}^{u} x_i \geqslant \prod_{i=1}^{u} m_i, \quad u = 1, 2, \cdots, n,$$
则
$$\prod_{i=1}^{n}\left(1 + \frac{1}{x_i}\right) \leqslant \prod_{i=1}^{n}\left(1 + \frac{1}{m_i}\right),$$

等号成立当且仅当 $x_i = m_i, i = 1, 2, \cdots, n$.

不妨设在满足命题中的条件时 $\prod_{i=1}^{n}\left(1 + \dfrac{1}{x_i}\right)$ 在 $x_1, x_2, \cdots, x_n$ 处取最大值,则我们只需证明 $x_i = m_i, i = 1, 2, \cdots, n$. 下面用反证法进行证明.

若存在 $i(1 \leqslant i \leqslant n)$ 使得 $x_i \neq m_i$. 设 t 为最小的正整数使得 $x_t \neq m_t$, 则 $x_i = m_i(i < t)$. 由 $\prod_{i=1}^{t} x_i \geqslant \prod_{i=1}^{t} m_i$, 得 $x_t > m_t$. 因此, $x_t > m_t \geqslant m_{t-1} = x_{t-1}$. 设 $x_t = \cdots = x_s < x_{s+1}$ (可补充定义 $x_{r+1} > x_r$).

情形 1 $s > t$. 若对所有的整数 $u(t \leqslant u < s)$ 均有 $\prod_{i=1}^{u} x_i > \prod_{i=1}^{u} m_i$, 则存在 $k < 1$ 使得用 kx_t 代替 x_t, $\dfrac{1}{k} x_s$ 代替 x_s 时仍然有 $x_{t-1} \leqslant x_t$, $x_s \leqslant x_{s+1}$ 以及 $\prod_{i=1}^{u} x_i \geqslant \prod_{i=1}^{u} m_i (u = 1, 2, \cdots, n)$. 然而此时 $\left(1 + \dfrac{1}{x_t}\right)\left(1 + \dfrac{1}{x_s}\right)$ 变大,从而矛盾. 因此存在整数 $v(t \leqslant v < s)$ 使得 $\prod_{i=1}^{v} x_i = \prod_{i=1}^{v} m_i$. 由 $x_t > m_t$ 得 $t < v < s$. 由 $\prod_{i=1}^{t-1} x_i = \prod_{i=1}^{t-1} m_i$ 以及 $\prod_{i=1}^{v} x_i = \prod_{i=1}^{v} m_i$ 得 $x_t = x_{t+1} = \cdots = x_v = \left(\prod_{i=t}^{v} m_i\right)^{\frac{1}{v-t+1}} < m_v$. 从而 $x_{v+1} = x_v < m_v < m_{v+1}$. 故 $\prod_{i=1}^{v+1} x_i < \prod_{i=1}^{v+1} m_i$, 矛盾.

情形 2 $s = t$. 当 $s = t = n$ 时,只需把 x_n 调小即矛盾. 故下面假设 $s = t < n$. 下面我们分两种情况进行讨论.

(1) $x_t < x_{t+1} < x_{t+2}$. 此时,存在 $k < 1$ 使得用 kx_t 代替 x_t, $\dfrac{1}{k} x_{t+1}$ 代替 x_{t+1} 时仍然有 $x_{t+2} \geqslant x_{t+1}, x_t \geqslant x_{t-1}$ 以及 $\prod_{i=1}^{u} x_i \geqslant \prod_{i=1}^{u} m_i (u = 1, 2, \cdots, n)$. 然而此时 $\left(1 + \dfrac{1}{x_t}\right)\left(1 + \dfrac{1}{x_{t+1}}\right)$ 变大,从而矛盾.

(2) $x_t < x_{t+1} = \cdots = x_s < x_{s+1}$. 若对所有的整数 $u(t+1 \leqslant u < s)$ 均有 $\prod_{i=1}^{u} x_i > \prod_{i=1}^{u} m_i$, 则同理于情形 1 的讨论可得矛盾. 若存在整数 $v(t+1 \leqslant v < s)$ 使得 $\prod_{i=1}^{v} x_i = \prod_{i=1}^{v} m_i$, 则 $\prod_{i=t}^{v} x_i = \prod_{i=t}^{v} m_i$. 由 $x_t > m_t$ 得 $\prod_{i=t+1}^{v} x_i < \prod_{i=t+1}^{v} m_i$. 故 $x_{t+1} = \cdots = x_v = \left(\prod_{i=t+1}^{v} m_i\right)^{\frac{1}{v-t}} < m_v$. 从而 $x_{v+1} = x_v < m_v < m_{v+1}$. 故 $\prod_{i=1}^{v+1} x_i < \prod_{i=1}^{v+1} m_i$, 矛盾.

因此,上述命题成立.

下面我们运用上述命题继续证明. 由命题我们可得,存在 $t(1 \leqslant t < n)$ 使得 $\prod_{i=1}^{t} x_i < 2^{2^t - 1} = \prod_{i=1}^{t} m_i$. 否则与式①矛盾. 我们设这样的 t 为最大的,则对 $u = t+1, t+2, \cdots, n$ 有

$$\prod_{i=1}^{u} x_i \geq 2^{2^u-1} = \prod_{i=1}^{u} m_i.$$ 因此,对 $u = t+1, t+2, \cdots, n$,我们有
$$\prod_{i=t+1}^{u} x_i \geq \prod_{i=t+1}^{u} m_i.$$

由命题可得,
$$\prod_{i=t+1}^{n} \left(1 + \frac{1}{x_i}\right) \leq \prod_{i=t+1}^{n} \left(1 + \frac{1}{m_i}\right).$$

再由式①,我们有
$$\prod_{i=1}^{t} \left(1 + \frac{1}{x_i}\right) > \prod_{i=1}^{t} \left(1 + \frac{1}{m_i}\right).$$

从而,
$$2 > \prod_{i=1}^{n} \left(1 + \frac{1}{x_i}\right) > \prod_{i=1}^{t} \left(1 + \frac{1}{x_i}\right) > \prod_{i=1}^{t} \left(1 + \frac{1}{m_i}\right) = 2 - \frac{1}{2^{2^t-1}}.$$

故 $\prod_{i=1}^{t} x_i \geq 2^{2^t-1} = \prod_{i=1}^{t} m_i$. 这与前述 $\prod_{i=1}^{t} x_i < 2^{2^t-1} = \prod_{i=1}^{t} m_i$ 矛盾. 故
$$\prod_{i=1}^{n} \left(1 + \frac{1}{x_i}\right) \leq \frac{2^{2^n}-1}{2^{2^n-1}}.$$

中国科学技术大学出版社中学数学用书

小升初数学题典(第2版)/姚景峰
初中数学千题解(6册)/思美
初中数学进阶.七年级上册/陈荣华
初中数学进阶.七年级下册/陈荣华
初中数学进阶.八年级上册/徐胜林
初中数学进阶.八年级下册/徐胜林
初中数学进阶.九年级上册/陈荣华
初中数学进阶.九年级下册/陈荣华
全国中考数学压轴题分类释义/马传渔　陈荣华
平面几何的知识与问题/单墫
平面几何强化训练题集(初中分册)/万喜人　等

学数学(第1-5卷)/李潜
高中数学奥林匹克竞赛标准教材(上册、中册、下册)/周沛耕
平面几何强化训练题集(高中分册)/万喜人　等
全国高中数学联赛模拟试题精选/本书编委会
全国高中数学联赛模拟试题精选(第二辑)/本书编委会
高中数学竞赛教程(第2版)/严镇军　单墫　苏淳　等
第51—76届莫斯科数学奥林匹克/苏淳　申强
解析几何竞赛读本/蔡玉书
平面几何题的解题规律/周沛耕　刘建业
高中数学进阶与数学奥林匹克.上册/马传渔　张志朝　陈荣华
高中数学进阶与数学奥林匹克.下册/马传渔　杨运新
名牌大学学科营与自主招生考试绿卡·数学真题篇(第2版)/李广明　张剑
重点大学自主招生数学备考用书/甘志国
数学思维培训基础教程/俞海东
从初等数学到高等数学/彭翕成
亮剑高考数学压轴题/王文涛　薛玉财　刘彦永
理科数学高考模拟试卷(全国卷)/安振平

同中学生谈排列组合/苏淳
趣味的图论问题/单墫
有趣的染色方法/苏淳
组合恒等式/史济怀
不定方程/单墫　余红兵
概率与期望/单墫

组合几何/单墫
解析几何的技巧(第4版)/单墫
重要不等式/蔡玉书
有趣的差分方程(第2版)/李克正　李克大
同中学生谈博弈/盛立人
趣味数学100题/单墫
面积关系帮你解题(第3版)/张景中　彭翕成
周期数列(第2版)/曹鸿德
微微对偶不等式及其应用(第2版)/张运筹
递推数列/陈泽安
根与系数的关系及其应用(第2版)/毛鸿翔
怎样证明三角恒等式(第2版)/朱尧辰
向量、复数与质点/彭翕成
初等数论/王慧兴
漫话数学归纳法(第4版)/苏淳
从特殊性看问题(第4版)/苏淳
凸函数与琴生不等式/黄宣国
国际数学奥林匹克240真题巧解/张运筹
Fibonacci数列/肖果能
数学奥林匹克中的智巧/田廷彦
极值问题的初等解法/朱尧辰
巧用抽屉原理/冯跃峰
函数与函数思想/朱华伟　程汉波
美妙的曲线/肖果能
统计学漫话(第2版)/陈希孺　苏淳

研究特例/冯跃峰
考察极端/冯跃峰
更换角度/冯跃峰
改造命题/冯跃峰
逐步逼近/冯跃峰
巧妙分解/冯跃峰
充分条件/冯跃峰
引入参数/冯跃峰
图表转换/冯跃峰
建立对应/冯跃峰
借桥过河/冯跃峰
递归求解/冯跃峰